茶詩 감상
― 향기 듣는 가을

金映希

🍎 일러두기

1. 생몰연대순으로 시를 정리했다. 그것은 시를 통해 그 시대의 역사와 또 시대 상황을 알면 시를 감상하는데 조금이라도 도움이 될 것 같아서이다.
2. 시의 원문을 찾지 못한 것도 있지만, 어떤 시들은 책의 편집상 원문을 싣지 못한 아쉬움이 있다.
3. 제목을 알 수 없는 시들은 '실제(失題)'라는, 제목 아닌 제목을 붙였다.
4. 대부분 기존 번역을 그대로 인용하였다. 하지만, 더러는 필자 나름대로 번역을 해 보았다. 다소 내용이 미흡하더라도 넓은 마음으로 헤아려 주기를 바란다.
5. 많은 자료들을 참고하였다. 그러나 일일이 참고문헌을 밝히지 않았음을 이해 바란다.

● 지은이의 말

　우리 차의 역사를 거슬러 올라가면 삼국시대로부터 시작된다. 이후 신라, 고려, 조선시대를 거쳐 오늘에 이르고 있다. 이런 차의 향기는 우리의 사상과 문학, 그리고 생활 곳곳에 스미지 않은 곳이 없다.
　우리가 흔히 쓰는 말 중에 '다반사(茶飯事)'라는 말이 있다. 차를 마시고 밥을 먹는 것은 일상생활의 한 부분일 뿐, 특별한 일이 아니라는 뜻이다.
　목마르면 물마시고 배고프면 밥 먹듯이, 선현(先賢)들은 일상생활에서 차를 즐겼다. 차를 통해서 마음을 가다듬고 정신세계를 다스렸다. 특히 선사들은 참선수행과 차 마시는 일을 곧 하나의 경지, '다선일여(茶禪一如)'라 했다.

　어느 시인은 차를 '만파식적(萬波息笛)'에 비유하기도 했다. 차 한 잔에 모든 근심과 걱정이 사라지니, 마음을 평온하게 해 주는 데는 차만한 것이 없다는 뜻일 것이다.
　'만파식적'이라는 말은 신라 신문왕 때의 설화에서 비롯되었다. 큰 파도를 잠재운다는, 즉 나라의 모든 근심과 걱정이 해결된다는 전설상의 대나무 피리다. 이 피리를 불면 질병이 쾌유되고, 거센 풍랑도 잠잠해지고, 가뭄에는 비가 내리고, 장마 때는 볕이 들고…, 온 천하가 평온해졌다는 설화다.

　나름대로의 차 생활을 즐기다보니, 한 잔 차에 스민 선인(先人)들의 정신세계와 지혜를 차시(茶詩)를 통해서 감상해 보고 싶은 생각이 들었다. 그것이 이 책을 쓰게 된 계기가 되었다.
　어찌 보면 지극히 평범하고 소소한 일상에서 즐기는 차 한 잔이지만, 사람과 시대에 따라서는 너무도 커다란 의미를 담고 있다는 것을 느꼈다. 더러 선열(禪悅)의 세계를 담고 있는 시가 있는가하면, 시대의 부조리한 현실 속에서 한 잔 차로 스스로를 다스려야 했던―, 그들의 정신세계가 담긴 시를 감상하면서 나름대로 많은 생각을 하게 되었다.

  그리고 보니 차와의 인연이 된지도 어느 듯 수십 년이 흘렀다. 슬플 때나 기쁠 때나 한결같이 내 곁을 지켜 준 고마운 벗이다. 한없이 감사하고 또 감사하다.
  몇 년 동안 정리하지 못하고 미뤄두었던 원고를 이제서야 마무리 짓는다. 차 향기 듣는 가을날이다.

2022년 10월

多明 金映希

차 례

- 일러두기 / 3
- 지은이의 말 / 4

지장법사(地藏法師)
- 산에서 내려가는 동자를 보내며(送童子下山) / 22

대각국사(大覺國師)
- 승에게 차를 준 것에 대한 화답의 시(和人以茶贈僧) / 24

정지상(鄭知常)
- 백률사서루(栢栗寺西樓) / 26
- 그대를 보내며(送人) / 28

김극기(金克己)
- 황룡사(黃龍寺條) / 30
- 안화사(安和寺條) / 32

이인로(李仁老)
- 사원에서 차를 갈며(僧院茶磨) / 34
- 물러나서(乞退詩) / 36
- 한송정(寒松亭) / 38

임 춘(林椿)
- 겸상인에게 차를 부치다(寄茶餉謙上人) / 40

진각국사(眞覺國師)
- 묘고대 위에서 짓다(妙高臺上作) / 42
- 대혼스님이 차를 보내 달라 하기에(大昏上人因焉求茶時) / 44
- 달을 보는 누대와 이웃하며(隣月臺) / 46

이규보(李奎報)
- 엄선사를 방문하고(訪嚴師) / 48
- 일암거사 정군분이 햇차를 보내주었다
  (謝逸庵居士鄭君奮寄茶) / 50
- 차 맷돌을 보낸 이에게 감사하며(謝人贈茶磨) / 52
- 초당에 고요히 거처하며 두자미의 '새로 세든 초옥'의
  운에 화답하다(草堂端居和新賃草屋韻) / 54
- 천마산에 노닐며 짓다(遊天磨山有作) / 56
- 황려 정천사에 있는 의스님의 야경루를 적는다
  (題堇驪井泉寺誼師野景樓) / 58

김지대(金之岱)
- 유가사에서 짓다(題瑜伽寺) / 60

원감국사(圓鑑國師)
- 산에 살며(山居) / 62
- 조계산 방장실 동쪽 담장(曹溪山方丈東墻之) / 64
- 금장대사가 보내준 햇차에 감사하며
  (謝金藏大禪師惠新茶) / 66
- 한가함에 지은 시 두 수(閑中偶詩同上 其二) / 68

석옥청공(石屋淸珙) 선사
- 산거시(山居詩) ① / 70
- 산거시(山居詩) ② / 72

이연종(李衍宗)
- 박치암으로부터 차를 받고 감사함(謝朴恥庵惠茶) / 74

안 축(安軸)
- 담장너머 스님을 부르다(隔墻呼僧) / 76
- 대숲에 가린 옛 절(竹藏古寺) / 78

이 곡(李穀)
- 홍합포가 귤과 차를 보내줌에 감사함(謝洪合浦寄橘茶) / 80

민사평(閔思平)
- 단계선생이 향기로운 차를 보내줌에 시로 사례하다
  (詩謝丹溪先生寄香茶) / 82

이제현(李齊賢)
- 송광화상이 햇차를 보내준 고마움에 붓 가는 대로 써서
  방장실에 부침(松廣和尙寄惠新茗順筆亂道寄呈丈下) ① / 84
- 송광화상이 햇차를 보내준 고마움에 붓 가는 대로 써서
  방장실에 부침(松廣和尙寄惠新茗順筆亂道寄呈丈下) ② / 86

유 숙(柳淑)
- 가야사 주지인 노스님의 시를 잇다(次伽倻寺住老詩) / 88

나옹혜근(懶翁惠勤) 선사
- 보선자가 게송을 청하다(普禪者求頌) / 90
- 차 따기(摘茶) / 92

정사도(鄭思道)
- 고주사에 노닐면서(遊高住寺) / 94

태고보우(太古普愚) 선사
- 실제(失題) / 96

원천석(元天錫)
- 아우인 이선차 사백이 준 차 선물에 사례하다
  (謝弟李宣差詞伯惠茶) / 98

한 수(韓脩)
- 엄광선사가 보내준 차에 감사하며
    (嚴光大禪師寄惠芽茶) / 100
- 경상도의 안렴사가 보내준 햇차를 마시기 전에
    (慶尙按廉寄新茶復用前韻) / 102

정몽주(鄭夢周)
- 돌솥에 차를 끓이며(石鼎煎茶) / 104
- 주역을 읽으며(讀易) / 106
- 윤주를 바라보며(望潤州) / 108

이숭인(李崇仁)
- 실주 주사에게 차를 올리다(茶呈實周主事) / 110
- 차(茶)를 준 백렴사(白廉使)에게 감사함(白廉使惠茶) / 112

이 색(李穡)
- 이우량으로부터 편지와 찻그릇 한 쌍을 받고
    (得堂第李友諒書及茶鍾一雙) / 114
- 영험이 있는 샘(靈泉) / 116
- 물 끓는 소리를 들으며(聞煎水聲) / 118
- 차를 마신 후에 읊다(茶後小詠) / 120

권 근(權近)
- 지관사의 서쪽 봉우리에 올라(登止觀寺西峰) / 122

길 재(吉再)
- 홀로 사는 법 / 124

이 원(李原)
- 사가정시에 차운하다(次四佳亭詩) / 126
- 은거하면서 즉흥으로 짓다(幽居卽事) / 128
- 명정암 시에 또 차운하다(又次明正庵詩) / 130

변계량(卞季良)
- 잠에서 깨어나(睡起) / 132
- 청계산 행상인의 절에 적는다(題靑溪山行上人院) / 134

권 정(權定)
- 친구가 보내준 차에 감사하며(謝友人惠茶) / 136

함허득통(涵虛得通) 선사
- 한 사발의 차(一椀茶) / 138
- 산중미(山中味) / 140

하 연(河演)
- 무쇠탕관을 보낸 벗에게 사례하다(謝友人送水鐵湯灌) / 142
- 잣을 보낸 산골 노인에게 감사하며(謝山翁送海松子) / 144

신숙주(申叔舟)
- 도갑산 계곡의 작설차(道岬山溪雀舌茶) / 146

서거정(徐居正)
- 병중에 차를 끓이며(病中煎茶) / 148
- 숲속 정자에서 저녁때 잠상인의 운을 이어서 읊다
  (林亭晩唫次岑上人韻) / 150
- 밤 노래(夜吟) / 152

김종직(金宗直)
- 다원(茶園) / 154

월산대군(月山大君)
- 속리산에서 노닌 기행을 욱상인에게 보내다
  (遊俗離山紀行贈旭上人) / 156

남효온(南孝溫)
- 은솥에 차를 달이며(銀鐺煮茗) / 158
- 행주전장에서 동봉을 생각하며 나와 이별할 때 준 시에
  차운하다(幸州田莊憶東峯次別我韻) / 160

김시습(金時習)
- 차를 끓이며(煮茶) / 162
- 차나무를 기르며(養茶) / 164
- 새벽 정취(曉意) / 166
- 일본 스님 준장로와 이야기 하며(與日東僧俊長老話) / 168

유호인(俞好仁)
- 차에 대해 읊다(詠茶) / 170
- 관음굴에서 읊다(觀音窟雜詠) / 172

신종호(申從濩)
- 봄을 애 태우다(傷春) / 174

이 목(李穆)
- 차 달이기 / 176

조 위(曺偉)
- 가섭암(迦葉庵) / 178

허 침(許琛)
- 봄추위에 하늘의 운을 잇다(春寒次大虛韻) / 180

김수동(金壽童)
- 밤에 앉아서 읊다(夜坐有吟) / 182

정희량(鄭希良)
- 홀로 앉아 차를 끓이며(獨坐煎茶) / 184
- 홀로 앉아 차를 끓이며 매계에게 올리다
  (獨坐煎茶奉呈梅溪) / 186
- 실제(失題) / 188

이 행(李荇)
- 공석으로부터 작설차를 받고(公碩以雀舌茶見餉) / 190
- 실제(失題) / 192

서경덕(徐敬德)
- 심교수가 보낸 운을 보고 차운하다(次沈教授見贈韻) / 194
- 산에 살며(山居) / 196

허응보우(虛應普雨) 선사
- 실제(失題) / 198
- 실제(失題) / 200

기대승(奇大升)
- 유거잡영(幽居雜詠) / 202

이율곡(李栗谷)
- 귀향(歸鄉) / 204
- 산중에서(山中) / 206

허난설헌(許蘭雪軒)
- 봄날의 경치(春景) / 208
- 건계차(建溪茶) / 210

청허휴정(淸虛休靜) 선사
- 한 잔의 춘설차(一椀春) / 212
- 문득 읊다(偶吟) / 214

정관일선(靜觀一禪) 선사
- 오래된 절(古寺) / 216
- 대둔사에서(題大芚寺) / 218

이 달(李達)
- 스님의 시축(詩軸)에 차운하여(次僧軸韻) / 220

권 필(權韠)
- 눈 온 뒤의 흥취(雪後漫興) / 222

충 휘(冲徽) 선사
- 안심사에 머무르며(遊安心寺) / 224

부휴선수(浮休善修) 선사
- 암선백에게(巖禪白) / 226
- 산에 살면서 읊다(山居雜詠) / 228
- 송운에게 부치다(寄松雲) / 230

허 균(許筠)
- 소자정이 화답한 운으로 적어 보내다
  (書懷用答邵資政韻) / 232
- 누실명(陋室銘) / 234
- 용단차(龍團茶) / 236
- 조용한 반나절 / 238
- 손님을 물리치고 홀로 앉아 북정초객(北亭招客)의 운을 쓰다
  (攟客獨坐用北亭招客韻) / 240

이수광(李睟光)
- 한거(閑居) / 242
- 실제(失題) / 244

신흠(申欽)
- 실제(失題) / 246
- 실제(失題) / 248

김상용(金尙容)
- 눈 녹은 물로 차를 끓이며(至月雪水煎茶) / 250

이안눌(李安訥)
- 실제(失題) / 252
- 실제(失題) / 254

장 유(張維)
- 차운하여 조숙온에게 수답하다(次韻酬趙叔溫) / 256

편양언기(鞭洋彦機) 선사
- 산에 살며(山居) / 258
- 법륜 총섭의 운을 이어(次法輪摠攝韻) / 260

신익성(申翊聖)
- 시골살이 여러 흥취(村居雜興) / 262
- 실제(失題) / 264

이명한(李明漢)
- 야과낙전(夜過樂全) / 266

이 식(李植)
- 실제(失題) / 268
- 실제(失題) / 270

최명길(崔鳴吉)
- 실제(失題) / 272
- 실제(失題) / 274

정홍명(鄭弘溟)
- 저물녘의 눈(暮雪) / 276
- 실제(失題) / 278

신익전(申翊全)
- 실제(失題) / 280
- 실제(失題) / 282

이단상(李端相)
- 실제(失題) / 284

이민구(李敏求)
- 실제(失題) / 286

윤선도(尹善道)
- 다시 계하의 운에 차운하다(復次季夏韻) / 288

이경석(李景奭)
- 실제(失題) / 290

박장원(朴長遠)
- 종남초당(終南草堂) / 292
- 누각위에서 읊다(樓上吟) / 294

백곡처능(白谷處能) 선사
- 실제(失題) / 296

신 정(申晸)
- 문을 닫음(閉門) / 298

이단하(李端夏)
- 차를 마시며(飮茶) / 300
- 실제(失題) / 302

김수항(金壽恒)
- 달밤에 일어난 일(月夜卽事) / 304

남용익(南龍翼)
- 실제(失題) / 306

김만중(金萬重)
- 어려움을 당해 보니 태평함의 고마움을 알게 되다
  (遭亂始知昇平樂) / 308

임상원(任相元)
- 신라 스님이 당나라에 가서 차씨를 얻어 가져온 종자이다
  (新羅僧入唐得子歸種) / 310
- 우연히 읊음(偶吟) / 312

오도일(吳道一)
- 선화당우중(宣化堂雨中) / 314

김창협(金昌協)
- 실제(失題) / 316

김춘택(金春澤)
  · 차를 끓이며(煮茶) / 318
임수간(任守幹)
  · 실제(失題) / 320
김창업(金昌業)
  · 실제(失題) / 322
김창흡(金昌翕)
  · 실제(失題) / 324
조문명(趙文命)
  · 깊은 밤에 홀로앉아(夜深獨坐) / 326
심 육(沈錥)
  · 실제(失題) / 328
정래교(鄭來僑)
  · 차를 끓이다(得茶煮) / 330
천경해원(天鏡海源) 선사
  · 풍악을 곡함(哭楓岳) / 332
연담유일(蓮潭有一) 선사
  · 실제(失題) / 334
  · 매화를 읊음(詠梅) / 336
채제공(蔡濟恭)
  · 실제(失題) / 338
영수합 서씨(令壽閤徐氏)
  · 겨울밤에 독서를 하며(冬夜讀書) / 340
  · 고요한 밤에 차를 끓이며(靜夜烹茶) / 342

아암혜장(兒巖惠藏) 선사
- 진일(盡日) / 344
- 가리포 절제 김종환 공에게 주다(贈加里浦節制金公宗煥) / 346
- 산에 살며 여러 흥취(山居雜興) / 348

침교법훈(枕蛟法訓) 선사
- 육로산거영(六老山居詠) ① / 350
- 육로산거영(六老山居詠) ② / 352

정약용(丁若鏞)
- 혜장선사에게 차를 청하며 부치다(寄贈惠藏上人乞茗) / 354
- 차를 보낸 색성스님에게 사례하다(謝賾性寄茶) / 356
- 혜장이 나를 위해 차를 만들어 놓고 / 358
- 다합시첩(茶盒詩帖) / 360
- 춘일체천잡시(春日棣泉雜詩) / 362

숙선옹주(淑善翁主)
- 우연히 읊다 / 364
- 그때 일들 / 366
- 너에게 / 368
- 우연히 읊다 / 370
- 늦은 시간에 읊음 / 372

홍원주(洪原周)
- 꿈속에 간 고향집(夢歸) / 374
- 연구(聯句) / 376
- 두보의 시에 차운하여(次杜) / 378

신 위(申緯)
- 옥중에서 차를 달이며(獄中煎茶) / 380
- 한보정(閑步亭) / 382

수룡색성(袖龍賾性) 선사
- 육로산거영(六老山居詠) ① / 384
- 육로산거영(六老山居詠) ② / 386

김정희(金正喜)
- 혜산에서 차를 마시다(惠山啜茗) / 388
- 초의선사를 머무르게 함(留草依禪) / 390
- 옛 샘에서 물을 길어 차를 시험하다(汲古泉試茶) / 392
- 요선이 읊은 동쪽 우물의 운에 답하다(和堯仙東井韻) / 394
- 천일선사에게 차시를 지어 보내다(寄茶詩天一禪師) / 396
- 완당이 초의에게 차를 재촉하는 글을 주노라 / 398

김명희(金命喜)
- 원운(原韻) / 400

철선혜즙(鐵船惠楫) 선사
- 육로산거영(六老山居詠) ① / 402
- 육로산거영(六老山居詠) ② / 404
- 육로산거영(六老山居詠) ③ / 406

정희용(鄭熙鎔)
- 실제(失題) / 408

홍현주(洪顯周)
- 섣달 눈 녹인 물로 차를 끓이다(臘雪水烹茶) / 410
- 청명 전 5일의 두 번째 모임(淸明前五日第二會) / 412
- 유산과 동번이 다녀간 밤(酉山東樊夜過) / 414
- 가차화애 17일(家茶花涯十七日) / 416
- 수종사를 바라보며(望水鍾寺) / 418

초의선사(草衣禪師)
- 석천의 물로 차를 끓이며(石泉煎茶) / 420
- 유산의 화답을 받들다(奉和酉山) / 422
- 봉화우석신공에게 보냄(奉和于石申公見贈) / 424
- 운길산 수종사(雲吉山 水鍾寺) / 426

이상적(李尙迪)
- 중양절 이틀날 삼태산장에 들러(重陽之翌過三台山莊) / 428
- 김소당이 부사산 차와 차호를 주었는데 모두
  일본 것이다(金小堂惠富士山茶及茶壺, 皆日本物也) / 430
- 강주를 지나며(江州途中) / 432

금원당김씨(錦園堂金氏)
- 실제(失題) / 434

신 헌(申櫶)
- 초의상인에게(贈草衣上人) / 436
- 중유가 차를 보내준 데 감사하며(謝仲猶惠茶) / 438
- 차를 끓이며(烹茶) / 440
- 추려삼십수(楸廬三十首) / 442

이유원(李裕元)
- 선물 받은 햇차를 끓여 마신 후(試新茶) / 444
- 한가하게 앉아(閒坐) / 446
- 정은(貞隱) 강로(姜㳣) 상공(相公)이 밀양 황차를 보내준데 감사하며(謝貞隱相公贈密陽黃茶) / 448

범해각안(梵海覺岸) 선사
- 초의차(草衣茶) / 450
- 다구명을 새기면서(茶具銘) / 452

신헌구(申獻求)
- 월여상인께 드림(贈月如上人) / 454
- 내 거처 다섯 가지 물건 중 차솥(山齋五物中茶鐺) / 456

금명보정(錦溟寶鼎) 선사
- 차를 달이며(煎茶) / 458

한용운(韓龍雲)
- 증상사(增上寺) / 460

이광수(李光洙)
- 산중일기(山中日記) / 462

지장법사(地藏法師)

산에서 내려가는 동자를 보내며(送童子下山)

절간이 적막하여 네가 집 생각하더니
승방에서 작별의 예 올리고 구화산을 내려가는구나
대 난간에서 죽마 타기를 즐겨하고
절에서 부처님 공부에는 게으르더니
항아리에 병 띄워 밝은 달을 부르던 일도
차 사발에 꽃을 띄우던 일도 그만두고
이제 흐르는 눈물 그치고 잘 가려므나
노승은 산수의 경치와 벗 삼아 살리라.

送童子下山
空門寂寞汝思家　　禮別雲房下九華
愛間竹欄騎竹馬　　懶於金地聚金沙
添瓶澗底休招月　　烹茗甌中罷弄花
好去不須頻下淚　　老僧相伴有煙霞

[감상]

　지장법사(地藏法師, 697년~794년)는 신라시대 스님이다.
　신라 성덕왕의 첫째 아들(金喬覺)로 태어났다. 24세에 당나라로 건너가 출가하여 '지장(地藏)'이라는 법명을 받았다. 구화산에서 75년을 수행하다 열반에 들었다.
　지금도 중국에서는 지장보살의 화신으로 평가받고 있다. 입적 시 제자들을 모아놓고 자신의 시신을 석함에 넣고 3년 후에도 썩지 않으면 등신불로 만들라는 유언을 남겼다. 유언 그대로 현재 등신불로 남아있다. 그의 행적에 대해서는 『구화산화성사기(九華山化城寺記)』, 『구화산지(九華山志)』 등에 기록되어 있다.

　스님은 구화산으로 들어갈 때 신라의 금지차(金地茶)를 가지고 갔다. 평소에도 차를 아주 즐겼다. 이 시는 구화산에서 같이 지내던 동자와의 작별을 아쉬워하는 심정이 담겨있다. 동자가 호랑이에게 물려 죽게 된 것을 스님이 구해주고 제자로 삼았다고 한다.

　몸은 절에 있지만, 절간의 적막함을 견디기에는 아직 어린 나이다. 더구나 부처님 공부에도 별 관심이 없더니, 고향으로 돌아가겠다고 한다.
　비록 나이차는 있지만, 달 밝은 밤이면 찻잔에 꽃잎을 띄워 함께 마시는 운치도 즐겼다. 하지만, 동자는 그런 정취를 느끼기에는 너무 이른 나이였었나 보다. '이제는 눈물도 그만 흘리고 잘 가라'는—, 그간 같이 지내면서 정든 한 인간으로서의 면모를 느낄 수 있다.

대각국사(大覺國師)

승에게 차를 준 것에 대한 화답의 시(和人以茶贈僧)

북쪽 동산에서 새로 만든 차를
동림에 계신 스님에게 선물했네
한가롭게 차 달일 날을 미리 알고
찬 얼음 깨고 샘 줄기 찾네.

和人以茶贈僧
北苑移新焙　東林贈進僧
預知閑煮日　泉脈冷敲氷

[감상]

　대각국사 의천(大覺國師 義天, 1055~1101)은 고려 문종의 넷째 아들로 태어났다. 11살에 출가하여 나라의 스승인 국사(國師)로 책봉되었다.
　고려시대는 왕실이 불교를 국교로 삼았기 때문에 왕자들이 출가하는 경우가 많았다. 그도 외삼촌인 경덕국사를 스승으로 어린 나이에 출가했다. 송나라에 가서 공부를 하고 돌아와 화엄학을 중심으로 천태종을 개창했다.

　이 시는 누군가로부터 차를 받고 고마움에 화답하는 내용이다. 시에 나오는 북쪽 동산은 복건성에 있는 무이산(武夷山)이다. 이곳에서 생산되는 용봉단차를 선물로 받은 것 같다. 동림은 정토종의 발상지로, 혜원법사가 주석하던 동림사를 말한다.
　의천이 주석했던 항주 고려사는 중국차의 대명사로 불리는 용정차의 생산지다. 그러다 보니 이때부터 고려와 송은 활발한 차문화 교류가 이루어졌다.
　대각국사로 인하여 송의 용봉단차가 고려로 들어오고, 고려의 뇌원차(腦原茶)가 송에 들어가는 계기가 되었다. 이로 보면 스님이 차문화 교류에 끼친 영향은 매우 크다. 이를 계기로 고려시대에 차 문화는 하나의 정신문화로 자리 잡는다. 왕이 신하에게 내리는 하사품 중에 가장 귀한 것이 차 선물이었다.
　송에서 유학을 마치고 온 스님이 주석한 곳이 순천 선암사 대각암이다. 선암사에는 대각국사가 직접 가꾸었다는 차밭과 그의 부도가 있다.

정지상(鄭知常)

백률사 서루(栢栗寺西樓)

민자천 물로 차를 시험해보니
찻사발 위에 운유가 일어나네
수옹(壽翁)의 시 세 번 읊으니
벽 가득 구슬 토해놓은 듯
근심이 없어지니 더욱 즐겁고
이 즐거움 어찌 옛것에만 머물러 있으리
일산을 활짝 펴 날듯 절문을 내려오니
송문 위의 해는 중천에 떠있네.

栢栗寺西樓
試茶閔子泉　　甌面發雲乳
三復壽翁詩　　滿壁珠璣吐
樂哉無所憂　　此樂何太古
飛蓋下松門　　松門日卓午

[감상]

　정지상(鄭知常, ?~1135)의 호는 남호(南湖). 서경(평양)출신이다.
　관리로서도 훌륭했지만 문학사에도 큰 업적을 남겼다. 고려 12 시인 중 한 사람이다.
　역학·불교, 그림·글씨에도 뛰어났다. 5살 때, 강 위의 해오라기를 보고 '어느 누가 붓을 잡았길래 / 乙자를 썼을까'하는 시를 지었다.
　백률사는 경주 동천동 소금강산에 있는 절이다. 창건연대는 정확히 알 수 없으나 고려 말 이전부터 있었던 절이다. 수많은 누각 중에서도 백률사 서루의 풍광이 가장 빼어난 것으로 전해진다. 많은 시인묵객들이 백률사 서루에 올라 내려다 본 풍경을 쓴 글들이 지금도 여러 편 전한다.

　이 시도 아주 장시(長詩)인데, 그중 두 수만 옮겼다. 시에 나오는 수옹(壽翁)은 최해(崔瀣, 1287~1340)의 호다. 그 역시 문신으로 최치원의 후손이다.
　민자천(閔子泉)은 백운천(白雲泉)·혜산천(惠山泉)과 함께 가장 으뜸으로 치는 샘물이다. 좋은 물로 차를 끓이니 하얀 거품이 마치 구슬을 토해놓은 것 같다고 했다. 운유는 찻가루를 넣고 여러 번 휘저었을 때 일어나는 말차(沫茶)의 하얀 거품을 말한다.
　보통 '다유(茶乳)' 또는 '설유(雪乳)'·'운유(雲乳)'라 표현한다.

정지상(鄭知常)

그대를 보내며(送人)

비 개인 긴 언덕에 풀빛 더욱 푸르른데
남포에서 그대를 떠나보내며 슬픈 노래 부르네
대동강 물은 언제 다 마를 것인가
이별의 눈물은 해마다 푸른 물결에 더하는데.

送人
雨歇長堤草色多　送君南浦動悲歌
大同江水何時盡　別淚年年添綠波

[감상]

　1112년 장원급제를 한 정지상은 고려 최고의 천재시인으로 불렸다. 당시 고려에서는 그의 문장을 따를 사람이 없었다고 한다. 그러나 그의 삶은 너무나 억울하게 끝나버렸다.
　짧은 생을 살았다는 것, 일찍 아버지를 여의고 홀어머니 아래서 자랐다는 것 외에 그 가계(家系)에 대해서는 정확히 알려진 것이 없다.
　당시 김부식과 나란히 이름을 떨쳤지만 서로 반목하는 사이였다. 김부식이 이끄는 토벌군이 묘청의 반란을 진압할 때, 묘청의 일당으로 몰려 김부식에게 처형당했다. 그로 인하여 작품의 대부분이 사라져 현재는 약 20여 편만 전한다.
　이규보의 『백운소설』은 그들 두 사람에 관련된 이야기다. 억울하게 죽은 정지상이 결국은 살아있는 김부식을 죽였다는 내용이 일부 전해진다.

　이 시는 차시와는 관계가 없지만 옮겨보았다. 이별의 절절한 감정을 가장 잘 압축한 시로 회자되기 때문이다. 묘청의 난에 연루되어 너무 억울한 죽임을 당한 그의 생애를 다시 한 번 되새겨보고 싶어서이다.
　저서로는 『정사간집(鄭司諫集)』이 있다.

김극기(金克己)

황룡사(黃龍寺條)

불을 살려 향기로운 차를 시험해 달이니
꽃무늬 오지사발에 우윳빛이 감도네
향기롭고 달아 맛은 더욱 뛰어나며
한 모금 마시니 백 가지 근심이 사라지네
저무는 풍경이 들판의 숲에 들고
긴 행랑에는 법고가 울리네.

黃龍寺條
活火試芳茶　花甕浮白乳
香苦味尤永　一啜空百慮
暮色入平林　長廊鳴法鼓

[감상]

　김극기(金克己, 1148~1209)의 호는 노봉(老峰)이다.
　그는 뛰어난 문장가다. 평생 권력의 주변에는 얼씬거리지 않았다. 세력가들에게 빌붙지 않고 은거하며, 시를 짓고 일생을 보냈다.
　이인로는 김극기의 문집 『김거사집(金居士集)』의 서문에서 '난새나 봉황 같은 인물이었다.'고 하면서, 고고하게 보낸 일생을 칭송했다.

　황룡사 탑 위에서 바라본 경주의 풍경을 '수많은 집들이 벌집과 개미집처럼 아득하게 보인다.'라고 표현했다. 황룡사는 높이 약 80미터나 되는 9층 목탑으로 불국사와 함께 신라를 대표하는 사찰이었다. 1238년 몽고의 침입으로 불탄 이후 지금까지 터만 남아있다.
　이 시의 제목처럼 황룡사 주변 어느 곳으로 짐작된다. 해 저물녘, 불을 피워 차를 달인다. 꽃무늬 찻잔이라 그런지 차의 빛깔과 함께 어우러져 유난히 곱게 느껴진다. 햇차라 맛과 향 또한 아주 뛰어나다.
　찻잔을 앞에 두고 황룡사에서 들려오는 법고 소리를 듣고 있으니, 세상살이 얽히고설킨 온갖 근심걱정이 다 사라지는 것 같다.

김극기(金克己)

안화사(安和寺條)

서로 좋은 모습 대하니 어찌 웃지 않으랴
종일 즐거운 마음으로 자리에 마주 앉았네
입계의 푸른 빛깔 차를 혜산천 물로 끓이니
찻사발에서 솔바람 소리 불어오네.

安和寺條
豈期一笑粲相接　終日陶陶歡對榻
立溪綠茗惠山泉　甌面松風吹颯颯

[감상]

  그의 시에는 차가 있는 풍경을 그린 시가 많다. 평생 150여 권에 이를 정도로 많은 글을 썼다. 그러나 지금은 『김거사집』만이 전하며, 『동국여지승람』 등에 몇 편의 시가 남아 있을 뿐이다.

  안화사는 개성 송악산 자하동(紫霞洞)에 있는, 고려 예종의 원찰(願刹)이다. 고려 멸망 후 폐사지로 남아 있다가, 그 후 중창과 소실 등을 거쳐 1989년 독일의 협조로 복원되었다.

  이곳의 샘물은 『고려도경』에도 기록될 정도로 물맛이 좋고, 계곡의 물소리가 마치 옥 구르는 소리처럼 맑다고 한다. 소나무·잣나무가 하늘에 닿을 듯 울창하며, 풍광이 아주 뛰어난 곳으로 알려져 있다.

  안화사를 찾아가서 스님과 차를 마시면서 정담(情談)을 나누는 모습을 그리고 있다. 소나무·잣나무의 뿌리가 서로 엉겨 있어, 그 물로 차를 끓이니 차에서도 솔 향이 나는 것 같다고 한다.

  그는 평생 벼슬에 나아가지 않고, 티끌세상 암울함을 차로 달래며 보냈다.

이인로(李仁老)

사원에서 차를 갈며(僧院茶磨)

느릿느릿 개미행렬처럼 차 맷돌 천천히 돌아
달이 돋을 때쯤 되니 옥색가루 날리네
법희(法戱)는 본래 참다운 자재로부터 오는 법
맑은 하늘에 우레 치고, 눈발이 휘날리네.

僧院茶磨
風輪不管蟻行遲　　月斧初揮玉屑飛
法戱從來眞自在　　晴天電吼電飛飛

[감상]

 이인로(1152~1220)의 자는 미수(眉叟), 호는 와도헌(臥陶軒)이다. 일찍 부모를 여의고 의지할 데가 없었는데, 화엄승통인 요일(寥一)스님이 거두어 공부를 시켰다. 워낙 총명하여 시문과 글씨에 뛰어났다. 정중부의 난을 피해 한 때 출가를 했다가 환속하여 문과에 급제했다.
 고려시대에는 지금처럼 잎차[葉茶]가 아닌, 주로 덩어리 모양의 단차(團茶)였다. 그것을 맷돌에 직접 갈아서 마셨다. 특히 말차(沫茶)가 가장 발달한 시대이기도 하다.
 이 시에 나오는 '옥색가루'라는 표현은 말차를 말한다.

 풍경(風磬)조차 흔들리지 않을 정도로 바람 한 점 없는 어느 날, 한가로운 산사에서 스님이 맷돌을 돌리면서 차를 갈고 있다. 마치 개미떼가 느릿느릿 움직이는 것처럼 맷돌 또한 천천히 돌아간다.
 하늘에 달이 막 돋을 때가 되어서야 갈린 차가 옥가루처럼 날리기 시작한다. 그런데 맑은 하늘에 갑자기 우레 소리가 요란하더니 눈발마저 휘날린다. 그래도 스님은 맷돌 돌리는 삼매에 빠져 있다. 오랜 시간에 걸쳐 차를 간 보람이 나타난 스님의 모습을 법희선열로 표현했다.

이인로(李仁老)

물러나서(乞退詩)

새벽녘의 옅은 꿈속 어렴풋한 절간인데
십 년이나 궁궐 주변을 기웃거렸네
일찍 딴 가느다란 차는 봉황의 형상이고
햇차의 신비로운 향은 자고새의 반점 같네.

수척한 학이 나는 것을 보니 가련해 보이고
오래 차가운 산에 사는 원숭이를 원망해 보나
바라건대 남은 세월 숨어 살던 옛집으로 돌아가
바위와 흰 구름과 더불어 한가롭게 지내기를 바랄 뿐.

乞退詩
五更殘夢寄松關　　十載低徊紫禁間
早茗細含鸞鳳影　　異香新屑鷓鴣班
自憐瘦鶴翔丹漢　　久思寒猿怨碧山
願把殘陽還舊隱　　不敎巖畔白雲閒

[감상]

　이인로는 시를 잘 썼다. 그리고 술을 아주 즐겼다.
　재주는 뛰어났지만, 무신난으로 세상은 어지러웠다. 자신의 뛰어난 재량을 제대로 펼칠 수 없는 현실이 안타까웠을 것이다.
　한 때는 관직생활도 했지만, 부조리한 현실에 대한 고뇌를 시와 술로 달래며 세월을 보냈다. 27세에 갑자기 아내를 잃자, 깊은 산속에 암자를 짓고 은거생활로 들어갔다.
　두 사람이 마주 앉으면 무릎이 맞닿을 정도의 오두막 암자에서 찾아오는 학자나 스님들과의 법담을 나누는 생활을 하다 세상을 마쳤다. 평소 그와 법을 나누던 두 스님은 훗날 국사(國師)가 되었다.
　예종(1079~1122)이 그의 품격을 높이 사 몇 번을 불렀으나, '화려한 서울 땅을 밟지 않겠다.'며 끝내 거절했다. 『고려사』 열전에는 '성미가 편벽하고 급하여 사람들에게 거슬려 크게 쓰이지 못한다.'는 기록이 있다.

　이 시의 제목도 그렇거니와 내용에도 그의 살아가는 모습이 그대로 나타난다. 벼슬살이를 한답시고 대궐 주변을 어정거렸지만 지나고 보면 한갓 뜬구름 잡으려고 보낸 세월이었는지도 모른다. 그래도 그 뜬구름을 잡겠다고 수많은 사람들이 모여들고 흩어지는 것이 권력의 주변 아니던가.
　수척한 학이나 산속의 원숭이는 바로 자신의 모습을 투영시킨 표현이다.

이인로(李仁老)

한송정(寒松亭)

옛날 옛적에 신선이 놀던 곳에
푸르고 푸른 소나무 홀로 서 있네
다만 샘 밑바닥에 달이 남아 있어
비슷한 그 모습 생각나게 하네.

寒松亭
千古仙遊處　蒼蒼獨有松
但餘泉底月　彷佛想形容

[감상]

  고려시대에는 왕실이나 귀족 그리고 사원 위주로 차문화가 이루어졌다.

  한송정은 강릉 바닷가에 있던 한송사(寒松寺)와 함께 있던 정자다. 이곳은 신라시대 화랑들이 심신수련을 목적으로 명산대천을 찾아다니며 차를 달여 마시던 곳이다. 지금은 절과 그 정자는 없어졌지만 맑은 물이 샘솟는 돌샘은 남아있다고 전해지는데 자세한 것은 알 수가 없다.

  차를 즐기던 다인들의 시에 보면 '한송정'이란 이름의 정자가 많이 등장한다. 물론 다른 지역에도 같은 이름의 정자가 있겠지만, 특히 이곳의 돌샘에서 나는 물맛이 아주 좋았다고 기록에 남아있다.

임 춘(林椿)

겸상인에게 차를 부치다(寄茶餉謙上人)

근래 몽산에서 얻은 한 웅큼의 봄
흰 진흙에 붉은 도장 찍힌 햇차의 빛깔이 새롭구나
징심당 노스님 명품을 아시니
자순보다 더 귀한 진품을 보냅니다.

寄茶餉謙上人
近得蒙山一掬春　　白泥赤印色新茶
澄心堂老知名品　　寄與尤奇紫筍珍

[감상]

　임 춘(林椿, 1148~1186)의 자는 기지(耆之), 호는 서하(西河).
　고려 인종 때 문인으로, 한문과 당시(唐詩)에 뛰어났다. 38살에 세상을 떠났다. 김극기, 이인로와 교류했다. 유난히 불우한 생을 살았다. 그는 이인로, 오세재(吳世才) 등과 더불어 강좌칠현(江左七賢)의 한 사람이다.
　훗날 이규보의 기록에 따르면, '그는 재주만 믿고 평소 남을 업신여기는 버릇이 있었다. 과거에는 한 번도 급제하지 못하고 생활은 늘 궁핍해 굶어죽었다.'고 되어 있다.
　그는 차를 아주 즐기는 차인이었다. 평소 지겸(志謙)선사의 처소에 가서 참선을 하며 이야기를 나누기도 하는 등, 교유가 깊었다. 제목의 겸상인은 지겸선사로 짐작된다.

　어느 날 임춘은 자순차에 비길만한 몽정차를 스님에게 보내면서 이 시를 지었다. 차에 대해서는 누구보다 일가견이 있는 노스님이라, 이 차를 받으면 기뻐하리라 생각했던 것이다. 좋은 것을 좋아하는 사람과 함께 나누고 싶은 마음이 담긴 시다.
　자순차는 중국 절강성 고저산(顧渚山)에서 재배되는 차다. 생잎은 약간 자줏빛을 띠며, 차 잎이 뒤로 향해 말려진 모양이 마치 죽순껍질 같아서 붙여진 이름이다.
　자순차도 귀한 차지만 그보다 더 귀한 몽정차를 보니, 마치 봄을 다 가진 것처럼 기쁘다. 몽정차는 중국 사천성 몽산에서 생산된다. 맛이 아주 그윽하고 향기가 뛰어난 차다.
　저서에 『서하집(西河集)』, 작품에 『국순전(麴醇傳)』『공방전(孔方傳)』이 있다.

진각국사(眞覺國師)

묘고대 위에서 짓다(妙高臺上作)

고갯마루 구름은 한가로워 흩어지지 않고
시냇물은 뭐가 급해 그리 바삐 달리나
소나무 아래서 솔방울 주워
달이는 차 맛은 더욱 향기롭구나.

妙高臺上作
嶺雲閑不徹　澗水走何忙
松下摘松子　烹茶茶愈香

[감상]

  진각국사 혜심(慧諶, 1178~1234)은 고려 중기 스님으로 스스로 호를 '무의자(無衣子)'라 붙였다. 스님이 입적하자 왕이 '진각국사'라는 시호를 내렸다.
  진각국사는 보조국사 지눌의 제자다. 선풍을 드날린 스님일 뿐 아니라 문학에도 조예가 깊었고, 평소 차를 아주 즐겼다. 조계산 보조국사의 제자로 16국사 중 제2조이다.

  고갯마루에는 구름이 한가하게 걸려 있는데, 계곡의 시냇물은 뭐가 그리 바쁜지 쉴 새 없이 흐른다.
  구름이 정(靜)이라면 시냇물은 동(動)이다. 한 공간이지만 고요함과 움직임이 동시에 존재하고 있다. 정중동(靜中動) 속에서 자신의 내면을 바라보고 있는 스님은 이미 삼매경속이다.
  소나무 밑에 앉아 한가로이 떠있는 구름을 바라보고 있으니 귓결에는 시냇물 소리가 들린다. 솔방울을 주워 지핀 불에 차를 달여 마신다. 오늘 따라 차향이 더 유난한 것 같다. 솔 향이 차에까지 스민 듯하다.

진각국사(眞覺國師)

대혼스님이 차를 보내 달라 하기에(大昏上人因焉求茶時)

대혼스님이 혼혼함에 빠질까 두렵다하니
향기로운 차 자주자주 끓여
오늘 마시는 차는 원래 꿈속의 일이거니
신통한 그 뜻을 그대가 전해 주구려.

大昏上人因焉求茶時
大昏昏處恐成眼　　須要香茶數數煎
當日香嚴原睡夢　　神通分付汝相傳

[감상]

　대혼자(大昏子) 무기(無己, ?~?)스님의 생몰연대에 대해서는 알려진 것이 없다. 호가 대혼자(大昏子)다.
　무기스님은 평생 산에서 내려오지 않고 수도에만 전념하며, 장삼 한 벌로 일생을 보냈다고 한다. 이 산 저산을 유람하며, 특히 **지리산에서만 30년 동안** 숨어 살았다.
　한 번 선정에 들면 열흘 이상을 움직이지 않았고, 떠날 때는 언제나 게송을 소리 높여 읊었다. 당시 지리산에는 70여 개의 암자가 있었는데, 한 암자에 머무를 때마다 하나의 게송을 지었다고 한다.
　『보한집(補閑集)』에 그의 시 '무주암시(無住庵詩)'가 실려 있다.

　진각국사는 대혼자 스님으로부터 차를 좀 보내달라는 부탁을 받았다. 차와 함께 위 시를 지어 보내며 '혼혼(昏昏)함에 빠질까 두렵다'며 그의 호에 빗댄 표현이 재밌다.
　많이 혼미할 때, 그 정신을 일깨워주는 데는 차만한 것이 없으니, 향기로운 차를 자주 자주 끓여 마시라고 한다. 그러면서 선정에 들어 부처님의 그 신묘한 뜻을 전해 달라고 한다.

진각국사(眞覺國師))

달을 보는 누대와 이웃하며(隣月臺)

우뚝 솟은 바위는 몇 길인지 알 수 없고
높은 누대는 하늘 끝에 닿아있네
북두로 은하수 길어 밤에 차를 달이니
차 연기가 달 속의 계수나무를 감싸네.

隣月臺
巖叢屹屹知幾尋　　上有高臺接天際
斗酌星河煮夜茶　　茶煙冷鎖月中桂

[감상]

　스님은 시와 문장에도 뛰어나 주옥같은 차시를 많이 남겼다. 그가 저술한 『선문염송』에 대해 중국 불교학계에서는 '중국에 만리장성이 있다면 한국에는 선문염송이 있다.'고 평가할 정도였다.

　달을 이웃할 정도의 누각이라 하였으니, 그 높이가 짐작된다.
　국자모양의 북두칠성으로 은하수를 떠다가 혼자 차를 달이는 적막한 밤이다. 차 달이는 연기가 피어올라 달 속의 계수나무를 가리기도 한다.
　깊은 밤 오래 앉아 있다는 것을 보아 아마 참선 중이었나 보다. 잠을 쫓고 정신을 맑게 해주는 차야말로 수행인에게는 없어서는 안 될 동반자다.
　불교에서는 차 한 잔 마시는 그 속에도 삼매의 도가 있다고 했다. 차를 마시는 정신에 선이 있고, 선(禪)하는 과정에서 차의 도가 통한다는 뜻, 곧 다선일여(茶禪一如)라 했다.

이규보(李奎報)

엄선사를 방문하고(訪嚴師)

내 오늘 산사를 찾은 것은
술을 마시고자 하는 것 아닌데
올 때마다 술자리 베푸시니
낯이 두꺼운들 어찌 부끄럽지 않겠소.
스님의 인품이 좋은 것은
오직 향기로운 차를 마시기 때문이라오
몽정의 차잎을 따다가
혜산의 물로 달인 것이 가장 좋은 맛이오.
차 한 잔에 이야기 한 마디
점점 심오한 경지에 들어가니
이 고귀한 말씀 참으로 즐거움이라오
굳이 술에 취할 게 있겠소.

訪嚴師
我今訪山家　　飮酒本非意　　每來設飮筵　　顔厚得無比
僧格所自高　　唯是茗飮耳　　好將蒙頂芽　　煎却惠山水
一甌輒一話　　漸入玄玄旨　　此樂信淸淡　　何必昏昏醉

[감상]

고려 무신정권 시기의 어려운 시절을 살았던 이규보(李奎報, 1168~1241)의 호는 백운(白雲)이다. 고려의 이태백이라 불릴 만큼 문장이 뛰어났다. 72년을 살면서 7천여 편의 시를 남겼는데, 그중 차시는 40여 편이다.

"술에 취하지 않으면 시를 짓지 못한다."며 술을 마시고 나서야 시를 지었다는 일화도 있다.

어느 날 이규보는 엄 선사를 방문했다. 스님은 술을 대접하는 법이 없지만, 워낙 술을 좋아하는 이규보라 그에게만은 예외였다고 한다. 그날도 스님은 술을 내놓았지만 이규보는 위의 시로 술을 사양했다.

올 때마다 술을 대접 받았다. 그런데 사람이 염치가 있지, 오늘은 술이 아니라 덕 높은 스님이 끓여주는 그 차 맛을 보고 싶다고 했다. 혜산의 물로 달인 몽정차를 마시면서 스님과 좋은 이야기를 나누고 싶어서 왔다고 한다. 굳이 술에만 취하는 것이 아니라 차에도 취하는 것이라면서 능청을 부리고 있다.

육우에 의하면, 가장 향기가 좋은 차는 몽산(蒙山)에서 나는 차이고, 천하의 명천(名泉)은 혜산의 물이라고 했다.

술은 사람의 정신을 혼미하게 하지만, 차는 오히려 정신을 맑게 해준다. 그러나 이규보는 '차의 참맛을 알기 위해서는 먼저 술에 취해 보아야 한다'는 지론을 편 사람이었다.

이규보(李奎報)

일암거사 정군분이 햇차를 보내주었다
(謝逸庵居士鄭君奮寄茶)

그리운 소식 몇 천리를 날아왔는고
흰 종이 바른 함에 붉은 실로 묶었구려
내 늘그막에 잠 많은 줄 알고서
한식 전 새 찻잎 보내 주었네.

벼슬은 높아도 가난하기 더없는 내 삶
때로 먹을 것도 없는데 선차가 웬 말이냐
해마다 특별히 어진 이의 선물 받으니
이제야 인간의 재상집 구실하누나.

謝逸庵居士鄭君奮寄茶
芳信飛來路畿千　粉牋糊櫃絳絲纏
知予老境偏多睡　乞與新芽摘火前
官峻居卑莫我過　本無凡餉況仙茶
年年獨荷仁人貺　始作人間宰相家

[감상]

그는 평생 시와 술, 거문고를 유난히 사랑한 풍류거사다. 그래서 스스로에게 '삼혹호(三酷好)'라는 자호(自號)를 지었다.

술을 무척 좋아했지만 차 또한 아주 즐겼다. 그러다 보니 그에게 햇차를 보내주는 이도 있었고, 차 맷돌을 선물하는 이도 있었다. 그러면서 서로 차시를 주고받기도 하였다.

일암거사(逸庵居士) 정군분(鄭君奮)은 진각국사(1178~1234)의 『행록(行錄)』을 지은 사람이다. 그는 정군분이 보내준 햇차를 받고 두 수의 시를 지어 고마움을 전하고 있다.

벼슬은 높아도 살림살이는 늘 궁핍한 그에게 일암거사는 해마다 어김없이 차를 보내준다. 나는 그에게 해준 게 없는데…, 한편 고맙기도 하지만 미안하기 그지없다. 이번에도 한식(寒食)전에 채취한 귀한 차를 보내온 것이다.

그가 보낸 차에는, 내가 잠이 많은 걸 알고 '잠 좀 줄이라'는 뜻이 담겨 있는 것인지도 모른다고 했다. 미안한 마음에 괜히 너스레를 떨어보는 것이다.

차에는 잠을 쫓게 하여 정신을 맑게 하는 효능이 있다.

이규보(李奎報)

차 맷돌을 보낸 이에게 감사하며(謝人贈茶磨)

돌을 쪼아 만든 바퀴 같은 맷돌
빙빙 돌림에 한 팔을 쓰는 것이 버겁구나
그대도 차 마시지 않으랴만
어찌 나의 초당에 보내 주었느뇨.

내 무척 잠 즐기는 줄 알아
이것을 나에게 보내준 것이리니
맷돌 갈수록 푸르고 향기로운 가루 나오니
그대의 뜻 더욱 고마워라.

謝人贈茶磨
琢石作孤輪　廻旋煩一臂
子豈不茗飮　投向草堂裏
知我偏嗜眠　所以見奇耳
硏出綠香塵　益感吾子意

[감상]

돌을 쪼아 만든 맷돌을 누군가로부터 선물 받고 감사하는 마음에 이 시를 지었다.

이 시대에는 마음 맞는 벗에게 차 잎을 가는 맷돌이나 물을 끓이는 구리 주전자를 선물하는 풍습이 있었다. 또 단차(團茶)와 함께 말차(沫茶)도 즐겼다. 말차는 녹차의 가루를 차선(茶筅)으로 흰 거품이 날 때까지 개서 마시는 형태의 차다.

맷돌을 계속 돌리다 보니 한쪽 팔이 아프다. 그렇지만 내 팔이 힘든 것 보다 고마운 마음이 훨씬 더 앞선다. 평소 내가 잠 많은 걸 알고 그 뜻을 헤아려 보내준 것이어서 말이다.

시에서 이규보는 '이런 맷돌은 차를 마시는 당신에게도 필요할 텐데 나에게까지 보내주었느냐'며 그 고마움을 나타내고 있다. 더구나 돌을 쪼아 만든 것이니 얼마나 정성이 들어간 맷돌인가.

갈면 갈수록 푸른 가루에서 푸른 향기가 나온다는 것을 보아 말차의 가루인 것 같다.

당시에는 차를 구하는 일도 어려웠지만, 차를 손수 갈고 법제(法製)하는 일도 쉽지 않았다. 그래서인지 누군가로부터 차 선물을 받고나서 기뻐하는 시편들이 많다.

이규보(李奎報)

초당에 고요히 거처하며 두자미의 '새로 세든 초옥'의 운에 화답하다(草堂端居和新賃草屋韻)

두문불출하니 찾아오는 손님도 없어
스님과의 약속으로 차를 달인다네
쟁기 매고 막상 밭일 배우니
응당 전원으로 돌아갈 때가 있으리.
가난하여 얼른 늙어가는 것도 달게 여기고
한가하매 더디 기우는 해가 싫도다
점차 쇠해지며 병이 오려 하지만
이 게으른 탓만은 아니라네.
돌에 앉아 해[日]가 기울도록 시를 읊기도 하고
창을 열고 누워 떠나가는 구름을 보기도 하며
속세의 소음이 지척에 있으나
문을 꽉 닫고 있으니 아무 것도 안 들려라.

草堂端居和新賃草屋韻
杜門無客到　　煮茗與僧期　　荷耒且學圃　　歸田當有時
貧甘老去早　　閑厭日斜遲　　漸欲成衰病　　疏慵不管玆
坐石吟移日　　開窓臥送雲　　塵喧卽咫尺　　閉戶不曾聞

[감상]

　이 시는 당나라의 시성(詩聖) 두보(712~770)가 차에 대해 쓴 시의 운(韻)에 화답하는 시다. 자미(子美)는 두보의 자(字)다.
　위의 시는 전체 10 수로 되어 있는데, 그 중에서 3 수를 골라 옮겼다.
　내용은 함께 차를 마시자는 스님과의 기약에 대해서다. 아무도 찾아오지 않는 적막한 초당, 어느 스님이 찾아오기로 한 그 약속을 기다리며 찻물을 올려놓고 준비를 하는 설렘이 엿보인다.

　벼슬도 다 떠나고, 술로 지새던 지난날도 흘러갔다. 바깥출입마저 삼가니 이제는 찾아오는 사람조차 없다. 고요한 초당에서 하루 종일 돌에 앉아 시를 읊거나, 때로는 방안에 누워 창문 밖 떠가는 구름을 바라보기도 한다.
　하는 일이 없으니 시간이 더디 가는 것도 이제는 지겹다. 돈마저 없으니 빨리 늙어가는 것이 오히려 고맙다는 생각이 든다. 그래도 늘그막에 농사일과 친해지는 것은 언젠가는 전원으로 돌아가기 위해서이다.

이규보(李奎報)

천마산에 노닐며 짓다(遊天磨山有作)

바람은 속세 사람의 얼굴을 쓸어가듯 불고
골짜기는 사람소리에 대답하듯 메아리 치네
처음엔 바위산의 오솔길 따라가다가
되돌아와서 솔 문짝을 두드렸네.
산승이 문을 열며 웃으면서 손님 맞는데
그 모습, 얼굴은 늙은 소나무에 머리는 천년 학이라네
곤하여 솔 집에 누우니 산 위의 달은 훤하고
차 달이는데 바위 샘물 마르거나 말거나 알 것 있나
나는 즐거워 시름 잊는다 하니 스님은 껄껄 웃으며
본래 시름없거늘 무어 그리 즐거우랴 하네.

遊天磨山有作
風吹俗面似掃掠　谷答人聲如唯諾
初從石徑行犖确　旋向松扉鼓剝啄
山僧出門笑迎客　貌古松頭千歲鶴
困臥松軒山月白　煎茶不問巖泉涸
我樂忘憂師大噱　本自無憂誰是樂

[감상]

 이규보는 나이 24세 때 부친상을 당하고, 이듬해 부인과도 사별했다. 이후 개경 천마산으로 들어가 스스로 '백운거사(白雲居士)'라는 호를 지어 부르며 홀로 살았다.
 이 시도 천마산으로 들어가서 시를 짓고 차를 마시며 홀로 지낼 때의 시다.

 산속에 오래 살다 보니, 속세에서의 지난 일들이 안개처럼 아련할 뿐이다. 골짜기에서 불어오는 바람소리에 지난날이 다 휩쓸린 듯, 알고 지내던 사람들의 얼굴조차 아슴푸레해진다.
 오솔길을 따라가다가 되돌아와 얼기설기 엮어놓은 어느 집 문을 두드렸다. 노스님이 나와 웃는 얼굴로 맞이한다. 늙은 소나무 껍질 같은 얼굴에 엉긴 머리는 학처럼 백발이다. 어쩌면 자신의 모습을 보는 것 같았을 것이다.
 평소 물을 길어다 차를 달여 마시는 바위 샘물에 대해서도 '그 샘물이 마르거나 말거나 이제 더는 관심이 없다'는 표현을 했다. 어쩌면 그도 모진 세월에 지치고, 지쳤는지도 모른다.

이규보(李奎報)

황려 정천사에 있는 의스님의 야경루를 적는다
(題黃驪井泉寺誼師野景樓)

맑게 갠 하늘의 노을은 불보다 붉고
새벽 주점의 안개는 쪽빛처럼 푸르네
일찍 청유를 점유하였으니 그대는 유유히 살고
늦게야 이런 좋은 경치 만난 나는 이제 부끄러워지네.
마음 씻고 절에 들어가 같이 은거한다면
물 긷고 차 끓이는 일도 내가 할 것이네
혹 화두에 음미할 곳이 있으면
때로는 이 늙은이 불러 참여시킴도 무방할 걸세.

題黃驪井泉寺誼師野景樓
霽天霞色殷於火　　曉店烟光翠似藍
早占清幽君自適　　晚逢佳勝我方慙
洗心投社如同隱　　汲水煎茶尙可堪
儻有話頭鑽味處　　不妨時喚老龐參

[감상]

  이규보는 고려의 이태백으로 불릴 정도로 시와 문장이 뛰어났다. 그가 남긴 『동국이상국집』에는 7천 여 편의 글이 실려 있는데, 이 중에서 2천 여 편이 시와 문장이다.
  그는 궁중에서 거행된 팔관회의 규례가 옛날과 어긋났다는 점을 지적했다. 이 사건에 휘말려 63세(1230년) 때 전라도 부안의 위도(蝟島)로 귀양을 갔다. 그러다가 이듬해 그의 고향인 황려현(黃驪縣, 지금의 여주)로 귀양지를 옮겼다가 다음해(1231년) 귀양살이에서 풀렸다.

  위의 시는 그가 귀양살이를 할 때 읊은 것이다.
  의(誼)스님은 일찍이 출가하여 속세와는 멀리 담을 쌓고 살아서 나 같은 화는 당하지 않았다. 그런데 속세에서 허둥대던 나는 결국 이런 화를 당하고 말았으니….
  주변 경치 좋은 이곳에서, 결국 나이가 들어서야 내 지난날을 돌아보니 그저 부끄럽기만 하다.
  이제라도 만약 스님이 허락하신다면, 함께 절에 머물면서 마음을 씻고 싶다는 심정을 나타내고 있다. 그러면서 물 긷고 차 달이고 하는 시중은 자기가 다 들겠다고 한다.

김지대(金之岱)

유가사에서 짓다(題瑜伽寺)

안개와 노을에 싸인 고요한 절
푸르른 첩첩산은 가을빛이 짙네
구름 사이로 난 돌 비탈길이 6~7리나 뻗어있고
하늘 끝닿을 듯 아득한 봉우리는 천만 겹이어라.

차를 마시고 나니 소나무 처마 끝엔 초승달 걸려 있고
설법 끝나니 바람 부는 평상에 들려오는 은은한 종소리
깊은 계곡물은 응당 나 같은 벼슬아치 비웃으리라
세속의 때 씻으려 하나 씻어지지 않는 그 흔적.

題瑜伽寺
寺在烟霞無事中　　亂山滴翠秋光濃
雲間絶磴六七里　　天末遙岑千萬峰
茶罷松檐掛微月　　講闌風榻搖殘鍾
溪深應笑玉腰客　　欲洗未洗紅塵蹤

[감상]

　김지대(金之岱, 1190~1266)의 호는 영헌(英憲).
　자유분방했으나 기개가 있고, 청렴 강직했다. 어려운 사람들을 잘 보살펴 모두로부터 칭송을 받았다. 높은 벼슬에 여러 번 올랐지만, 그는 평생 흠을 남기지 않았다.
　시와 문장에 뛰어났다. 서거정(1420~1488)은 고려 전기 15명의 대표시인 중 한 사람으로 그를 꼽았다.
　떠날 때를 미리 알고, 머리를 깎고 단정히 앉은 채로 떠났다. 불교의 고승들에서 흔히 있는 '좌탈입망(坐脫立亡)'의 모습이었다.

　유가사(瑜伽寺)는 경북 청도 비슬산에 있는 절이다. 그곳에는 이 시를 새긴 현판이 걸려있다. 일연도 이 절에 머물며 『삼국유사』를 지었다고 한다.
　이 시는 관직에서 물러나 지은 것으로 생각된다. 벼슬자리에 있을 때는 자기의 허물이나 세속의 일들이 눈에 잘 안 보인다. 그러나 그 자리를 내려와서 보면 그곳이 얼마나 위태로웠는지를 알 수 있다. 바람 잘날 없이 흔들리는 것이 '벼슬' 자리라는 것을 말이다.
　수백 년 전 그 때나 지금도 이 공식은 조금도 변함없으니ㅡ, 어쩌면 인간이 지닌 욕망에는 불변의 법칙이라도 있는 것인가.
　조금이나마 세속의 때[垢]를 씻어볼까 하여 절을 찾았지만, 오래 몸담았던 묵은 때의 흔적은 잘 지워지지 않는다고 했다.

원감국사(圓鑑國師)

산에 살며(山居)

배고프면 한 발우의 푸른 나물밥 먹고
목마르면 한 잔의 자순차를 마신다
지금의 이 생애 즐거움이 넉넉하니
고담하다 호화로움 부럽지 않네.

山居
飢湌一鉢靑蔬飯　渴飮一甌紫筍茶
只今生涯有餘樂　不將枯淡愽豪華

[감상]

　원감국사(圓鑑國師, 1226~1292)는 고려 충렬왕 때의 스님이다. 법호는 충지(冲止), 시호는 원감(圓鑑)이다.
　유년시절부터 천재 소리를 들었다. 17세에 사마시(司馬試)에 합격하고, 19세에 예부시(禮部試)에 장원으로 뽑혔다. 일본에 사신(使臣)으로 갔는데, 그의 수려한 문체에 일본인들도 감탄할 정도였다고 한다.

　자순차(紫筍茶)는 중국 절강성 고저산(顧渚山) 일대서 생산되는 차다. 잎은 약간의 자줏빛을 띠며, 완성된 극품(極品)은 죽순껍질과 닮아 자순차라 이름 붙여졌다.
　맛은 난향(蘭香)을 함유하고 있으며, 상쾌함과 단맛이 돈다.
　당나라 육우(陸羽, 733~804)도 일찍이 고저산에 들어와 다원을 만들고 자순차를 재배했다. 맛을 본 후, '천하 제2의 명차'라 기록했다.
　배고프면 나물밥 한 그릇이요, 목마르면 차 한 잔이면 족하다고 했듯이…, 이외 더 무엇을 바라겠는가.
　뜬 구름 같은 것이 우리네 인생살이라고 했던가!
　터질 듯 부풀어 오른 욕망으로 앞만 보고 내달리는 현대인들에게 잠시 물음표를 던지는 시다

원감국사(圓鑑國師)

조계산 방장실 동쪽 담(曹溪山方丈東牆之)

한여름 가까이 되니 온갖 꽃들 다 졌는데
반가워라, 산차의 꽃들은 한창 피었구나
아마 이는 하늘이 적막함을 가엾이 여겨
가는 봄 잠시 붙들어 산모퉁이에 둔 것이리.

曹溪山方丈東牆之
夏炎將半百花盡　　喜見山茶方盛開
應是天工憐寂寞　　小留春色着山隈

[감상]

　순천에 있는 대표적인 절은 조계산 송광사와 선암사다. 조계산은 고려시대부터 지금까지 차 생산지로 유명한 곳이다. 현재도 선암사 일대를 비롯하여 차가 재배되고 있다.
　원감국사는 스님이지만 불교적 이념이나 사유에 얽매이지 않는 시를 썼다. 지금도 문학사에서는 고려를 대표하는 시인으로, 또 고려 말의 사회상을 가장 잘 표현한 시인으로 평가받고 있다.
　스님의 작품은 일본에서도 그 가치를 인정할 정도였다. 일본에서도 시집이 간행되었다.

　천지가 꽃들로 흐드러진 봄인가 했는데, 어느 새 꽃들이 다 지고 말았다. 가는 봄을 마냥 아쉬워하고 있던 차, 산속 한 모퉁이를 돌아드니 그 곳에 차꽃이 한창으로 피어있다. 반가운 마음 이루 말할 수 없다.
　마치 하늘이 내 마음을 알기라도 한 걸까. 가는 봄을 잠시 붙들어 이런 기쁨을 주다니!

원감국사(圓鑑國師)

금장대사가 보내준 햇차에 감사하며(謝金藏大禪師惠新茶)

은혜로운 선물에 놀라면서 불에 말려 보니
따뜻한 돌에서 덖은 새싹 더욱 보배롭네
평생에 다만 해 묵어 변한 차만 맛보았더니
묻혀있던 한 움큼의 봄 얻은 것을 기뻐하네.

謝金藏大禪師惠新茶
慈貺初驚試焙新　芽生爛石品尤珍
平生只見膏油面　喜得曾坑一掬春

[감상]

　국사는 29세에 출가했는데, 41세가 될 때까지 두타행(頭陀行)을 했다. 지리산 상무주암에서 홀로 선정에 들었을 때, 그 모습이 마치 허수아비 같았다. 거미줄이 얼굴을 덮고 새 발자국이 무릎에 찍힐 정도였다고 한다.

　위 시는 금장대사가 보내준 햇차에 감사한 마음을 담은 시다.
　차는 오래되면 빛깔, 향, 맛이 변한다. 더러는 묵은 차를 다시 덖어서 사용하기도 하지만, 맛이나 향이 햇차에 비할 순 없다.

　원감국사도 그간 묵은 차 맛만 보고 살았는데, 금장선사가 햇차를 보내온 것이다. 돌솥에 잘 덖은 한 움큼의 차, 그 속에 따스한 봄기운과 함께 금장대사의 마음이 담겨 있는 것 같아 고맙다.
　스님의 시에는 산중생활의 넉넉함을 표현한 시들이 유난히 많다.

원감국사(圓鑑國師)

한가함에 지은 시 두 수(閑中偶詩同上 其二)

한가로우니 마음 저절로 즐겁고
혼자 즐기는 이 맛 더욱 좋다
오래된 잣나무는 누각 높이 닿아있고
낮은 담장 위를 꽃들이 덮었네.

질그릇 찻사발에는 우윳빛 거품 일고
비자나무 책상위로 하늘거리는 향 연기
비 그친 절집은 적막한데
툇마루에 불어오는 저녁 바람 시원하고 상쾌하다.

閑中偶詩同上　其二
閑居心自適　獨坐味尤長
古栢連高閣　幽花覆短墻
瓷甌茶乳白　榧机菉烟香
雨歇上堂靜　臨軒快晚凉

[감상]

　앞에서도 말했지만, 이 시도 산중에서 청빈하게 살아가는 수행자의 넉넉한 즐거움을 표현하고 있다. 이 시 역시 '한가한 중에 지은 시'라는 제목을 붙였다. 스님은 그런 넉넉한 마음을 대중을 위해서 아낌없이 회향하고 후학들을 위해서는 무한한 자비를 베풀었다.

　다음의 '임종게'에서도 스님의 면모를 느낄 수 있다.

　'지나온 인생행로 어언 육십 칠년/ 오늘 아침 만사를 끝내고자 하노라/ 고향으로 돌아가는 길은 평탄하니/ 분명히 가는 이 길에서 헤맬 일은 없고/ 때마침 손에는 지팡이가 있으니/ 기쁘도다. 가는 길에 피로하지 않으리(閱過行年六十七 及到今朝萬事畢 故鄕歸路坦然平 路頭分明未曾失 手中纔有一枝筇 且喜途中脚不倦).'

　'고향으로 돌아가는 길이 평탄'하다고 하는 것은 마음의 번뇌가 없으니 죽음의 길에도 아무런 걸림이 없다는 말일 것이다.
　누구나 한 번은 가는 길, 그 이치를 분명히 안다면 평소 헤맬 일도 없다고 했다.

석옥청공(石屋淸珙) 선사

산거시(山居詩) ①

천만 겹겹으로 둘러있는 산
절이 가장 높은 곳에 있네
삼존불(三尊佛)은 단청이 벗겨져 있고
한 주발의 차에 장명등이 비치네.

추운 달밤에 종소리는 울리고
연못의 얼음물로 차를 달이네
객이 와서 서쪽에서 온 뜻을 물으면
나는 알지 못한다고 하리라.

山居詩
好山千萬疊　屋占最古層
減塑三尊佛　長明一椀燈
鐘鼓寒夜月　茶煮石池氷
客問西來意　惟言我不能

[감상]

　스님(1272~1352)은 중국 원나라 때 소주(蘇州)에서 태어났다.
　자는 석옥(石屋), 법호는 청공(淸珙)이다.
　스님은 평생 시주를 받지 않았다고 한다. 속세를 멀리하고 산속에 은거하며 청빈하게 살았다. 궁하면 밥을 먹지 않고 물만 마셨다고 한다. 산중생활의 한적함과 여유로움을 읊은「산거시(山居詩)」24 수 중에 나오는 시다.

　겹겹 봉우리로 에워싸인 산이라는 표현을 보아 얼마나 깊고 높은지는 짐작만 해 볼 뿐이다. 그런 산의 가장 높은 곳에 절이 있다. 단청뿐만 아니라 삼존불도 칠이 다 벗겨진 오래된 절이다.
　추운 달밤, 바람에 등불이 마구 일렁거린다. 찻사발에는 장명등의 희미한 불빛이 고여 있다. 스님은 아마 참선 중이었나 보다. 잠을 쫓기 위해 얼음보다 차가운 연못의 물을 길어다 차를 달인다.
　누가 와서 달마가 서쪽에서 온 뜻을 물어도 나는 알지 못한다 하리라. 즉 불법의 근본 뜻이 무엇이냐고 물어본다면 그 어떤 말로써는 표현되지 않는다는 것이다.
　스님의 법맥은 한국 태고보우선사로 이어졌다.

석옥청공(石屋淸珙) 선사

산거시(山居詩) ②

산속에 사니 온갖 생각 맑아지고
잡다한 생각 없이 한 가지 생각들만 하게 된다
뜰 앞의 나무들은 가을빛으로 바래어지고
난간 너머 냇물소리 비온 뒤라 크게 들리는구나.

냉이 뜯고 차 달이며 오는 사람 맞이하고
화분에 국화 옮겨 심어 이웃스님에게 선물하네
비단 옷에 맛난 음식 아무리 좋다하여도
산에 사는 이 정취에는 비교할 바가 아니네.

山居詩
自入山來萬慮澄　平懷一種任騰騰
庭前樹色秋來感　欄外泉聲雨後增
桃薺煮茶延野客　買盆移菊送隣僧
錦衣玉食公卿子　不及山僧有此情

[감상]

역시 『산거 시』 24 수 중 일부분이다. 이 시에 우리나라의 다섯 사람이 차운(次韻)을 했다.

침교법훈(枕蛟法訓, ?~1813)·철경응언(掣鯨應彦, ?~?)·수룡색성(袖龍賾性, 1777~1848)·철선혜즙(鐵船惠楫, 1791~1858) 스님과 다산(茶山) 정약용(丁若鏞, 1762~1836)이다. 이를 묶은 시집이 『육로산거영(六老山居詠)』이다.

산에 들어와 사니 온갖 잡념들이 없어지고 생각은 맑아진다. 마음에 아무런 걸림 없으니 나날이 그저 즐겁고 평온하다.

가을과 함께 잎들도 빛깔을 달리하고, 비온 뒤라 그런지 개울물 소리도 유난히 크게 들린다.

봄이면 냉이 뜯어 나물을 무치거나 국도 끓여, 찾아오는 사람들에게 대접을 한다. 가을되면 화분에 국화를 옮겨 심어 이웃 암자의 스님들에게 선물을 하기도 한다.

사람들은 누구나 좋은 옷에 맛난 음식 먹기를 바랄 것이다. 그러나 나는 그런 것 조금도 부럽지 않다. 산에 살며 누리는 이 정취를 어찌 그런 것과 비교하겠는가.

저서에 『석옥청공선사시집(石屋淸珙禪師詩集)』이 있다.

이연종(李衍宗)

박치암으로부터 차를 받고 감사함(謝朴恥庵惠茶)

젊은 시절, 영남의 절에 손님으로 가서
스님 따라 여러 번 명전(茗戰) 놀이 했었지
용암의 바위와 더불어 봉산의 기슭에서
대나무 사이로 스님 따라 매부리만 한 차를 땄네.

한식 전에 딴 차가 제일 좋다고 하는데
거기다 용천과 봉정의 물이 있으니
사미승의 차 다루는 손길은 삼매에 든 듯
우윳빛 같은 거품을 쉬지 않고 만드네.

謝朴恥庵惠茶
少年爲客嶺南寺　　茗戰屢從方外戲
龍巖巖畔鳳山麓　　竹裏隨僧摘鷹觜
火前試焙云最佳　　況有龍泉鳳井水
沙彌自快三昧手　　雪乳飜甌點不已

[감상]

 이연종(李衍宗, ?~?)은 고려 후기의 문인이며, 정확한 생몰 연대는 알 수가 없다. 1352년에 나이 칠십이 넘었다는 기록은 있다.
 『제왕운기(帝王韻紀)』를 쓴 이승휴(李承休, 1224~1300)의 아들로 알려져 있다.

 이 시는 전체 10수인데 그 중 첫 수와 둘째 수만 옮겼다.
 어느 날 박치암으로부터 차를 받고 보니, 젊은 시절 영남의 어느 절에서 스님과 함께 차를 따고 명전(茗戰)놀이에 참여했던 모습이 생각났던 모양이다.
 치암은 충목왕 때, 왕에게 『정관정요(貞觀政要)』를 강(講)했던 박충좌(朴忠佐, 1287~1349)의 호다.

 '명전(茗戰)'이란, 차 끓이는 솜씨를 서로 겨루는 놀이를 말한다.
 원래 중국 송(宋)대에 유행했던 투차(鬪茶) 놀이로, 일반 백성들이 즐겼다. 그런데 고려시대에 우리나라에 처음 들어온 후, 일부 상류층이나 사원을 중심으로 명전놀이가 성행했다. 그 당시 차 문화는 귀족이나 사대부를 중심으로 이루어졌기 때문이다.

 대나무 사이에서 이슬 먹고 자란 죽로차와 용천과 봉정의 물, 거기다 곡우 전에 딴 것이니, 차로써의 모든 조건이 최상으로 갖추어진 것이다. 차를 다루는 사미승의 솜씨 또한 보통이 아니다. 마치 삼매경에 든 듯 진지하다고 했다.

안 축(安軸)

담장 너머 스님을 부르다(隔墻呼僧)

골짜기에 솟은 누대에서 물속을 보니
담장 건너 절 하나 바위에 걸려있구나
스님은 참맛 좋아하여 사람은 보이지 않고
십 리 먼 곳 차 연기 대숲 바람에 날린다.

隔墻呼僧
聳壑郡樓臨水府　　隔墻禪舍倚巖叢
愛僧眞趣無人會　　十里茶煙颺竹風

[감상]

 안 축(安軸, 1287~1348)은 고려 충렬왕 때의 문신으로, 경북 영주 순흥면 출신이다. 자는 당지(當之), 호는 근재(謹齋).

 이 시는 삼척서루팔영(三陟西樓八詠)에 나오는 시다.
 1328년(충숙왕 15)부터 일 년간 강원도 지방관리로 있으면서, 관동지방의 뛰어난 경치와 유적에 감흥하여 지은 경기체가 형식의 시다.
 안 축(安軸)의 삼척서루팔경시는 위정자의 입장에서 백성들의 마음까지 헤아린 한국팔경시의 빼어난 작품으로 평가받는다. 팔경은 그 주변의 아름다운 경치 여덟 가지를 말한다.

 골 깊은 곳이라 물 또한 맑다. 골짜기 정자에서 물속을 바라보니, 마치 바위에 걸린 듯 아스라해 보이는 절 그림자가 물속에 비친다. 워낙 깊은 산중에 있는 절이라 그런지 사람의 그림자도 보이지 않는다. 저 멀리, 십리쯤이나 되어 보이는 대숲 사이로 차 달이는 연기만 하늘하늘 피어오른다.

안 축(安軸)

대숲에 가린 옛 절(竹藏古寺)

늘어진 대숲 세월 오래되니 울타리처럼 되고
손수 심었던 스님은 지금은 보이지 않네
스님의 선방과 다실은 깊숙하여 보이지 않고
숲을 뚫고 날아온 파랑새만 홀로 돌아가려 하는구나.

竹藏古寺
脩篁歲久盡成圍　　手種居僧今已非
禪榻茶軒深不見　　穿林翠羽獨知歸

[감상]

　죽계(竹溪)에서 세력 기반을 가지고 중앙에 진출한 그는 충렬(忠烈)·충선(忠宣)·충숙(忠肅), 세 왕의 실록을 편찬하는 데에도 참여했다. 저서로는 『근재집(謹齋集)』이 전한다.
　삼척팔경은 흔히 죽서팔경(竹西八景)이라고도 한다. 위의 시는 다음의 여덟 가지 풍경 중 한 부분이다.

　죽장사라는 옛 절에 대한 서정을 읊음(竹藏古寺), 오십천 물길이 죽서루 아래서 못을 이룸(巖控淸潭), 강 건너 산자락에 의지한 농가(依山村舍), 강 위에 위태롭게 놓인 외나무다리(瓦水木橋), 소 등에 올라 앉아 피리 부는 아이(牛背牧童), 밭머리로 들밥 나르는 여인(壟頭饁婦), 물가에서 고기를 헤아림(臨流數漁), 담 너머 스님을 부름(隔墻呼僧).

　대나무를 손수 심었던 스님은 이미 떠나가고, 대밭은 숲을 이루어 울타리처럼 절을 에워싸고 있다. 스님이 참선하던 평상과 다실은 대숲에 가려 이제 보이지도 않는다. 고즈넉한 숲속에 파랑새 한 마리 외로이 깃든다. 아마 스님이 파랑새라도 되어 날아온 걸까.
　후대에 이 삼척팔경에 차운하여 지은 시가 많은 데, 그중에는 서거정(徐居正)과 이 곡(李穀)도 있다.

이 곡(李穀)

홍합포가 귤과 차를 보내줌에 감사함(謝洪合浦寄橘茶)

시장할 땐 푸성귀 국도 맛 좋은데
어느 날 동정귤을 보내왔으니 놀라워라
안개 자욱한 강의 맛좋은 회는 얻을 수 없지만
이따금 감귤을 보내오니 고마움을 잊을 수가 없네.

요란한 봄비에 기다리던 황금 싹 돋아나
공물로 올린 뒤, 잘 덖어 향기로운 차 부쳐왔으니
옥천의 일곱 째 잔 신령한 그 효력 신속해서
맑은 바람 타고 월대에 내려앉을 듯 하네.

謝洪合浦寄橘茶
晚食藜羹味亦長　　忽驚分我洞庭香
煙江玉膾雖無計　　時對金虀發興忙
芽茁黃金待一雷　　焙香新奇貢餘來
玉川七椀神功速　　便擬乘風到月臺

[감상]

이 곡(李穀, 1298~1351)의 호는 가정(稼亭).

고려 후기의 학자이며 문인이다. 문장이 뛰어나 원나라에서도 존경을 받았다. 정몽주 등과 함께 경학(經學)의 대가다. 100여 수의 시를 남겼는데, 문집으로는 『가정집(稼亭集)』이 있다.

이곡의 아들은 이색(李穡, 1328~1396)이다. 이색은 포은(圃隱) 정몽주(1337~1392), 야은(冶隱) 길재(吉再, 1353~1419) 등과 함께 '삼은(三隱)'으로 불린다.

합포(合浦)는 지금의 마산에 있는 포구의 이름이다. 그곳에 사는 홍 아무개가 보내준 귤과 차를 받고 나서 감사한 마음을 표현한 시다.

시장할 땐 나물 반찬 한 가지만 해도 맛있다. 그런데 귀하디 귀한 귤과 햇차를 보내왔으니, 그 고마움은 이루 말할 수 없다. 귤 중에서도 가장 향기롭고 맛좋은 귤이 동정귤이다.

그 시절, 차는 나라에 공물로 바쳤다. 대궐에 보내고 남은 차를 보내왔으니, 품질이나 맛 또한 최상일 것이다. 그러니 맛있는 고기도 부럽지 않고, 좋은 회를 먹는 것 보다 더 기쁘다.

당나라 시인 노동(盧仝)의 호가 옥천자다. 그는 '차노래[茶歌]'에서 '다섯 째 잔은 기골을 맑게 해주고, 여섯 째 잔은 신선의 기운을 얻게 하고, 일곱 째 잔은 다 마시기도 전에 두 겨드랑이에서 날개가 돋아 맑은 바람이 솔솔 일어나는 걸 느낀다.'고 했다.

이 시에서, 그 일곱 째 잔을 마시니 마치 신선이 되어 하늘을 오를 듯한 기분이라고 표현한 것이다.

민사평(閔思平)

단계선생이 향기로운 차를 보내줌에 시로 사례하다
(詩謝丹溪先生寄香茶)

멀리 있는 벗 생각으로 남쪽을 바라보며
혓바닥 깊숙이 마른침만 삼켰노라
거사는 마치 나의 금주령을 아는 듯
두터운 정으로 화전춘을 보내 주었네.

詩謝丹溪先生寄香茶
相思南望隔情人　舌本乾時只嚥津
居士似知禁酒令　殷勤送與火前春

[감상]

 민사평(閔思平, 1295~1359)의 자는 탄부(坦夫), 호는 급암(及庵)이다. 어려서부터 시·서에 대한 재능이 뛰어났다. 이제현(李齊賢), 정자후(鄭子厚) 등과 당대의 문장가로 이름을 떨쳤다.
 성품이 온화하여 많은 사람들과 교유했지만, 특히 이제현과 친분이 두터웠다. 관직에 있을 때도 일을 공정하게 처리해 사람들로부터 신임을 받았다.

 단계(丹溪, ?~1357)는 고려 말 충숙왕 때의 문신인 허 옹(許邕)을 말한다. 그는 가락국 수로왕의 왕비인 허황후의 후손이다. 성품이 강직할뿐더러 아주 청렴했다. 만년에는 은거하며 산수를 즐기고 낚시를 하며 생을 마쳤다.
 비록 자주 만나지는 못하지만 서로를 그리워하는 마음은 같을 것이다. 마치 그 마음을 알기라도 하듯, 멀리 경상도에 사는 허옹(許邕)이 차를 보내왔다. 때마침 스스로에게 금주령을 내려 목구멍이 허전했던 차에 귀한 선물을 보내왔으니 말할 수 없이 반가웠을 것이다.
 화전춘은 한식(寒食) 이전에 딴 차로, 이 때 딴 차의 맛과 향기는 가장 뛰어나다.

이제현(李齊賢)

송광화상이 햇차를 보내준 고마움에 붓 가는 대로 써서 방장실에 부침(松廣和尙寄惠新茗順筆亂道寄呈丈下) ①

주린 창자는 술 끊으니 연기가 피어오르는 것 같고
늙은 눈으로 책 보니 안개가 서린 듯 하네
누가 이 두 가지 병을 말끔히 물리치게 할까
나는 본디 약을 얻어 올 데가 있다네.

동암은 옛날에 녹야의 벗이었고
혜감은 조계산의 주지되어 갔네
좋은 차와 함께 안부 편지 보내오면
긴 글로 보답하고 깊이 사모하는 마음 표하였네.

松廣和尙寄惠新茗順筆亂道寄呈丈下
枯腸止酒欲生煙　老眼看書如隔霧
誰敎二病去無蹤　我得一藥來有素
東菴昔爲綠野遊　惠鑑去作曹溪主
寄來佳茗致芳訊　報以長篇表深慕

[감상]

　이제현(1287~1367)은 고려시대 문신이며 학자로, 당대의 이름난 문장가였다. 자는 중사(仲思), 호는 익제(益齊).
　원나라와 동등한 외교관계를 위해 많은 노력을 했다. 충선왕이 모함으로 유배(1320년)되자 원나라에 그 부당함을 밝혀 풀려나게 했다.

　이 시는 수선사(修善寺, 현재 송광사)의 송광화상이 보내준 햇차를 받고 나서 그 고마움에 쓴 38구의 시 가운데 일부분이다.
　즐기던 술을 끊으니 현기증이 일어나는 것 같고, 책을 보려고 하나 노안으로 안개처럼 흐릿하다. 나이가 들면 자연적으로 찾아오는 현상이라, 뉘라서 이 두 가지 병을 물리치겠는가. 그렇지만 약을 얻어올 데가 있어 크게 걱정하지 않는다고 했다.

　동암은 이제현의 아버지 호다. 그리고 혜감은 정혜사(지금의 송광사로, 수선사가 되기 이전 처음 이름)의 제10세인 혜감국사 만항(萬恒, 1249~1319)을 말한다.
　혜감국사는 그때 쯤(1313년) 송광사의 법주(法主)로 있었다. 즉 그의 아버지 동암과 혜감국사는 학문과 시문, 그리고 차로 맺어진 교유관계였다. 이처럼 차와 시로 맺어진 인연은 대를 이어 전해졌다. 혜감국사의 뒤를 이은 제11대가 이 시에 나오는 송광화상으로 짐작된다.

이제현(李齊賢)

송광화상이 햇차를 보내준 고마움에 붓 가는 대로 써서 방장실에 부침(松廣和尙寄惠新茗順筆亂道寄呈丈下) ②

가을에는 감을 먼저 따서 부쳐주더니
봄볕에 잘 말린 작설을 여러 번 보내 왔네
대사는 옛 정을 못 잊어 그러하겠지만
나는 아무것도 한 것 없이 많이 받아 부끄럽네.
낡은 집에 훌쩍 자란 풀이 마당에 우거지고
유월 궂은 장마에 길이 온통 진흙으로 뒤덮였는데
문 두드리는 소리에 놀라 나가보니 대바구니에 담긴
옥과 보다 더 신선한 차를 보내왔네.
맑은 향기는 더위가 오기 전 봄에 딴 것이라
고운 빛깔의 여린 잎은 숲의 이슬을 머금은 듯
돌솥에 물 끓는 소리 솔바람 부는 소리 같고
찻잔에 감도는 물무늬 꽃망울을 그려낸다.

松廣和尙寄惠新茗順筆亂道寄呈丈下
霜林虯卵寄曾先　春焙雀舌分亦屢　師雖念舊示不忘
我自無功愧多取　藪間老屋草生庭　六月愁霖泥滿路
忽驚剝啄松筠籠　又獲芳鮮踰玉胯　香淸曾摘火前春
色嫩尙含林不霜　颼颼石銚松籟鳴　眩轉瓷甌乳花吐

[감상]

　고려시대는 차와 더불어 좋은 다구(茶具)를 주고받는 것이 유행한 시절이었다. 좋은 것을 주고받는데 승속이 따로 있겠는가.
　가을에는 감을 따서 누구보다 먼저 보내주더니, 이번에는 잘 법제된 햇차를 또 보내왔다. 평소 스님께 아무런 도움도 주지 못했는데, 스님의 마음은 한결같이 늘 보내주기만 한다.
　장마 중이라 온 천지가 진흙탕이다. 그 길을 헤치고 잡풀 우거진 누추한 집으로 차를 또 보내왔으니 받기가 부끄럽다고 했다.

　곡우 전에 딴 차의 맑은 향기와 고운 빛깔을 무엇에 견주랴.
　귀한 햇차를 맛보기 위해 찻물을 올렸다. 물 끓는 소리가 마치 솔숲에서 듣는 솔바람소리 같다. 다관에 뜨거운 물을 부으니 우윳빛 거품이 일어나는가 싶게, 찻잔에 풀어지는 여린 잎이 마치 꽃망울을 토해내는 듯하다.

유 숙(柳淑)

가야사 주지인 노스님의 시를 잇다(次伽倻寺住老詩)

젊은 시절 가무를 즐기면서 좋은 집에서 지낼 때는
구름처럼 물처럼 맑게 노닐 줄은 생각이나 하였으리
늙은이 되니 번잡한 거리 내달리기 힘들어지고
물러나서는 분수 따라 명아주 평상에 앉았노라.

한가한 가운데 마시는 석 잔의 차 맛은 그윽한데
꿈속에서의 헛된 이름은 종이 한 장과 같으니
깊은 고독을 달래주는 것은 새로 지은 시의 고마움
스님의 깊은 뜻 어찌 다 헤아리리.

次伽倻寺住老詩
少年歌舞醉華堂　　肯想淸遊雲水鄕
老去下堪趨綺陌　　退來隨分坐藜床
閑中氣味茶三椀　　夢裏功名紙一張
多謝新詩慰幽獨　　上人深意若爲量

[감상]

유 숙(柳淑, 1324~1368)의 자는 순부(純夫), 호는 사암(思庵).
공민왕을 오랫동안 섬겼다.
1361년 홍건적의 침입 때 왕의 남행을 결정할 정도로 왕의 신뢰가 깊었다. 왕과 함께 남쪽으로 떠났다 돌아왔다. 그 뒤 승진되어 국가기밀에 깊이 참여하다가 모함을 받았다. 그러나 훗날 정권을 잡은 신돈(辛旽)을 반대하다가 파면되었다(1365년).
시골로 내려와 지내는 중, 신돈이 보낸 자에게 죽임을 당했다. 죽은 후, 우왕은 그를 공민왕의 사당에 함께 모셨다.

젊은 시절에는 그저 좋고 화려한 것만을 쫓아가는 것이 인간의 보편적인 모습인가.
늙은이 되어 띠풀(명아주)로 엮은 평상에 앉아서 흰 구름과 맑은 물을 바라보니 울컥 감회가 몰려온다. 구름이나 물은 한 번 흘러가면 그 뿐인데 ―, 종잇장 같은 얇은 막에 가려진 헛된 이름을 좇아 내달리던 지난날들이 주마등처럼 스친다.
벼슬살이 할 때는 이런 한가함과 여유로움이 있으리라고는 생각지도 못했는데, 마음에 여유가 찾아드니 차 맛의 그윽함도 이제야 알겠다.
그의 깊은 고독을 달래주는 것은 오직 스님이 보내오는 글과 시다. 그 시에 운을 붙인 것이 이 시다.

나옹혜근(懶翁惠勤) 선사

보선자가 게송을 청하다(普禪者求頌)

자연스런 것은 본래부터 조작된 것이 아니니
어찌 애써 밖을 향해 따로 구하랴
오직 마음을 한곳에 두면 능히 한가하게 되니
목마르면 차 달이고 피곤하면 잠을 잔다네.

普禪者求頌
本自天然非造作　何勞向外別求玄
但能一念心無事　渴則煎茶困則眠

[감상]

흔히 나옹선사(1320~1376)라 부르는데, 호가 나옹(懶翁) 또는 강월헌(江月軒)이다. 법호는 보제존자(普濟尊者).

고려 공민왕의 왕사로 일찍이 원나라로 건너가 인도 승 지공(指空)선사의 가르침을 받았다. 나옹화상은 지공(指空)선사, 무학(無學)대사와 더불어 우리 불교사의 3대 선승으로 일컫는다.

목마르면 차 마시고 곤하면 잠자는 것—, 어쩜 너무도 분명하고 평범한 이치다. 불성 또한 이와 마찬가지일 것이다. 찾아 헤맨다고 있는 것이 아니라 삶에 대한 집착을 내려놓을 때 자연스레 다가오는 것이리라.

우리에게 가장 잘 알려진 게송 '청산은 나를 보고'에서 선사의 삶과 가르침이 그대로 녹아 있다.

청산은 나를 보고 말없이 살라 하고/ 창공은 나를 보고 티 없이 살라 하네/ 탐욕도 벗어 놓고 성냄도 벗어 놓고/ 물같이 바람같이 살다가 가라 하네.

세월은 나를 보고 덧없다 하지 않고/ 우주는 나를 보고 곳 없다 하지 않네/ 번뇌도 벗어 놓고 욕심도 벗어 놓고 /강같이 구름같이 말없이 가라 하네.

나옹혜근(懶翁惠勤) 선사

차 따기(摘茶)

차나무가 흔들리지 않아 사람이 없는 듯
나무를 휘어잡은 사람들이 멧차를 따네
풀은 비록 약간의 움직임도 없건만
본체와 작용은 당당하여 다른 차별이 없네.

摘茶
茶樹無人撼得過　枉來同衆摘山茶
雖然不動織毫草　體用堂堂更不差

[감상]

　스님은 경북 영덕군 영해면 출신이다. 그림과 글씨에 뛰어났으며, 평생 노래를 많이 지었다. 『나옹집』에 전한다.
　스님의 노래 가운데 「나옹삼가(懶翁三歌)」로 불리는 '백납가(百納歌)'·'고루가(枯髏歌)'·'영주가(靈珠歌)'의 3편이 있다.
　스님의 정골사리(頂骨舍利)는 여주 신륵사에 있고, 비석과 부도는 양주 회암사에 있다.
　저서로 『나옹화상어록』 1권과 『가송(歌頌)』 1권이 전하는데, 보물 제 697호로 지정되어 있다.

　차나무 사이를 오가며 가지를 휘어잡고 찻잎을 따는데도 차나무가 흔들리지 않아 마치 사람이 없는 것처럼 고요하다.
　'산차(山茶)'는 산에서 자생하는 차를 말한다. 일명 '멧차'라고도 부른다.
　신라시대 원감국사의 차시에서도 '멧차를 달여 내게 맛보라고 권하네.' 하는 표현이 나오는 걸 보아 신라시대 때부터 '멧차'로 불리었던 것 같다.
　참선이나 불성의 경지가 저 먼 곳에 있는 것이 아니라, 차잎을 따는 것처럼 우리의 일상생활에 있다는 것을 비유했다.
　원래 본체와 작용은 다른 본성을 지닌 두 사물이 아니라 하나인 것이다. 사람은 누구나 다 천진한 본성이 갖추어져 있으므로 본래 부처라고 했다. 그러므로 열반이나 부처를 다른 데서 구할 것이 아니라 본래 자기에게서 찾아야함을 시에서 표현하고 있다.

정사도(鄭思道)

고주사에 노닐면서(遊高住寺)

문득 시골집을 나서 혼자 여유로움 즐기려고
스님을 찾아가는 말 위에서 가을을 슬퍼하네
큰 소나무는 일산처럼 드리워져 길손들을 맞고 보내는 듯
겹겹의 봉우리들은 병풍을 치고 나를 붙잡는구나.

한참을 앉았노라니 깊은 골짜기에 어스름이 생기고
바람결에 뒹구는 낙엽은 빈 누각을 어지럽히네
차를 끓이며 도란도란 맑은 이야기하니
그간 쌓인 시름들이 말끔히 달아나네.

遊高住寺
偶出村廬成獨遊　尋僧馬上更悲秋
長松偃蓋如迎送　疊嶂開屏解挽留
坐久夕陰生邃壑　風來霜葉亂虛樓
團欒煮茗同淸話　忘却悠悠放逐愁

[감상]

 정사도(鄭思道, 1318~1379)는 고려 말의 문신이다. 원래 이름은 양필(良弼)이고, 자는 사도(思道)이다.
 1365년 경상도 순문사(巡問使)*로 합포에 있을 때, 최영이 신돈의 중상모략으로 죽을죄에 몰리자 이를 변호하다가 파면되었다. 그 뒤 1368년에는 공민왕이 노국대장 공주의 영전이 협소하다는 이유로 옮겨 짓도록 하자, 그는 백성을 괴롭히고 국고의 손실을 가져온다며 반대하다가 투옥되었다.
 1375년에는 권신(?~?), 이인임(李仁任, ?~1388)을 죽이려 한다는 의심을 받아 정몽주, 이숭인 등과 함께 유배되었다.

 그는 문득 시골집을 나서서 스님을 찾아 절에 가는 길이다.
 어느 듯 해가 기울어 골짜기엔 산그늘이 드리워지기 시작한다. 길목에는 오래된 소나무의 가지들이 마치 일산처럼 휘늘어져 있다. 이 소나무는 오래 이곳에서 수없이 오고가는 사람들을 지켜보며, 그들의 휴식처가 되었을 것이다.
 바람 따라 낙엽이 이리저리 흩날리는 스산한 저녁이다. 겹겹의 봉우리들이 병풍처럼 둘러쳐진 고주사 누각에 스님과 마주앉아 차를 마신다. 잠시 어지러운 마음이 가라앉고, 그간 쌓인 세상사 온갖 시름이 걷힌다고 했다.

---

* 순문사(巡問使): 왕명을 띠고 군무(軍務)를 순찰하는 특사로, 군직이다.

태고보우(太古普愚) 선사

실제(失題)

남쪽 성 밑에 집 한 칸 빌려
거나하게 취해 누워 있는데
갑자기 천자의 조서가 내려
축원 마치고 깨진 항아리 마주했네.

칼바람 추위는 뼛속까지 파고들고
쓸쓸한 눈발은 창을 두드리는데
깊은 밤 질화로 불에
차 달이는 향기가 다관에서 흘러나오네.

失題
借屋南城下　陶然臥醉鄕
忽聞天子詔　祝罷對殘缸
凜凜寒生骨　蕭簫雪打窓
地爐深夜火　茶熟透餠香

[감상]

고려 말 스님(1301~1382)이다. 호는 태고(太古) 또는 보허(普虛), 시호는 원증(圓證).

중국에 가서 하무산의 석옥청공의 법을 잇고 임제종의 초조(初祖)가 되었다.

시나 글을 이해하는 데는 그 당시 시대상황이나 배경을 알면 훨씬 도움이 된다.

공민왕은 태자시절 보우 스님의 설법에 감복되어 왕이 된 후 스님을 왕사로 모셨다. 그러나 1363년, 요승(妖僧)으로 기록되는 신돈(辛旽)이 공민왕의 총애를 받아 불법(佛法)을 해치고 나라를 위태롭게 하므로, 보우는 '나라가 제대로 다스려지려면 진승(眞僧)이 그 뜻을 얻고, 나라가 위태로워지면 사승(邪僧)이 때를 만납니다. 잘 살피시고 그를 멀리하면 국가가 화를 입지 않을 것입니다.'라는 글을 올렸다.

그러나 신돈의 참언으로 보우스님은 속리산에 갇혔다. 나중에는 왕이 뉘우치고 이듬해 다시 소설산으로 돌아오게 되었다. 스님은 왕사(王師)를 반납하면서 그의 심경을 담은 〈왕사를 그만두면서〉라는 긴 시를 남겼다.

작은 오막살이에 기분 좋게 누워있는데, 갑자기 임금의 뜻을 알리는 칙서를 받았다. 부처님께 나라의 안녕을 축원 올리고 낡은 질화로에 찻물을 올렸다.

깊은 밤, 추위는 뼛속까지 파고드는데 어지럽게 휘날리는 눈발들이 창을 마구 때린다.

원천석(元天錫)

아우인 이선차 사백이 준 차 선물에 사례하다
(謝弟李宣差詞伯惠茶)

그리운 서울 소식 숲 속 집에 전해오니
여린 풀 끈에 새로 봉한 작설차라네
식후의 한 사발 차맛은 유난히 뛰어나고
취한 뒤의 세 사발은 무엇과도 견줄 수가 없네.

마른 창자 적시고 나니 근심 없어지고
병든 눈 맑아지니 현기증이 없어지네
차의 이 신령스런 공덕 헤아리기 어렵고
시상이 떠오르니 수마는 달아난다네.

謝弟李宣差詞伯惠茶
惠然京信到林家　　細草新封雀舌茶
食罷一甌偏有味　　醉餘三椀最堪誇
枯腸潤處無査滓　　病眼開時絶眩花
此物神功誠莫測　　詩魔近至睡魔赊

[감상]

　원천석(元天錫, 1330~?)의 호는 운곡(耘谷), 자는 자정(子正).
　어릴 때부터 재주와 학문이 뛰어나 진사가 되었지만, 고려왕조의 멸망을 본 이후 한 번도 관가에 나아가지 않았다. 치악산에 들어가 농사를 지으며 은둔의 일생을 보냈다.
　훗날 태종이 된 이방원(1367~1422)에게 글을 가르쳤다. 이방원이 즉위하여 몇 번이나 사람을 보내도 거부하였다. 결국은 태종이 직접 찾아 갔으나 미리 소문을 듣고 산속으로 달아나 끝내 만나 주지 않았다.
　두문동(杜門洞) 72현의 한 사람이다. 두문동은 고려가 멸망하자 조선 개국을 반대하여 벼슬을 거부하고 은거하던 고려 신하 72명이 살던 개풍군 광덕산 서쪽의 골짜기를 말한다. '두문불출'이라는 말이 여기서 비롯되었다.
　문집 『운곡시사(耘谷詩史)』에는 고려 멸망을 애석히 여기는 시가 여러 편 실려 있다.

　'차의 열 가지 덕[十德]'에 정신이 맑아지고 혈액순환을 돕고 생기를 북돋우고 병을 덜어준다고 했다.
　몸과 마음을 다스리는 데는 차만한 것이 없다. 뜻을 고상하게 하고 편안한 마음을 가지니 자연 시상이 떠오르는 것은 너무나 당연한 것인지도 모른다.

한 수(韓脩)

엄광선사가 보내준 차에 감사하며(嚴光大禪師寄惠芽茶)

뉘라서 차 따러 해변을 두루 다니나
오직 엄광의 솜씨가 가장 좋다오
나는 묘련사에서 이 맛 알았거니
대사가 멀리까지 보내 나의 마음 위로하네.

嚴光大禪師寄惠芽茶
採茶誰復海邊皆　惟有嚴光品最佳
我自妙蓮知此味　煩師遠寄慰子懷

[감상]

한 수(韓脩, 1333~1384)는 고려 후기의 문신이다. 행동이 바르고 학식이 뛰어나 모든 사람들의 모범으로 통했다. 특히 초서와 예서의 명필로 알려져 있다. 호는 유항(柳巷).

엄광스님의 차 법제하는 솜씨가 매우 뛰어났던 모양이다. 스님이 계시는 묘련사에서 이미 차를 마셔 본 터라, 그 차 맛에 대해서는 누구보다 잘 알고 있다.

봄이 되니 곳곳에서 차를 보내온다. 그러나 역시 엄광스님이 법제한 차 맛에는 미치지 못했나 보다. 스님의 차 맛을 그리워하고 있었는데 마치 이런 마음을 알기라도 하듯, 멀리서 차를 보내줌에 그 고마움에 감사하면서 쓴 시다.

개성에 있는 노국대장공주묘비(魯國大長公主墓碑)와 묘향산의 안심사사리탑비(安心寺舍利塔碑), 경기도 양주 회암사지공대사탑비(檜巖寺指空大師塔碑), 여주신륵사보제선사석종비(神勒寺普齊先師石鐘碑)가 현재 그의 필적으로 남아있다.

왕으로부터 '수충찬화공신(輸忠贊化功臣)'이란 호를 받았다.

한 수(韓脩)

경상도의 안렴사가 보내준 햇차를 마시기 전에
(慶尙按廉寄新茶復用前韻)

임금님 드신 나머지를 나에게 나누어 줌 뜻밖이니
올해엔 작설차보다 더 귀한 것 없다오
봉래산에서 좋은 차 따는 것 소망 아니라
뱃속의 글에 씻는 것도 합당함일세.

慶尙按廉寄新茶復用前韻
豈期分我至尊餘　　雀舌今年貴莫如
歸采蓬萊非所望　　正宜遠得腹中書

[감상]

멀리 경상도의 안렴사(按廉使)가 햇차를 보내왔다. 그 차를 마시기 전에 먼저 고마움을 표현한 시다. 안렴사는 고려시대 지방관직의 하나다.

보내 온 햇차는 임금님이라야 드실 수 있는 귀한 차다. 그런데 나에게까지 보내주다니! 이런 선물을 받으리라고는 생각지도 못했는데 말이다.

'뱃속의 글에 씻는다.'는 표현에 대해서는 다음의 고사가 전해진다.

학융(郝隆)이라는 사람은 박학하여 읽지 않은 책이 없었다고 한다. 어느 집에서 볕에 의복을 말리는 것을 보고 7월 7일이 되면 햇볕을 향해 배를 내놓고 누워 있어 사람들이 그 이유를 묻자,

"내 뱃속에 들어있는 책들을 볕에 쬐고 있다."고 했다.

이는 곧, 차를 마심이 단순히 차맛을 즐기기 위함이 아니라는 비유인 듯 하다. 좋은 글로써 번뇌를 씻듯, 한 잔의 차로 세상의 먼지를 씻어내고 싶은 뜻을 담은 것이다.

정몽주(鄭夢周)

돌솥에 차를 끓이며(石鼎煎茶)

나라 위해 한 일도 없는 늙은 서생이
차 마시기 버릇되니 세상에 나아갈 뜻이 없다네
눈보라 휘날리는 밤 쓸쓸한 집에 홀로 누워
돌솥에서 나는 솔바람소리 즐겨 듣는다오.

石鼎煎茶
報國無效老書生　喫茶成癖無世情
幽齊獨臥風雲夜　愛聽石鼎松風聲

[감상]

　고려 말의 충신인 정몽주(鄭夢周, 1337~1392)는 차인이면서 성리학자다. 호는 포은(圃隱). 시문에 능하여 시조 '단심가(丹心歌)'를 비롯하여 많은 시가 전한다. 서화에도 뛰어났다.

　고려시대는 찻물을 끓일 때 돌솥이나 철병(鐵甁), 즉 구리로 된 주전자 등을 많이 사용했다. 쇠로 된 주전자는 물 끓는 소리가 유난히 크게 들린다. 같은 소리지만 정몽주와 이규보는 이를 다르게 표현했다.
　정몽주는 돌솥에서 찻물이 끓으며 내는 소리를 솔바람소리로 듣고 있는데, 이규보는 생황(笙簧)이 내는 운율에 비유하기도 했다.
　옛 부터 차인들은 찻물 끓는 소리를 흔히 솔밭을 스치며 부는 바람소리[松風]에 비기곤 했다. 차시에서 그런 표현이 많이 나온다. 차를 좋아함이 너무 심한 것을 '차벽(茶癖)'이라고 한다. 얼마나 좋아했으면 이런 표현을 했을까!

　이제는 세상 돌아가는 것에도 별 관심이 없다. 몸은 이미 늙어 나라에도 아무런 도움을 주지 못하는 사람이라며 스스로를 낮추어 표현하고 있다. 그러나 시에는 그의 충직함이 엿보인다. 아마 50세 전후로 쓴 것으로 짐작된다.
　눈보라 휘날리는 밤, 세상의 잡다함을 잊고 서재에 홀로 누워 찻물 끓는 소리를 듣는다. 이 시간이야말로 세상 무엇과도 바꿀 수 없는 그만의 행복(?)일 것이다.

정몽주(鄭夢周)

주역을 읽으며(讀易)

돌솥에 찻물이 끓기 시작하니
풍로의 불꽃은 이글거리며 피어나네
감괘와 이괘는 천지간의 작용이니
이 속에 담긴 뜻 무궁하구나.

讀易
石鼎湯初沸　　風爐火發紅
坎離天地用　　即此意無窮

[감상]

　차를 달이는 과정에서 물 끓이기가 중요하다는 것은 초의선사의 『다신전』에도 나와 있다. '끓는 물은 물이 끓는 모양과 소리, 수증기를 보고 분별한다.'고 했다.

　시의 제목처럼 그는 주역을 읽으면서 차를 끓인다.
　붉게 피어오르는 화로의 불과 끓고 있는 돌솥의 물을 보면서 지은이는 여기에도 천지의 무궁한 이치가 담겨 있다고 생각한다. 즉, 물을 상징하는 감괘(坎卦)와 불을 상징하는 이괘(離卦)라는 표현으로 물과 불의 조화, 또 음양의 조화를 터득해가는 것이다. 역시 유학자다운 표현이다.

　불을 피우고 물을 끓이는 과정은 지극히 단순한 일상의 한 부분이다. 그렇지만 이런 평범함 속에도 천지간의 조화를 생각하는 표현은 아무나 생각하고 느낄 수 없는 경지다.

정몽주(鄭夢周)

윤주를 바라보며(望潤州)

쓸쓸한 마음의 회포를 푸려고
하늘 끝까지 이 길을 왔다네
시를 읊으며 넓은 바다 건넜고
차를 달이려 푸른 강물 길었다네.

물길 돌아든 금산사는
꽃으로 감추어진 철옹성이라
이를 바라보니 그림 같아서
너를 위해 걸음을 멈추었네.

望潤州
欲以慰幽抱　天涯作此行
哦詩浮海闊　煮茗汲江淸
水遶金山寺　花藏鐵甕城
相望似圖畵　爲汝駐歸程

[감상]

고려말기의 충신으로 쇠락해진 고려왕조를 바라보는 그의 심정은 참담했다. 그는 새로운 왕조를 세우는데 반대했다. 뜻을 같이 하던 이성계를 찾아가 정세를 살피고 오던 중, 이방원이 보낸 자객의 습격을 받아 선죽교에서 죽임을 당했다.

친명(親明)노선을 걷던 공민왕이 시해된 후, 고려는 정치적인 혼란에 빠진다. 그의 탁월한 외교적 감각은 명과의 외교 문제에서도 발휘돼 고려를 전란의 위기에서 구해냈다.

이 시는 당시 그가 명나라에 사신으로 갔을 때 지은 시다. 윤주(潤州)는 강소(江蘇)성 진강(鎭江)현에 있다. 윤주를 바라보며, 강물을 길어 차를 달이는 모습을 담담히 그리고 있다.

당시 윤주는 철옹성처럼 둘러싸여 있었지만, 그것을 알 리 없는 계절은 봄꽃으로 흐드러져 있다. 물길 휘감아 도는 곳에 자리한 금산사는 마치 물 위에 떠 있는 듯, 한 폭의 그림처럼 아름답다.

산사와 강물이 잘 어우러진 아름다운 광경을 바라보며 걸음을 멈추었다. 충신이었던 그는 기울어져가는 왕조를 생각하며 무슨 생각에 잠겼을까.

이숭인(李崇仁)

실주 주사에게 차를 올리다(茶呈實周主事)

바닷가 마을에는 이른 봄 차가 나는데
바구니에 따 모은 이슬 머금은 잎이 새롭구나
봉하여 의조(儀曹)에게 부치면서 묻노니
궁중의 용단(龍團) 맛과 어느 것이 진짜인가.

황금가루 날리는 옥 같은 싸라기
난초 향기 섞이지 않아도 스스로 기묘해라
감람(橄欖) 향을 맑은 물에 탄 맛이거니
그대는 다보(茶譜)를 지어 사람들에게 알리소서.

茶呈實周主事
海上鄕茶占早春　筠籠采采露芽新
題封寄與儀曹問　內樣龍丹味孰眞
黃金霏屑玉精糜　不雜蘭膏也自奇
橄欖細和玄酒淡　煩公作譜使人知

[감상]

　이숭인(李崇仁, 1349~1392)은 성리학자며 문장가로, 고려 말 삼은(三隱)중의 한 사람이다. 호는 도은(陶隱). 포은 정몽주의 문하생이다.
　그는 '좋은 차는 아름다운 사람과 같다'면서 평소 지기와 더불어 차를 주고받기도 하였다.
　개경에 있는 임실주(林實周)라는 사람에게 차를 선물하면서 이 시를 지어 함께 동봉했다. 그가 보낸 차는 아마 바다가 가까운 어느 남쪽 지방에서 법제된 차인 듯 하다. 그것을 보내면서 중국의 용봉차와 어느 것이 진실로 좋은 것인지 비교해 보라고 한다.

　용봉차는 송나라의 대표적인 고급차다. 채취도 어렵거니와 제조과정이 워낙 까다로워 민간에 주는 피해가 너무 많았다. 공물로 받은 이 차를 왕이 신하나 이름난 선승에게만 조금씩 나누어 주었다고 하는데, 사치스러워 자취를 감춘 차다.
　아마 자신이 보낸 차의 맛과 향, 빛깔이 아주 뛰어났던 모양이다. 그 정도로 자신이 있으니, 사람들에게도 널리 알려달라는 부탁도 함께 하고 있다.

이숭인(李崇仁)

차(茶)를 준 백렴사(白廉使)에게 감사함(白廉使惠茶)

선생이 나에게 화전춘(火前春)을 나눠주니
색과 맛 그리고 향기, 하나하나 새롭다
하늘에 떠도는 한(恨)을 깨끗이 씻어주니
뉘라서 알리오 좋은 차는 아름다운 사람과 같음을.

피어오르는 불에 맑은 샘물로 손수 끓이노니
청자 다완에 향기로운 차를 넣으니 누린내를 씻어주네
마루턱에 찬 백만(百萬) 창생(蒼生)의 운명
봉래산에서 각고 수행한 신선과 비겨 어떠할까 묻노라.

白廉使惠茶
先生分我火前春　色味和香一一新
滌盡天涯流落恨　須知佳茗似佳人
活火清泉手自煎　香浮碧椀洗薰羶
嶺崖百萬蒼生命　擬問蓬山刻位仙

[감상]

　이숭인 차시의 백미는 이 시가 아닌가 한다.
　'화전춘'이란 한식 이전에 채취한 차를 말한다. 즉, 불을 금하기 이전의 봄을 말하는데, 요즘은 우전차(雨前茶)라 부른다.
　이 시에 나오는 '하늘아래 떠도는 한을 씻어주니'라는 문구에 유난히 마음이 꽂힌다. 고려 말의 격변기를 살며 여섯 번의 유배를 겪었으니 쌓인 한이 얼마나 많겠는가.

　차를 마시면 마음이 편안해지기도 하지만, 차를 마시며 사색하는 시간에 자신의 내면을 관조한 것이다.
　'좋은 차는 아름다운 사람과 같다'는 구절은 차를 마치 사람 대하듯 인격화하였다. 좋은 차에서는 아름다운 사람의 영혼을 만난 듯한 친근함을 느낀다고 했을 정도다.
　또, 이숭인의 차시에는 '차로 창자를 씻는다.'는 문구가 여러 번 나온다. 직역하면 '오장육부를 편안하게 한다'는 뜻이지만, 실은 차를 마시면 자신의 몸과 마음이 편안해진다는 뜻일 것이다.

이 색(李穡)

이우량으로부터 편지와 찻그릇 한 쌍을 받고
(得堂第李友諒書及茶鍾一雙)

평안하다는 소식 들으니 더욱 기쁘고
찻그릇을 바라보니 아담하여 삿됨이 없네
계룡산 아래에는 인가가 드물고
오래 생각에 잠겨있으니 긴 강물에 달빛이 젖어드네.

得堂第李友諒書及茶鍾一雙
得閱平安喜已多　　茶鐘照目便無邪
鷄龍山下人烟少　　坐想長江浸月華

[감상]

이색(李穡, 1328~1396)의 호는 목은(牧隱)이다.

고려말기의 세 충신으로 포은(圃隱) 정몽주, 야은(冶隱) 길재와 함께 삼은(三隱)의 한 사람이다.

유·불 통합을 주장하며 도첩제(度牒制)를 실시해 승려의 수를 제한하는, 억불정책을 강조하기도 했다.

제자로는 김종직·변계량 등이 있다.

이우량이라는 사람으로부터 편지와 찻그릇 한 쌍을 받고 나서 그에 대한 고마움을 전하는 시다.

찻그릇과 함께 보내온 '평안하다'는 소식이 무엇보다 반갑다. 소박하고 아담한 모양의 찻그릇을 보니 마음도 편안해진다고 했다.

새 찻잔에 차를 따루어 놓고 혼자 앉아 있으니, 적막하기 그지없다. 그렇잖아도 계룡산 근처에는 인가가 드물어 평소에도 인기척조차 없는 곳이라고 했다.

은은한 달빛이 강물에 젖어드는 밤, 찻그릇을 바라보며 오래 생각에 잠겨있다. 읽는 사람도 함께 생각에 젖어들게 하는 시다.

이 색(李穡)

영험이 있는 샘(靈泉)

학부리로 쫀 곳에 맑은 샘물 솟아
서늘한 기운이 폐부를 적시네
마시면 신선인양 몸이 가벼워져
현포(玄圃)를 상상케 하네
어찌 시 짓는 생각만을 깨끗이 씻으랴
몸 안의 병까지도 물리쳐 버린다네
내 평생 청정한 일 좋아하노니
다보(茶譜)의 속편(續編)을 생각하네
의당 돌솥을 가지고 가서
소나무 가지 끝에 비 내리는 걸 보고 싶네.

   靈泉
鶴啄淸泉出　冷然照肺腑
飮之骨欲仙　令人想玄圃
豈惟洗詩脾　可以却二竪
平生愛淸事　有意續茶譜
當虧石鼎去　松稍看飛雨

[감상]

이색은 고려 말에서 조선 초기 왕조가 바뀌는 격변기를 살았던 대학자요, 정치가요, 뛰어난 문장가였다. 그는 붓을 잡기만 하면 물 흐르듯, 걸림 없는 문장을 짓는 천재적인 문인이었다.

전해지는 그의 시만 6천 수에 이른다. 차를 아주 즐겼다.

이 시의 제목처럼 신령한 영험이 깃든 샘이다. 이런 물로 차를 끓여 마시면 마치 신선의 경지에라도 들어갈 듯하다. 그래서 빨리 영험스런 맛을 느껴보고 싶은 것이다.

차 맛을 좌우하는 첫째 조건이 좋은 물이라는 것을 누구보다 잘 알고 있는 그다.

신선이 산다는 곤륜산의 선경(仙境)을 생각하니, 그 자신이 벌써 신선이 된 것처럼 몸이 가벼워지고 마음이 즐겁다.

돌솥을 가지고 가서 소나무 끝에 비가 떨어지는 것을 보겠다는 것은, 돌솥에서 물 끓는 소리를 미리 듣고 싶은 마음의 또 다른 표현이다.

이 색(李穡)

물 끓는 소리를 들으며(聞煎水聲)

물과 불의 조화는 참으로 어려운데
다행히도 쇠와 돌이 조화를 이루었구나
기(氣)가 합하여 용(用)을 이룸 알겠거니
이 같은 것을 아름답지 않다고 누가 말하랴.

이로부터 비롯된 맛이 내 배를 채워주니
소리는 어디서부터 생겨 나를 기쁘게 하는가
세상의 재상집 방마다 차 솥 놓여 있어도
누구나 다 심신의 한가함 얻는 것 아니네.

```
聞煎水聲
水火相攻勢甚難    辛哉金石處共間
故知氣合竟成用    莫道類殊非是斑
味自比生充我腹    聲從何出破吾顔
候家列鼎雖方丈    未必身心捻得閑
```

[감상]

　이색은 차 솥에서 물 끓는 소리를 아주 좋아하고, 또 그것을 즐겨 들었다고 한다. 그래서 이 시의 제목도 '문전수성(聞煎水聲)', 즉 '찻물 끓는 소리를 들으며'이다.
　어떤 사물이든지 그 한 가지만으로는 소리를 낼 수 없다. 차를 달이는 물이나 불, 쇠나 돌도 마찬가지다. 즉, 갖가지 인(因)과 연(緣)이 합해지면 거기서 아름다운 소리가 나고, 그것이 곧 기(氣)의 합이 이루어진 조화가 된다. 조화로운 소리를 들으면 마음이 편안해지는 것도 그 때문이다.

　당시 차를 좋아하는 사대부들의 집에는 대부분 차 솥이 있었다. 그것이 있다고 하여 누구나 다 차를 즐겼던 것은 아닐 것이다. 더구나 찻물 끓는 소리를 즐겨 들으며 마음의 여유로움을 느낄 줄 아는 사람들이 얼마나 있었을까.
　마음의 귀를 열어야 모든 소리를 제대로 들을 수 있다. 하물며 물 끓는 소리도 마찬가지일 것이다. 그런 경지를 느껴야 마음의 때도 씻을 수 있을 것이다.

이 색(李穡)

차를 마신 후에 읊다(茶後小詠)

작은 병에 샘물 길어다가
깨진 돌솥에 노아(露芽)차를 달이네
귀는 참으로 맑아지고
코끝엔 신비한 향이 스치네.
갑자기 눈의 흐릿함이 사라지니
눈앞의 작은 허물도 보이지 않는다네
혀로 맛 본 후 목으로 내려가니
몸이 바르게 되고 평온해지네.
가슴 속 신령스런 마음
맑고 밝아 조금도 삿됨이 없으니
천하를 논하기 전에
군자는 마땅히 집안을 바르게 해야 하리.

茶後小詠
小瓶汲泉水	破鐺烹露芽	耳根頓淸淨	鼻觀通紫霞
俄然眼翳消	外境無纖瑕	舌辦喉下之	肌骨正不頗
靈臺方寸地	皎皎思無邪	何暇及天下	君子當正家

[감상]

  우리나라 차 문화의 가장 전성기는 고려시대다. 당시 왕실이나 사원의 차 문화는 화려하고 사치했다.
  왕실에서는 나라에 공을 세운 사람이나 승려들에게 차를 하사하는 풍습이 있었다. 그러나 고려 말, 중국 원(元)나라의 내정간섭을 받으면서 왕실의 권위는 무너지기 시작했다. 인종 3년(1125) 이후에는 이런 풍습들이 사라졌다.

  차를 마시면 심신이 맑아진다는 것은 이미 아는 사실이다.
  귓결에 들리는 찻물 끓는 소리는 마치 계곡에서 흐르는 물소리 같다. 거기다 코끝에 스치는 그윽한 향기, 입속 가득 고여 드는 담담한 맛…, 이런 것에 마음을 두다 보면 눈은 남의 허물을 보지 않게 된다고 하였다.
  마음이 맑은 사람은 삿된 생각을 하지 않듯, 차는 몸과 마음의 여유와 고요함을 갖게 한다. 차가 우리에게 주는 고마움이고 또 감사함이다.
  대장부란, '자고로 천하를 논하기 앞서 먼저 자기 집안을 바르게 잘 다스리는 것'이라 했다. 유학자다운 그의 표현이다.

권 근(權近)

지관사의 서쪽 봉우리에 올라(登止觀寺西峰)

외진 곳이라 산은 절을 감춘 듯 품었는데
계곡물은 누대를 감싸 돌아 흐르네
차를 달이는데 나지막한 소리 들리고
지팡이를 짚으며 높은 언덕을 올라왔네.

들국화는 찬 이슬 머금고
바위의 등나무는 시들어 가을빛이 담겼네
여기서 서울이 몇 린지 알지는 못하지만
높은데 올라 바라보니 너무도 아득하네.

登止觀寺西峰
地僻山藏寺　溪回水繞樓
煮茶聞軟語　策丈上高丘
野菊寒含露　岩藤老帶秋
京都知幾里　登眺極悠悠

[감상]

　권 근(權近, 1352~1409)은 고려 말, 조선 초의 문신이다.
　이성계의 새 왕조 창업에 중심적인 역할을 했다. 조선왕조 개국 후에는 각종 제도정비에 힘썼다.
　자는 가원(可遠), 호는 양촌(陽村), 시호는 문충(文忠)이다.
　이색을 스승으로 모셨다. 1407년 문과 시험관으로 변계량을 뽑았다. 정몽주·이숭인·정도전 등과 교유하며 성리학 연구와 유학을 계승시키는데 크게 공헌했다. 그의 사상은 이황의 사단칠정론(四端七情論)에 영향을 주었다.
　역사책과 시문집인 『양촌집』 등, 40여 권이 있다.

　차는 보통 실내에서 마시지만, 야외에서 차 모임[茶會]을 가지는 경우도 많이 있다. 경치 좋은 정자, 깊은 산속의 시냇가, 꽃이 핀 들판, 꽃잎이 흩날리는 나무아래 …등에서 차회를 하는 풍경이 많은 시에서 나타나고 있다.
　이 시도 마찬가지로 아주 깊은 산속의 시냇가에서 찻자리를 마련한 듯하다. 얼마나 깊은 산속이었으면 산이 마치 절을 감춘 듯 품었다고 했을까.
　무성하던 잎사귀를 다 떨군 등나무도 앙상한 줄기를 드러내고, 고개 떨군 국화에도 찬이슬이 맺혀있다. 한껏 무르익은 늦가을 정취 속에 차를 달이며 생각에 잠겨본다. 정신없이 내달리던 지난날들이 안개처럼 아른거린다.

길 재(吉再)

홀로 사는 법

회오리바람 불지 않으니
단칸방도 고요한 선방(禪房)이며
밝은 달이 뜰에 가득하니
홀로 거니는 발걸음도 가볍구나.

처마 끝에 빗물이 계속 흐르면
이따금 베개를 높여 꿈을 꾸고
산중에 눈이 펄펄 날리면
차 달여 혼자 마신다.

[감상]

  길 재(吉再, 1353~1419)는 지금의 경북 구미 출신이다. 호는 야은(冶隱)·금오산인(金烏山人)이다. 고려 말의 학자이며 문장가다.
  목은(牧隱) 이색(李穡)·포은(圃隱) 정몽주(鄭夢周)와 함께 삼은(三隱)이라 부른다.
  권 근(權近)의 제자다.
  고려가 망하자 끝까지 지조를 지키며 숨어 지냈다. 조선왕조로부터 여러 차례 부름을 받았으나 "충신은 두 임금을 섬기지 않는다"며 관직에 나아가지 않았다. 고향에서 노모를 모신다는 핑계를 대며 후진을 기르며 일생을 보냈다.

  이 시에서는 권력다툼을 회오리바람이라 표현했다. 권력의 속성이란 예나 지금이나 조금도 다름없어 보인다. 마냥 화려할 것만 같았던 권력에서 벗어나니 비로소 주변의 사물들이 눈에 들어오기 시작한다. 좁고 낡은 단칸방도 선방에 든 듯 마음이 편안해진다. 마음이 편안하니 자연 발걸음도 가볍다.
  비가 오는가 싶었는데, 깊은 산중이라 그런지 이내 눈으로 바뀐다. 펄펄 눈 내리는 창밖을 내다보며 차를 끓인다. 혼자 마시며 즐기는 이 고즈넉함을 어디다 비유하리.

이 원(李原)

사가정시에 차운하다(次四佳亭詩)

찬 이슬에 나뭇잎 쓸쓸히 날리고
부용꽃 다 지니 국화 향기 새롭네
때로는 맑은 강에 낚시 드리우고
머리 들어 언덕 가득한 흰 갈꽃 바라보네.

저무는 해 찬바람에 술값 더해지니
다시 화로를 마주하고 손수 차를 달이네
아이들은 가지 끝에 내린 눈을 잘못 알고
벌써 뜰에 매화가 피었다고 다투어 알려주네.

次四佳亭詩
風露凄凄木葉黃　芙蓉落盡菊初香
有時垂釣淸江曲　回首蘆花滿岸霜
歲暮風寒酒價加　對爐時復自煎茶
兒童錯料枝頭雪　爭報園梅已着花

[감상]

　이 원(李原, 1368~1430)은 고려말기 때부터 문장으로 이름이 알려진 인물이다.
　1392년 조선이 개국되자 태종의 즉위에 협력하여 나라의 제도를 확립하는데 큰 공헌을 했다. 여러 관직을 거치면서 수차례 명나라 사신을 다녀오기도 했다. 그러나 말년은 불행했다.
　부와 명성을 얻게 되자 지나친 위세를 부려 사람들로부터 많은 지탄을 받았다. 1426년 불법으로 노비를 빼앗았다는 사헌부의 탄핵으로 관직도 박탈당하고 귀양살이를 하다 고독한 죽음을 맞이하였다.

　위의 시는 총 네 수인데, 그중에서 두 수를 옮겼다. 사가정(四佳亭)은 서거정(徐居正)을 말한다.
　화려하던 부용꽃이 다 지는가 싶었는데, 계절은 어느덧 국화향기가 코끝에 스민다. 낚시를 하다 문득 강기슭을 바라보니 허연 갈대꽃이 바람에 나부낀다. 마치 자신의 백발을 바라보는 것 같다.
　한때 휘날리던 시절은 다 흘러가고, 이제는 술 마시자는 사람조차 없다. 나 또한 술값이 부담되기는 마찬가지, 차나 끓여 마셔야겠다고 한다.
　'화무십일홍(花無十日紅)'이라던가! 열흘 붉은 꽃이 없다고 했다. 한 때는 권력주변으로 부나방처럼 달려들던 사람들도 권력이 무너지면 개미 한 마리 얼씬거리지 않는 것이 인간사 속성 아니던가.

이 원(李原)

은거하면서 즉흥으로 짓다(幽居卽事)

첫 새벽에 세수하고 머리 빗고 검은 비단모를 쓰고
달팽이 껍질 같은 작은 띠풀 집에 앉았으니
술 거르는 통 아래로 술 방울이 비처럼 떨어지고
뜰의 나무에는 눈발이 꽃잎처럼 흩날리는구나.

밝은 창가에서 먹물 적셔가며 시를 쓰고
계곡 얼음 깨어 샘물 길어다 손수 차를 달이네
손님이 찾아와서 역정을 내건 말건 문 닫아놓으니
근래에는 너무 게을러져서 시끄러운 것이 싫어지네.

幽居卽事
淸晨盥櫛戴烏沙　坐此茅茨一殼蝸
酒滴槽床疑有雨　雪飄庭樹作飛花
明牕點筆仍題句　碧澗鼓氷自煎茶
客至從嗔還閉戶　年來過懶愛無譁

[감상]

그의 호는 용헌(容軒), 자는 차산(次山)이다. 할아버지 이암(李嵓)은 문하시중을 지냈다. 대대로 벼슬을 지낸 집안이다. 이암은 예서와 초서에 능한 명필로 유명했다.

시·서·화, 삼절로 유명한 강희안(姜希顔, 1418~1465)이 손주사위다.

이원은 태어난 지 석 달 만에 아버지를 여의고, 매부인 양촌(陽村) 권근(權近, 1352~1409)과 정몽주로부터 학문을 배워 1385년 문과에 급제했다. 이 때 정몽주가 그를 보고 일찍 죽은 아버지와 조금도 다름없다고 감탄하였다고 한다.

이 시는 1407년 파한성부사에서 파직된 뒤에 쓴 시다.

모든 관직에서 물러나 작은 초옥에 살며, 때로 시를 짓고 차를 마시면서 보내는 일상을 표현한 시다.

깊숙한 이곳까지 사람들이 찾아왔다가 문이 잠겨 헛걸음을 치던 말든 내 상관할 바 아니다. 돌아가는 그 사람들이야 더러 역정을 내기도 하겠지만 말이다. 그간 얼마나 많은 사람들로부터 시달림을 받고 살았는지를 짐작하게 된다.

외부와 단절된 생활을 오래 하다 보니 점점 게으름이 늘어간다. 그래도 문 닫아걸고 살아가는 이 생활이 편하다. 무엇보다 번잡스럽지 않아 좋다고 한다.

이 원(李原)

명정암 시에 또 차운하다(又次明正庵詩)

내 생활이 원래 담백한 걸 좋아하나
화려함을 좇는 속세에 살고 있다네
기회를 보는 헛된 마음 다 없어지고
배부르지 않으니 곤히 자며 스스로를 즐긴다네.

달빛 훤한 밤 도인 찾아 문 두드리고
솔 그늘 평상에서 시우들과 놀다보니
서로 만나 차 마시고 돌아갈 것 아주 잊어
방장의 선방이 텅 비어 밝다네.

又次明正庵詩
生活本來從淡薄　肯於塵世慕華劇
機心妄想已消盡　饑食困眠聊自適
月下敲門訪道人　松陰下榻邀詩客
喫茶相對頓忘歸　十笏禪房抱虛白

[감상]

  모든 시의 감상법에는 작가의 일생을 조금이라도 알고 나면 훨씬 접근하기가 쉬워진다. 이 시도 앞의 시와 마찬가지다.
  오랜 관직생활을 하다 물러나면, 그 이후의 생활에 쉽게 적응되지 않는 것처럼 이원도 그랬던 것 같다.

  누구나 다 맑고 깨끗하게 살기를 원한다. 그러나 자리가 높을수록 주변은 그를 가만 두지 않는다. 수많은 요직을 거치고, 그리고 파면당하고, 마지막은 귀양살이로 일생을 마감하는 게 어쩔 수 없는 관직 인생의 한계인가.
  이제는 더 이상 자리를 기웃거리는 헛된 생각도 없다. 배고프면 곤히 자고, 때로 덕 높은 스님을 찾아 차를 마시며 좋은 말씀을 듣다 보니 마음이 이토록 편안해지는 것을…. 이런 소소함에 행복이 있다는 것을 미처 알지 못하고 세속의 욕망을 쫓고 또 쫓아 다녔으니 말이다.
  저서로는 『용헌집(容軒集)』이 있다. 그의 비문은 서거정이 썼다.

변계량(卞季良)

잠에서 깨어나(睡起)

처마 끝에 해 뜨니 작은 창이 밝아지고
창밖의 푸른 산은 병풍을 펼쳐놓은 듯
정오쯤 되니 숙취가 가시어서
화롯불 열어 놓고 찻물을 끓인다.

睡起
茆簷日靜小窓明　窓外靑山作畵屛
宿醉醒來時正午　手開爐火煖茶瓶

[감상]

　변계량(卞季良, 1369~1430)은 고려 말~조선 초의 정치가요, 학자다. 호는 춘정(春亭), 자는 거경(巨卿).
　어릴 때부터 총명해 여섯 살 때 이미 글을 지었다. 이색과 정몽주 문하에서 글을 배웠다. 문장에도 뛰어나 1420년(세종 2) 집현전이 설치되면서 대제학이 되었다.
　시문집으로는 『춘정집』이 있다.

　이 시는 두 수로 되어 있는데, 그 중의 첫째 수이다.
　작은 봉창으로 햇빛이 들어 눈을 떠보니 창밖의 산은 온통 푸른빛으로 가득하다. 마치 한 점 풍경화를 펼쳐 놓은 듯 아름답다.
　그는 간밤에 과음을 했나보다. 정오쯤 되니 약간 정신이 드는 것 같다. 가장 먼저 손이 가는 곳이 화롯불에 찻물을 올리는 일이다. 차를 마시면서 정신을 가다듬어야겠다고 한다.
　차의 효능 중에 '숙취를 가시게 하고 정신을 맑게 한다.'는 것을 그도 이미 알고 있는 것이다.

변계량(卞季良)

청계산 행상인의 절에 적는다(題靑溪山行上人院)

돌길이 천길 벼랑 끝에 이르자
향기로운 향 내음이 온 방안을 맑히네
객은 와서 차 끓여 달라 청하고
스님은 앉은 채로 경전을 뒤적인다.

고목이 된 저 나무는 어느 해에 심었을까
종소리 잦아지는걸 보니 한밤이 되었구나
공(空)을 깨달으니 세속의 인연들 다 끊어지고
높은 경지에서 무생의 삶을 즐기는구나.

題靑溪山行上人院
石路千崖盡　香煙一室淸
客來求煮茗　僧坐自飜經
樹老何年種　鍾殘半夜聲
悟空人事絶　高臥樂無生

[감상]

  변계량은 세종대왕으로부터 가장 많은 사랑을 받은 인물이다. 그에게 있어 문학은 오직 조선을 건국한 이성계를 칭송하고, 조선 왕조를 찬양하는 것의 일색이었다는 평도 받는다. 그리고 그의 인색한 성품에 대한 일화도 여럿 전한다.
  가령 과일을 먹을 때 몇 개로 쪼갰는지 그 수를 기록한다거나, 집에 찾아온 손님과 술을 마실 때 상대방이 몇 잔을 마셨는지를 세고 있다가 술병을 닫아버렸다는 일화가 있다.

  이 시는 고즈넉한 산사에서 깨달음에 대한 생각을 하며 쓴 시 같다. 험한 돌길을 따라가다 보니 천 길 낭떠러지에 매달린 듯, 절이 있다.
  고목과 함께 어우러진 절 마당에 들어서니, 고목이 먼전지 아니면 절이 먼전지, 가히 짐작조차 되지 않는 고찰이다.
  향 내음 스며든 방으로 들어선 객이 스님에게 차 한 잔을 부탁해 본다. 그러나 스님은 들었는지 못 들었는지 경전만 뒤적이고 있다.
  종소리마저 잦아든 깊고 고요한 밤, 텅 빈 공간에 오래 앉아 있으니 마치 선정에 든 것 같다. 바로 지금의 이 순간이 선의 경지에서 노니는 즐거움인지도 모른다고 했다.

권 정(權定)

친구가 보내준 차에 감사하며(謝友人惠茶)

남국의 옛 친구 햇차를 보냈구나
낮잠 깨어 마시는 그 차 맛이 아주 좋다는데
사람의 잠 달아나게 한다니 오히려 싫어라
잠으로 걱정 잊는데 잠 적으면 어찌하나.

謝友人惠茶
南國故人新寄茶　午窓睡起味偏多
令人少睡還堪厭　睡可忘憂少睡何

[감상]

　권 정(權定)은 고려 말~조선 초의 문인으로만 알려져 있을 뿐, 정확한 생몰 연대는 알 수 없다. 과거에 급제하여 벼슬을 얻었으나 고려가 망하자 벼슬을 버리고 안동의 옥산동에 은거했다. 태조가 벼슬을 내렸지만 사양했다. 또다시 태종에 이르러 벼슬을 내렸으나 이 또한 거절한 인물이다.

　남녘의 옛 친구가 고맙게도 햇차를 보내왔다. 흔히 사람들이 말하기를, 낮잠에서 깨어나 마시는 차 맛이 가장 좋다고 했다. 그러나 자신은 오히려 싫다고 토로한다.
　잠 못 드는 사람에게 긴 밤은 고통이다. 시름 많은 사람은 잠을 잠으로써 갖가지 근심 걱정을 다 잊을 수 있는데, 잠을 잘 수가 없다면 그 긴 밤을 어찌 보낼 수 있느냐고 걱정한다. 그러나 옛 친구가 보내준 차가 정말 싫었던 것은 아니었을 것이다.

　차는 적당히 마시면 정신을 맑게 하고 기억력, 판단력, 지구력을 증강시킨다. 그러나 차의 카페인 성분은 많이 마시면 잠을 달아나게 하기 때문이다.

함허득통(涵虛得通) 선사

한 사발의 차(一椀茶)

한 주발 차는 한 조각 마음에서 우러나오는 것이요
한 조각 마음은 한 주발의 차에 있는 것이니
한 주발의 차를 한 번 맛보면
한 번의 그것이 생에 있어서 한량없는 즐거움 되나니.

一椀茶
一椀茶出一片心　一片心在一椀茶
當用一椀茶一嘗　一嘗應生無量樂

[감상]

　함허득통(1368~1433)스님은 조선 초기의 다승으로 널리 알려져 있다.

　이 시 속에는 의상조사의 '법성게(法性偈)'에 나오는 화엄경의 깨달음을 담고 있다.

　'하나 속에 모두 있고 여럿 속에 하나 있네(一中一切多中一)

　하나가 곧 일체요 여럿이 곧 하나로다(一即一切多即一)

　한 개 티끌 가운데 우주를 담고 있고(一微塵中含十方)

　모든 티끌 가운데도 우주가 들어있네(一切塵中亦如是)'

　굳이 이런저런 말해 무엇하랴. 한 잔의 차에 즐거움과 괴로움, 슬픔과 기쁨, 인생의 희로애락뿐만 아니라 우주의 온갖 이치가 다 들어있다는 시다.

함허득통(涵虛得通) 선사

산중미(山中味)

산 깊고 골도 깊어 인적은 없고
온 종일 고요하여 세상인연 끊어졌네
낮이면 한가로이 산에서 이는 구름보고
밤이 되면 부질없이 하늘에 뜬 달을 보네.

화로에는 차 달이는 연기 피어오르는데
누각 위에는 향기로운 옥전(玉篆)같은 연기
인간세상 시끄러운 일은 꿈속 밖의 일
오직 선정의 기쁨 속에 앉아 세월 보낸다.

山中味
山深谷密無人到　　盡日寥寥絶不緣
晝則閑看雲出岫　　夜來空見月當天
爐間馥郁茶烟氣　　堂上氤氳玉篆烟
不夢人間喧擾事　　但將禪悅坐經年

[감상]

　스님은 차와 선이 둘이 아닌 '다선일여(茶禪一如)'라고 했다. 제목처럼 산중에 살면서 참선하고 차 마시고, 이 두 가지의 묘미를 무엇과 비유하겠는가.
　깊은 산중이라 이미 세상과의 인연은 끊어진 지 오래다. 굳이 참선에 들지 않아도 낮이면 한가로이 흘러가는 구름을 쳐다보고, 밤이면 하늘에 뜬 달만 보아도 이미 선정(禪定)의 기쁨으로 가득 차 있는 듯하다. 거기에 차가 있으니, 그 선열(禪悅)은 말로 표현할 길이 없다. 스님의 일상 모든 것들이 선의 삼매경처럼 느껴진다.

하 연(河演)

무쇠탕관을 보낸 벗에게 사례하다(謝友人送水鐵湯灌)

차를 달이면 향기가 뛰어나게 달라지고
죽을 끓여도 맛이 더욱 좋아지네
가난한 살림살이에 탕관을 선물 받아 즐기니
호련에는 미치지 않지만 더할 나위없네.

謝友人送水鐵湯灌
煎茶香亟異　烹粥味尤嘉
家貧聊得此　瑚璉未爲加

[감상]

하 연(河演, 1376~1453)의 자는 연량(淵亮), 호는 경제(敬齊).

정몽주의 제자로 성리학자다. 조선왕조 오백년 청백리 157인 중 한 사람이다.

관직에 있을 때나 학문에 임할 때도 항상 원칙에 충실하고 엄격하여 함부로 그에게 청탁하는 이가 없었다 한다.

위 시에 나오는 '호련(瑚璉)'은 오곡을 담아 신에게 바치는 제기(祭器)를 말한다. 가난한 차(茶) 살림살이에 좋은 탕관을 선물 받으니 호련 못지않게 신령스럽다는 표현이 담겨있다.

물 끓이는 도구를 탕관(湯罐)이라고 한다. 형태에 따라 불리는 이름이 다르다.

다리가 달린 솥 모양을 '다정(茶鼎)', 다리가 없는 솥인 '다부(茶釜)', 주전자 형태로 된 것을 '철병(鐵甁)'이라 부른다. 이런 탕관의 재료로는 금·은·동·무쇠·구리·자기… 등이 있지만, 각각의 장단점이 있다. 무쇠나 구리는 녹에 주의해야 하며, 돌솥은 열전도율이 느리지만 물이 쉽게 식지 않아 주로 많이 사용한다.

금이나 은으로 된 것은 사치스러워 아무나 사용할 수 없었다.

탕관은 물 끓는 소리가 맑은 것일수록 좋다. 많은 차시에서 볼 수 있는 '송풍뇌우(松風雷雨)', 즉 솔밭에 비 떨어지는 소리, 또는 '솔밭에 이는 솔바람 소리'라는 표현이 그것이다.

하 연(河演)

잣을 보낸 산골 노인에게 감사하며(謝山翁送海松子)

양주에서 나는 잣을
올해도 또 나누어 보내왔네
차와 곁들여 맛을 보니
가슴과 내장이 탁 트이듯 하네.

謝山翁送海松子
楊洲園裏柏　　今歲又分來
茶茗兼調嚼　　胸膓一豁開

[감상]

벼슬은 영의정까지 올랐다.

78세로 세상을 떠날 때까지 마음을 가다듬는 정신수양과 글 짓는 일에만 몰두했다.

예술적 감각이 뛰어나 많은 사람들과 교유를 했지만, 사사로운 일에는 누구보다 엄격히 자신을 다스렸다. 그는 보기 드물게 수(壽)와 부(富), 복(福)을 누린 인물로 평가되고 있다.

보통 차를 마실 때는 간단한 다과를 곁들여 마시기도 한다. 너무 향이 짙은 다과는 차의 향을 감소시키므로 담백한 것이 좋다. 시에서는 지금의 경기도 양주지방을 말한다. 그곳은 원래 밤으로 이름난 고장이지만, 그 당시나 지금도 '가평 잣'으로 더 유명한 곳이다.

그곳에 사는 한 노인이 해마다 잣을 보내오는데 금년에도 어김없이 보내왔다. 갓 딴 잣이라 향이 아주 짙다. 차와 곁들여 맛을 보니 상쾌하기 그지없다.

차향과 솔 향이 어우러져 오장육부가 다 개운해지는 것 같다고 했다.

신숙주(申叔舟)

도갑산 계곡의 작설차(道岬山溪雀舌茶)

도갑산에 있는 절의 작설차와
옹기마을의 울타리 눈 속의 매화꽃은
내게 고향생각의 정취를 알게 하는데
남쪽 고을에서의 많은 옛일들을 함께 얘기하노라.

道岬山溪雀舌茶
道岬山寺雀舌茶　甕村籬落雪梅花
也應知我思鄕意　說及南州故事多

[감상]

　신숙주(申叔舟, 1417~1475)는 전남 나주 출신이다. 성리학자며 뛰어난 정치가다. 호는 희현당(希賢堂) 또는 보한재(保閑齋).
　세종 때 집현전 학자로 훈민정음 창제와 연구에 기여했다. 탁월한 능력으로 6대를 걸쳐 왕을 섬겼다.
　세종의 유언을 받들어 단종을 보필하기로 약속하였으나 변절하여 수양대군(세조)의 즉위에 가담했다. 이후 단종의 왕위를 빼앗고 처형을 강력히 주장하여 결국 관철시키기도 했다. 이후 '숙주나물보다 못한 변절자'라는 말로 평가되기도 한다.
　그렇지만 그도 유학자로써의 의리를 지키지 못한 회한이었을까. 어릴 적 고향 근처의 도갑사에서 보내온 차 한 잔을 앞에 놓고서는 수많은 생각을 하는 듯하다.

　도갑사는 전남 영암 월출산에 있는 절이다.
　신숙주의 증조할아버지는 나주 옹기촌(甕村)에서 살며, 영암 출신의 도갑사 수미(壽眉)스님과 친하게 지냈다.
　훗날, 수미스님이 서울 사는 신숙주를 찾아와 도갑사 골짜기에서 나는 작설차를 주고 갔다. 이후 오랫동안 신숙주는 수미스님이 보내준 작설차를 마셨다고 한다.
　도갑사의 작설차를 마시다 보니 어릴 적 태어나고 자란 고향 마을의 풍경들이 눈에 선하다. 눈 속에 피어나던 매화꽃이며 수많은 추억들이 이제는 옛일이 되었지만, 잔잔한 그리움으로 떠올려 보는 것이다.

서거정(徐居正)

병중에 차를 끓이며(病中煎茶)

늙고 병드니 갈증이 많아지고
때때로 내 마음 상쾌함이 차만한 것 없구나
새벽이면 차디찬 샘물 길어
돌솥에 좋은 차 한가로이 달인다.

봉단(鳳團)과 용단(龍團)으로 비유하니
어안(魚眼)과 해안(蟹眼)이 잇달아 생겨난다
굳이 색·향·미 논할 필요 있으리
마시면 정신이 맑아짐을 알겠네.

病中煎茶
衰病年來渴轉多　有時快意不如茶
淸晨爲汲寒泉水　石鼎閑烹金露芽
鳳團更與龍團比　漁眼相隨蟹眼生
不必更論香色味　啜來分覺長神精

[감상]

　서거정(徐居正, 1420~1488)은 6살 때부터 시를 짓고 글씨에도 능하여 신동으로 이름을 날렸다. 그는 25세에 문과에 급제한 후 집현전에 들어갔다. 여섯 임금(세종·문종·단종·세조·예종·성종)을 섬겼다. 호는 사가정(四佳亭). 서울 중랑구 면목동 '사가정공원'에 그의 시비가 있다.

　늙어 몸이 약해지는 것이 쇠병이다. 몸이 쇄약해지니 자주 갈증이 난다. 이런 노인의 마음을 상쾌하게 해주는 데에는 차만한 것이 없다고 시에서 말하고 있다. 새벽에 일어나 차를 달여 마시니 정신이 맑아진다.
　용단은 차의 포장지에 용의 문양이 새겨져 있고, 봉단은 봉황의 문양이 새겨져 있어 이렇게 부르는 것이다. 이 둘을 합쳐 흔히 '용봉차'라 하기도 한다. 용과 봉은 황실을 상징하는 것으로, 일반 서민들은 구할 수 없는 귀한 차다.
　여기서 어안(魚眼, 물고기의 눈), 해안(蟹眼, 게 눈)이라고 표현한 것은 물이 끓을 때 생겨나는 기포의 형태를 말한 것이다. 이런 표현은 중국에서 기록한 글에 많이 나온다.
　차의 3대 요소는 색과 향과 맛이다. 그도 이 3대 요소가 가장 중요하다는 것을 잘 알고 있다. 하지만 지금 그것을 굳이 따져서 무엇하랴. 정신이 맑아지니 굳이 용봉차와 비교하지 않아도 지금의 차 맛이 최고라 한다.

서거정(徐居正)

숲속 정자에서 저녁때 잠상인의 운을 이어서 읊다
(林亭晚唫次岑上人韻)

성벽도시이니 어찌 숨어사는 사람의 집이 없으랴
숲속 정자는 마을에서 멀고 고요하여 시끄러움이 없네
해마다 얼마나 많은 나무를 심었기에
수없는 꽃들이 연달아서 잘도 핀다네.

흰개미가 한동안 치열하게 싸우더니 산에 비가 내리고
누른 벌이 일을 멈추니 하루해가 기우네
때가 지나고 노스님과 좋은 이야기 할 때엔
돌솥에 솔바람 소리로 차를 달여 보내리.

林亭晚唫次岑上人韻
城市那無隱者家　林亭幽絶隔塵譁
年年爲種幾多樹　續續自開無數花
白議戰酣山雨至　黃蜂衙罷溪日斜
移時軟共高僧話　石鼎松聲送賣茶

[감상]

　여기서 잠상인(岑上人)은 매월당 김시습을 말한다. 서거정과 우의가 깊었던 매월당은 손수 재배한 차를 보내주기도 했다.
　위의 시로 보면 숲속의 정자로 김시습이 자주 방문했던 모양이다. 차를 마시면서 매월당이 시를 지었는데, 서거정이 다시 그 시에 운을 붙인 것이 위의 시다.

　매월당이 찾아와 함께 차를 나누는 정자의 주변 풍경을 그리고 있다. 마치 숨어사는 사람의 집처럼 고요하고 적막한 곳에 있는 정자다. 정자주변에는 사시사철 꽃들이 피고 진다고 하는 걸 보아 해마다 꽃과 나무를 부지런히 심었나 보다.
　돌솥에서 찻물 끓이는 소리가 솔바람소리처럼 들린다. 주변의 개미들이 분주하게 움직이는가 싶더니 산중에 비가 내린다. 이런 저런 이야기들을 나누다보니 어느덧 하루해도 기울었다.

　어려서부터 차를 무척이나 좋아한 서거정은 평생 1만여 수의 시를 지었다. 그중 차시는 32편이 전한다. 69세의 일생을 마치기까지 벼슬과 문운은 평탄했다.

서거정(徐居正)

밤 노래(夜吟)

꽃 다 진 밤 홀로 앉아 등잔불 심지를 돋우는데
갑자기 거리의 북소리 세 번을 울리네
병을 앓고 난 뒤라 굶주린 배에서는 천둥소리가 나니
생강과 인삼을 손수 썰어 소차와 함께 달이네.

夜吟
獨坐挑燈落塵花　　旋聞街鼓已三撾
枯腸病後如雷吼　　手切薑蔘點小茶

[감상]

　대차(大茶)는 입하 무렵에 딴 차라 잎이 많이 자라 쉰 것이고, 소차는 곡우 전후로 따서 잎이 여리고 부드럽다.
　허준의 『동의보감』에는 '늙은 생강과 봄에 딴 찻잎을 같은 비율로 넣어 달여 마시거나 또는 인삼에 백작약을 넣어 달인 차를 '강차탕(薑茶湯)'이라고 되어있다.
　생강이나 인삼은 양의 기운을 돕고, 찻잎은 음의 기운을 도와 이질이나 복통을 치료하고 술독을 풀어준다고 한다.
　서거정은 어린 임금 성종을 잘 보필한 공로로 공신이 되고 '달성군(達城君)'이라는 칭호를 받았지만 노년에는 외롭게 보냈다.

　서거정은 조선개국공신 권 근(權近)의 외손자다. 당대의 문장가이며 권세가였던 이규보와 마찬가지로 둘은 공통점이 있었다. 술과 차를 무척 좋아했다는 것과, 여자문제는 아주 깨끗했다는 것이다. 그의 글에 가족에 대한 사랑을 담은 글이 여러 편 나오는 걸 보면 아주 가정적인 인물로 보인다.
　서거정에 대해서는 '따뜻하고 선량하며 대쪽처럼 바른 인물'로 평가하는가 하면, 『조선왕조실록』에서는 '그릇이 좁아서 사람을 너그럽게 대하지 못하고 후배를 육성하지 않아서 세상이 이를 부족하게 여긴다.'라는 평가도 있다.
　어디 완벽한 사람이 있겠는가. 장점이 있는가 하면 단점도 있는 것이 인간의 참모습이리라.

김종직(金宗直)

다원(茶園)

좋은 차를 올려 임금님 만수무강 빌고 싶으나
신라 때 심었다는 종자 아무리 찾아도 찾지 못하다가
이제야 두류산 기슭에서 구하게 되었으니
우리 백성 고통 조금은 덜게 되어 기쁘다.

대밭 옆 황폐한 언덕 몇 이랑을 개간했으니
새 부리 같은 자주색 잎 볼 수 있겠지
다만 백성들의 괴로움 덜어 주려는 것일 뿐
이름난 명차를 만들려하는 것 아니네.

茶園
欲奉靈苗壽聖君　　新羅遺種久無聞
如今掬得頭流下　　且喜吾民瘼一分
竹外荒園數畝坡　　紫英烏觜幾時誇
但令民療心頭肉　　不要籠加粟粒芽

[감상]

　김종직(1431~1492)의 호는 점필재(佔畢齋)이다. 성리학을 발전시키고 문장에도 뛰어났다. 그의 문하생들도 전부 차인이었다.
　그는 성품이 강직했다. 생전에 지은 조의제문(弔義祭文) 때문에 죽은 뒤에도 부관참시 당하는 비운을 겪었다. 이 글이 어린 조카 단종을 몰아낸 세조를 은근히 비난한 글로 보인 것이다. 그가 죽은 후인 1498년(연산군 4) 무오사화가 일어나는 원인이 되었다.

　1471년 함양군수로 부임한 당시에는, 차를 나라에 바치는 제도가 있었다. 해마다 여기저기서 차를 얻어 충당하는 일이 보통 아니었다. 밥 먹기도 힘든 당시에 차를 구하기는 더 힘들었다. 이런 폐단을 경험한 점필재는 관영 차밭을 만들었다.
　이 시는 군민들의 이러한 고통을 덜어주게 되었다는 기쁨을 노래한 시다.
　엄천사(嚴天寺) 북쪽 대밭에서 다행히도 신라 때부터 전해오는 야생차 나무 몇 그루를 발견했다. 그것을 시작으로 다원을 만들면 차를 구하고자 하는 고통은 없어지리라 기대한 것이다. 몇 년이 지나고 새부리 같은 자줏빛 찻잎이 나올 것을 기대하니, 기쁘다고 했다.

월산대군(月山大君)

속리산에서 노닌 기행을 욱상인에게 보내다
(遊俗離山紀行贈旭上人)

저물녘 복천에 이르러
바위 아래 우물을 찾아보니
나무를 가른 홈으로 돌통에 물을 끌어대어
벽돌로 만든 우물의 두레박줄은 쓸모가 없네
밤에 욱상인과 더불어
한 주발의 차를 마시며
현묘한 이야기로 속세의 생각들을 씻으니
들리는 종소리에 깊은 깨달음이 오네
화려한 궁전은 빛나 새것 같고
연꽃 번뇌에 밤도 길었네.

遊俗離山紀行贈旭上人
黃昏到福泉　試看岩下井　刳木注石槽　不用鼇與綆
夜與旭上人　共飮一椀茶　談玄洗塵想　聞鐘發深省
珠宮煥若新　蓮漏夜亦永

[감상]

월산대군(1454~1489)은 성종의 형이다. 이름은 정(婷), 자는 자미(子美), 호는 풍월정(風月亭)이다.

세조의 장손으로, 아버지 덕종이 일찍 돌아가는 바람에 할아버지(세조)의 유난한 총애를 받았다. 어릴 때부터 학문을 좋아하여 격이 높은 글을 많이 지어 중국에까지 알려질 정도였다.

성품은 고상하고 결백하였다.

숙부 예종이 세상을 떠나자 맏아들인 자기보다 동생 자을산(성종)이 왕위에 오른다. 이는 당대의 실세였던 한명회가 그의 장인이었기 때문이라는 의견이 지배적이었다. 이런 신하들의 농간을 겪게 되자 세상을 멀리하고 북쪽에 망원정을 짓고 시와 학문을 하며 그곳에서 일생을 보냈다.

이런 그의 일생을 알고 나면 위의 시도 이해가 될 것이다. 스님과 차를 마시며 밤늦도록 도에 대한 이야기를 나누었다. 온갖 권모술수가 난무하는 세속의 일들이 한갓 뜬구름처럼 부질없다는 것을 그도 알았을 것이다.

도(道)라는 것, 즉 세상살이의 이치는 아득히 멀고, 높은 곳에 있는 것이 아니라 가까이에서 들리는 종소리에도 있는 것이다. 어떤 마음으로 생각하는 가에 따라 삶도 달라지고, 세월과 함께 연꽃도 피고 질 것이다.

남효온(南孝溫)

은 솥에 차를 달이며(銀鐺煮茗)

일찍이 세속에서 동서로 내달렸더니
십년 찌든 뱃속이 솔개처럼 울부짖는구나
날은 저물어 강물은 찬데, 다동 불러 차 달이니
불길처럼 끓는 속 가라앉게 하네.

모든 시름들이 가라앉고 마음이 밝아지니
긴 긴 날 책상에 앉았지만 보고 듣기를 그쳤네
동화문 밖 사람들의 시비를 다투는 소리
왁자지껄 해대도 그 소리 들리지 않네.

銀鐺煮茗
曾向世間馳東西　十年枯服飢鳶啼
呼童煮茗暮江寒　醫我渴肺心火低
百慮漸齊虛室明　日長烏凡收視聽
東華門外競是非　呎呎聒耳不聞聲

[감상]

　남효온(南孝溫, 1454~1492)의 자는 백공(伯恭), 호는 추강(秋江). 김종직과 김시습으로부터 학문을 배웠다.
　그는 18세 때 단종의 생모 현덕왕후(顯德王后)의 능인 소릉(昭陵)복위를 요구하는 장문의 상소문을 올렸으니, 감히 왕실의 금기를 건드린 것이다. 이 뜻이 좌절되자 이를 계기로 세상과 단절한 것이다. 그가 죽은 후, 갑자사화(1504년)가 일어났다. 갑자사화는 연산군의 어머니 윤씨의 복위문제로 인한 것이다.
　갑자사화를 계기로 다시 그의 상소문이 문제가 되어 부관참시 당하는 화를 입었다. 경기도 고양에 있던 그의 묘는 파헤쳐지고 시체는 서울 양화(楊花) 나룻가에 버려지고 아들은 처형되었다.

　이 시에 보면 불의와 타협하지 못하는 그의 성품이 그대로 나타나 있다. 동화문은 당나라 때 한림학사가 처음 임명될 때 들어가는 문이다. 관직으로 들어가는 문밖에는 시비를 다투는 소리가 요란한 법! 그러나 이제 그는 그런 소리들은 귀 기울여 듣고 싶지 않고 관심조차 없다.
　십년 동안 세속을 등진 삶은 굶주림 속에 지쳤나 보다. 배에서 꾸루룩거리는 소리가 마치 솔개의 울음처럼 들린다고 했다. 어쩌면 세상을 향해 울부짖는 그의 처지를 표현했는지도 모른다.
　저서로는 『추강집(秋江集)』 등, 여러 권이 전한다.

남효온(南孝溫)

행주전장에서 동봉을 생각하며 나와 이별할 때 준 시에 차운하다(幸州田莊憶東峯次別我韻)

가을 장마가 띠집 갈대꽃을 적시는데
밤중에 일어나 멀리 떠난 사람을 생각하네
도를 배우다 어정쩡히 뜻을 못 이루고
앉아서 하릴없이 세월만 보내누나.

세상은 이 미치광이를 기억도 못하니
우리의 도가 깊은 산속에 묻혀 버렸네
부질없이 술에 흠뻑 취한 가운데
엎치락뒤치락 내 마음 속에 묻히네.

幸州田莊憶東峯次別我韻
秋霖濕茅榮　　夜起憶遠人
學道反類狗　　坐度秋與春
世不記風漢　　吾道屬嶙岣
空然醉鄕裏　　顚沛倒吾囷

[감상]

　세조가 단종의 왕위를 찬탈한 이후, 그는 단종 복위 운동을 펼쳤지만 실패했다. 그 후, 관직을 멀리하고 전국의 명승지를 유랑하다 여생을 마쳤다.
　남효온은 술을 아주 좋아했다. 세상에 대한 울분을 술로 벗 삼았다. 하지만 술이 마음의 병은 다스리지 못한다는 것을 안 그는 차를 마시며 마음을 가라앉혔다.
　이 시에 나오는 '동봉'은 김시습의 또 다른 호다. 김시습은 수락산 동쪽 봉우리인 만장봉(萬丈峰)을 좋아해 이런 호를 쓰기도 했다. 그는 매월당보다 20년이나 아래지만 세속을 피해 절개를 지키는 김시습을 흠모했다. 그와 교분을 가지면서 주고받은 시와 글이 많다.

　김시습을 떠나보내고 행주의 어느 농가 별채에서 술에 취한 밤, 떠난 김시습을 그리워하고 있다. 김시습이 남기고 간 이별시의 운에 맞추어 위의 시를 지었다. 이 시는 차시는 아니다. 그러나 내용을 보면 두 사람의 친분이 어떠했는지를 알 수 있어 옮겨 보았다.
　1480년 생원시에 합격했지만 벼슬에는 뜻을 두지 않고 죽림칠현(竹林七賢)을 자처하면서 사육신의 충절이 제대로 알려지지 않음을 안타까워하면서 『육신전((六臣專)』을 저술했다.
　당시 『육신전』의 저술에 대해서는 장차 큰 화를 당할지도 몰라 모두가 말렸으나 '죽는 것이 두려워 충신의 절의를 소멸시킬 수 없다.'는 소신으로 펴낸 책이다. 현재 『육신전』은 전하지 않는다.

김시습(金時習)

차를 끓이며(煮茶)

솔바람 솔솔 불어 차 끓이는 연기 올라가고
하늘하늘 흩날리며 시냇가에 떨어지네
동창에 달 떠올라도 잠 못 이루고
병(甁)들고 돌아가 차디찬 샘물 긷네.

세속 싫어하는 천성 스스로도 이상하지만
문에 봉(鳳)자 쓰다 이미 청춘이 갔네
차 끓이는 누런 잎 그대는 아는가
시 쓰다 숨어 삶이 누설될까 두렵네.

煮茶
松風輕拂煮茶煙 裊裊斜橫落澗邊
月上東窓猶未睡 挈甁歸去汲寒泉
自怪生來厭俗塵 入門題鳳已經春
煮茶黃葉君知否 却恐題詩洩隱淪

[감상]

　김시습(金時習, 1435~1493)의 호는 '매월당'을 비롯하여 여러 개가 있다. 법명은 설잠(雪岑). 성리학 사상에 염증을 느껴 한 때 출가수행을 했는데, 그 정확한 년도는 알 수가 없다.
　다섯 살 때 이미 『대학』과 『중용』을 터득하였으며, 그림이나 시를 지어놓고 혼자 통곡하다 태워버렸다 한다. 수많은 세월이 흘렀어도 그의 기행은 지금도 세간의 화제가 되고 있다.

　그는 세속과 거리를 두고 평생을 삿갓 쓰고 숨어 지낸 방랑객이다. 천성적으로 세속을 싫어하기도 했지만 그 스스로도 천성이 괴이하다고 했다. 그는 봉황 같은 인물, 즉 도인을 찾아 나섰다. 그러나 그의 눈에 비친 인물들은 모두가 평범한 세속사람들 뿐이다. 번번이 허탕을 치다가 청춘이 다 갔다.
　그는 숨어살면서 시를 쓰고 혼자 차를 마신다. 낙엽에 쓴 시가 시냇물에 흘러가 혹시라도 그의 은둔생활이 알려질까 차 끓이는 아궁이에 태워 버린다고 했다.
　밤잠을 설치고 일어난 아침, 병을 들고 나가 샘물을 길러다 차를 끓인다. 평생을 은둔과 방랑의 생활을 하는 그의 심정이 잘 드러나 있다.

김시습(金時習)

차나무를 기르며(養茶)

해마다 차나무에 새 가지 자라는데
그늘에 키우노라 울을 엮어 보호하여
육우의 다경에는 색과 맛 논했는데
관가에서는 어린 찻잎만을 취한다네.

봄바람 불기 전에 싹이 먼저 나오고
곡우절 되면 잎이 반쯤 피어나네
조용하고 따뜻한 작은 동산을 좋아하니
비에 옥 같은 꽃 드리웠으면 좋겠네.

養茶
年年茶樹長新枝　　蔭養編籬謹護持
陸羽經中論色味　　官家榷處取槍旗
春風未展芽先抽　　穀雨初回葉半披
好向小園閑暖地　　不妨因雨着瓊蕤

[감상]

그는 경주의 금오산(지금의 남산)에 은둔해 산 적이 있었다. 이 때는 직접 차나무를 재배하기도 했다. 수만 권의 책과 더불어 화초를 기르고, 술과 차를 마시는 것이 일과였다. 때로 심심할 때는 바둑을 두기도 하고, 거문고를 어루만지면서 세월을 보냈다.

띠풀 집 주변에 기르던 수천의 화초 중에는 특히 매화·대나무·잣나무 등이 많았다고 한다. 그 중에는 물론 차나무도 있었다.

제목 그대로 이 시는 작은 동산에 울타리를 엮어 차나무를 기르면서 지은 시다.

차나무는 원래 반그늘에서 자란 것이 좋다고 한다. 그래야 엽록소 함량이 많아진다. 특히 대나무 밑에서 대나무의 이슬을 먹고 자란 '죽로차(竹露茶)'를 가장 귀하게 여겼다.

당시의 선비들은 음다(飮茶)만 할 뿐, 손수 차를 재배하는 경우는 거의 없었다. 그러나 매월당은 차나무를 기르고, 차 따기, 차 만들기 등을 직접 했다. 그래서인지 매월당의 시에는 차의 도구, 찻물, 차 달이기… 등, 차에 관한 여러 분야에 대한 시들이 많다.

김시습(金時習)

새벽 정취(曉意)

지난 밤 산속에는 비가 내리더니
오늘 아침 바위샘에서 물소리 들리네
창이 밝아 날이 새려 하는데
새소리 요란해도 나그네는 아직 잠속에 있네.

방이 작아서 햇빛이 밝아지고
구름 걷히니 달은 하늘에 있네
밥하는 사람은 기장밥 다 지어놓고
내게 차 달이기 게으르다 나무라네.

曉意
昨夜山中雨　今聞石上泉
窓明天欲曙　鳥聒客猶眠
室小虛生白　雲收月在天
廚人具炊黍　報我懶茶煎

[감상]

　삼십대 이후부터는 주로 경주 금오산에 머물면서 직접 차를 재배했다. 이곳에서 『금오신화』를 지었다.
　유교와 불교에 통달한 그였지만, 배움을 청하는 이가 있으면 쫓아버렸다 한다. 언제나 홀로 있으면서 시를 짓고 그림을 그렸다. 그는 평생 2천 여 편의 시와 문장을 남겼는데, 80여 편의 차시가 있다.
　'자연의 섭리와 땅의 수고로움을 모르고 어찌 한 잔 차의 깊은 뜻을 알겠는가' 할 정도로, 진정한 차인이었다.

　이 시도 그가 살고 있는 금오산의 새벽 풍경이다. 잠에서 깨어나니 돌 틈으로 흐르는 물소리가 가장 먼저 귓전을 밝힌다.
　지난 밤 비가 와서 그런지 물소리가 유난히 크게 들린다. 아침부터 새들이 요란하게 지저귀는데 그를 찾아온 나그네는 아직 잠자리에 들어있다.
　방안 가득 햇빛이 들어오니 작은 방이 더욱 환하고 넓어 보인다. 밥하는 사람은 벌써 기장밥을 다 지어 놓았다고 알린다. 그러면서 찻물을 늦게 올렸다고 한 마디 던진다.

김시습(金時習)

일본 스님 준장로와 이야기 하며(與日東僧俊長老話)

고향을 멀리 떠나니 마음이 쓸쓸하고
옛 부처와 산꽃 속에 쓸쓸하게 보내네
철 다관에 달인 차를 손님에게 내놓고
질화로에 불을 지펴 향을 사른다.

깊은 봄, 바다 위에 뜬 달이 사립문에 비치고
비 그치니 산 사슴 새끼 약초 모종을 짓밟네
선의 경지와 나그네 심정이 모두 아담하니
맑게 갠 밤을 새워 이야기하여도 무방하리.

與日東僧俊長老話
速離鄕曲意蕭條　古佛山花遣寂寥
鐵鑵煮茶供客飮　瓦爐添火瓣香燒
春深海月浸蓬戶　雨歇山麛踐藥苗
雨歇山麛踐藥苗　不妨軟語徹淸宵

[감상]

　고결한 인품과 굳센 지조를 가진 그였다. 나이 21세 때, 수양대군이 단종을 몰아내고 왕위에 오르자 그는 세속을 등졌다. 다시 환속했는데, 이번에는 폐비 윤씨 사건으로 다시 방랑길에 오른다. 파란만장한 생애는 방랑과 은둔을 거듭하다 충남 부여 무량사에서 마쳤다.

　일본스님인 준장로(俊長老)와 차를 마시고 나서 읊은 시다.
　이 시에 나오는 준장로는 일본 국왕의 사절로, 세조 9년(1463) 조선을 방문하여 경주 용장사(茸長寺)에 머물고 있는 매월당을 찾아간다. 용장사는 흙벽에 봉창이 하나인 작은 초암이다.
　방안에는 항상 화로가 있다. 이 시대의 화로는 난방을 하는 역할도 하지만, 손님이 찾아오면 언제든지 물을 끓여 차를 마실 수 있는 두 가지 역할을 한다.
　어느 늦은 봄날, 철로 된 다관에 달인 차를 준 장로에게 대접했다. 차를 마시면서 고담(高談)을 주고받는 이 시간, 또 다른 선의 경지를 보는 듯하다.

유호인(俞好仁)

차에 대해 읊다(詠茶)

얇은 베 바지 입고 밝은 창 아래서 듣는 찻물 끓는 소리
고요 속에 들으니 더 가냘프게 들리네
삼천 권 책 젖어들 듯 마른 창자에 스며드니
벼슬살이 좇아 떠돌던 삶 이젠 꿈에서도 욕심이 없네.

詠茶
白紵晴牕五沸鳴　　可憐閑味靜中聲
枯腸剩泼三千卷　　遊宦從今入夢清

[감상]

　유호인(兪好仁, 1445~1494)은 조선 전기의 문신이다.
　자는 극기(克己), 호는 임계(林溪) 또는 뇌계(㵢溪)인데, 뇌계를 더 많이 사용했다.
　어릴 때부터 영민하여 학문의 이해가 빨랐다. 1462년 생원시에 합격한 뒤 점필재(佔畢齋) 김종직(金宗直)에게 사사하였다. 1487년에 『동국여지승람(東國輿地勝覽)』의 편찬에 참여하였다.

　수 천 권의 책속에 둘러싸인 작은 방 가득 햇볕이 흘러든다. 밝은 창 아래 얇은 베잠방이를 입고 앉아 찻물 끓는 소리를 듣고 있다. 아무런 격식도, 누구의 눈치도 볼 것 없는, 가장 평온한 시간이다.
　물 끓는 소리만 듣고 있어도 몸과 마음에 차향기가 스며든 듯하다. 그간 벼슬을 좇아 떠돌던 삶은 이제 꿈에서도 생각하고 싶지 않다. 그는 평소 '자연과 함께하는 것이 가장 높은 벼슬'이라고 말할 정도로 소박한 삶을 살았다.

유호인(俞好仁)

관음굴에서 읊다(觀音窟雜詠)

지난해 눈 내릴 때 와서 머물 때는
온 골짜기가 달빛으로 경궁요대(瓊宮瑤臺)였었는데
오늘 다시 서쪽 물가의 돌 누각 시 읊던 곳 찾았건만
차 달여 주던 스님의 자취는 이미 없어졌구나.

觀音窟雜詠
去歲來遊臘雪霏　瓊瑤萬壑月輝輝
石樓西畔尋詩處　煮茗胡僧錫已飛

[감상]

 유호인은 시와 문장, 글씨에 뛰어나 당대의 삼절(三絶)로 불렸다. 특히 성종의 총애가 지극했다. 늙은 어머니를 봉양하기 위해 지방관직을 청하여 나가게 되자 성종이 그와의 헤어짐을 아쉬워해 직접 시조를 지었을 정도였다.

 1488년 의성현령으로 나갔으나, 백성은 돌보지 않고 시만 짓는다 하여 파면되기도 했다.

 문집으로 『임계유고』가 있는데, 그 중에 차시 10여 수가 있다.

 지난해 이곳을 찾았을 때는 눈이 펄펄 내리는 날이었다.

 밤이 되니 눈은 그치고 적요한 암자에 달빛만이 흘러든다. 밤에 바라본 돌 누각은 휘황한 달빛에 어리어 마치 경궁요대(瓊宮瑤臺)를 보는 듯하다. 즉, 옥으로 꾸민 궁전처럼 화려하다는 뜻이다.

 그런데 다시 찾아와보니, 그 누각에서 같이 시를 읊으며 차를 끓여주던 스님의 자취는 찾을 수가 없다.

 인생무상이다. 한 때는 벼슬을 쫓아 분주히 지내던 지난 세월이 경궁요대였다면, 지금은 그림자조차 찾을 수 없는 그 스님! 이 세상에 없는 그 모습을 어디에서 찾을 수 있을까? 훗날 자신의 모습을 표현한 시처럼 생각된다.

신종호(申從濩)

봄을 애 태우다(傷春)

한 사발 가득 차를 마시니 졸음이 깨어
이웃에서 들려오는 붉은 옥피리 소리
제비도 오지 않고 꾀꼬리마저 날아가
꽃을 적시는 비가 뜰 가득 소리 없이 내리네.

傷春
茶甌飮罷睡初醒　隔屋聞吹紫玉笙
燕子不來鶯又去　滿庭紅雨落無聲

[감상]

　신종호(申從濩, 1456~1497)는 신숙주의 손자다. 자는 차소(次韶), 호는 삼괴당(三魁堂)으로, 벼슬이 예조참판에 이르렀다. 어머니는 영의정 한명회(韓明澮)의 딸이다.
　아버지의 나이 22살에 세상을 떠나 그는 유복자로 태어났다. 너그러운 인품과 높은 학식은 할아버지 신숙주를 닮았다는 평가를 받았지만, 그도 마흔 둘의 짧은 생을 살았다.
　문장과 글, 글씨에 뛰어났다. 문집으로 『삼괴당집』이 있다.

　봄이 왔지만 제비도 찾아오지 않고, 꾀꼬리 소리마저도 들리지 않는다. 제비와 꾀꼬리 소리가 들리지 않은 봄은 왠지 봄 같지가 않다.
　봄기운이라 그런지 몸이 나른하다. 잔이 아니라 사발 하나 가득 차를 마셨다. 졸음이 확 달아나는가 싶게 정신이 번쩍 든다.
　가만히 귀 기울이니 이웃 어디에선가 부는 피리소리가 들려온다. 마당가 작은 뜰에는 수북이 떨어진 꽃잎들이 비에 젖고 있다. 말없이 바라보는 그 모습이 가는 봄에 대한 아쉬움이 묻어있다. 하지만, 마치 자신의 처지를 보는 것 같기도 하다.

이 목(李穆)

차 달이기

  차를 끓이는 순간만은 세속의 먼지를 털고 깨끗한 정신으로 돌아가려 한다. 그래서 손수 찻 사발을 씻는 것이니, 이는 자신의 정화(淨化)를 뜻한다.
  서두를 것이 없다. 예부터 차를 끓이는 것은 물을 끓이는 것이라 하지 않았던가.
  조용히 깨끗한 석천수(石泉水) 길어다 끓이며, 한가로이 차 끓이는 삼매[煎茶三昧]에 빠져 즐기는 것이다.…

[감상]

이 목(李穆, 1471~1498)은 경기도 김포 하성면 출신이다. 호는 한재(寒齋).

14세 때부터 점필재(佔畢齋) 김종직(金宗直)의 문하에서 학문을 익히기 시작했다. 강직한 성품으로, 몇 번의 유배를 당하다가 28년의 생을 마감했다. 조선 중기, 가장 치열한 사화(史禍)가 많던 시절을 살았던 인물이다.

결국 무오사화(戊午士禍) 때는 부관참시를 당하는 비극을 맞았다. 너무도 짧은 생이었지만 인품이나 사상…, 선비로써의 지조를 조금도 흩트리지 않았다.

24세 때 중국 연경(燕京)에서 유학, 다음해(1495년)에 장원급제하고 『다부(茶賦)』를 지었다. 위의 글은 『다부(茶賦)』중 '차 달이기' 부분이다.

'다부(茶賦)'는 그가 중국에서 체험한 차와, 차 생활에 대한 모든 것을 기록한 책이다. 우리나라에 전하는 『다신전』보다 350년 앞 선 책이다.

조 위(曺偉)

가섭암(迦葉庵)

졸졸 샘물이 바위에서 나와
암자 앞에 쏟아지니 시원하고 맑아라
산승이 움켜 마셔 아침 시장기를 달래주니
맑고도 달기가 강왕곡 샘물보다 더 낫네.
객이 와 스님 불러 날마다 차를 끓여
이글거리는 풍로에 눈빛 거품 넘쳐 흐르네
누가 석 잔 가져다 노동에게 부치며
다시 절품으로 육우에게 자랑할까.
내 평생 먼지 몇 말을 먹었으니
폐는 시들고 입술도 말라 윤기 없다네
꽃 잔에 눈 같은 차 기울이니
오장육부가 모두 맑아지고 깨끗해지네.

迦葉庵
連筒泉水出嵓腹　　來瀉庵前寒更淥　　山僧掬飮慰朝飢
淸甘遠勝康王谷　　客至呼僧烹日注　　活火風爐飜雪乳
誰持三椀寄盧仝　　更將絶品誇陸羽　　平生厭食幾斗塵
肺枯吻渴無由津　　花甌快傾如飧雪　　頓覺六用俱淸新

[감상]

  조위(曺偉, 1454~1503)는 김종직의 문하생으로 문장과 글씨가 뛰어났고 성리학의 대가로 『성종실록』을 편찬했다. 함양군수를 지냈다.

  가섭암(경남 거창군)을 방문, 그곳의 스님으로부터 차를 대접받고 지은 시다. 가섭암은 1770년대까지 있었으나 지금은 빈 터로 남아있다. 이곳의 샘물이 찻물로 으뜸이라는 중국 강소성 여산의 강왕곡보다 낫다고 한다. 차의 품평을 잘했다는 당나라의 시인 노동(盧仝, 775~835)에게 이 차의 품평을 맡겨도 손색이 없을 정도라고 했다.

  가섭암은 18세기 화가 김윤겸의 진경산수화첩에도 실렸을 정도로 경치가 아름다웠다고 한다. 이런 아름다운 곳의 바위틈에서 솟아난 물로 손님이 올 적마다 차를 끓여 대접하는 스님의 모습, 그리고 아름다운 산속 암자의 풍경을 그리고 있다.

  그는 스승 김종직이 가꾼 함양다원 엄천사의 차 맛도 보았을 것이다. 그래서 더욱 가섭암의 차 맛에 극찬을 하는지도 모른다. 차는 심신을 안정시키고 편안하게 해준다. 세상 어지러운 일들을 멀리하고, 스님이 끓여주는 차를 얻어 마시면서 뛰어난 향에 이끌린다. 오장육부가 다 깨끗이 씻어지는 것 같은 느낌이 든다고 했다.

허 침(許琛)

봄추위에 하늘의 운을 잇다(春寒次大虛韻)

구리 병의 물은 떨고 법당의 등불 가물거리는데
깊은 골짜기의 소나무 우는 소리에 밤기운은 차갑네
속세의 십년 꿈을 깨워 일으켜
새삼스레 화로 끌어안고 소용단차를 시험하네.

春寒次大虛韻
銅壺滴瀝佛燈殘　萬壑松濤夜色寒
喚起十年塵土夢　擁爐新試小龍團

[감상]

허 침(許琛, 14445~1505)의 자는 헌지(獻之), 호는 이헌(頤軒).
일찍이 신동으로 알려졌으며, 시문으로 이름을 떨친 문신이다. 1462년(세조 8)에 진사에 합격, 우의정·좌의정을 지냈다.

연산군의 두 스승(조지서·허 침)중 한 사람으로, 세자를 가르침에 엄하고 사리에 분명하여 연산군도 그를 함부로 대하지 못했다 한다. 그는 욕심이 없고 부드러운 성품이었으나, 집은 항상 가난했다. 성종 때는 청백리가 되었다. 시문은 담담하면서도 깊이가 있었으나 남에게 드러내기를 싫어했다.

연산군의 생모 폐비 윤씨의 폐출에 참여했던 다수의 대신들이 사사되거나 유배되었던 사건이 갑자사화(1504년)다. 그러나 그는 할머니 상(喪)으로 불참하여 화를 면했다.

1499년 『성종실록』을 편찬했다. 당대의 석학이던 조위·유호인 등과 교우하면서 성종의 총애를 받았다.

쏴~ 쏴~ 깊은 골짜기 솔숲에서 이는 바람 소리가 흡사 파도소리처럼 들린다. 절간의 등불도 희미한 밤, 바람소리에 떠는 구리 병이 마치 생황을 부는 것 같다. 차를 마시는 사람들이 물을 떠다 담는 것이 주로 구리 병이다.

계절은 분명 봄인데, 겨울도 아닌 것이 그렇다고 봄도 아니다. '춘래불사춘(春來不似春)'이라던가. 봄인가 싶어 밀쳐두었던 화로를 새삼 꺼내 불을 지핀다. 따스한 온기가 온 몸에 스며든다.

몸속을 파고드는 으스스한 봄추위가 오히려 더 견디기 힘들다. 새로 구한 용단 차 맛을 보아야겠다.

김수동(金壽童)

밤에 앉아서 읊다(夜坐有吟)

성 서쪽 십리가 속세와 막혔으니
낮은 관직에 겸한 신세 자랑할 만 하누나
언덕을 치는 늦은 바람은 저녁 물결을 뒤집는데
구름사이에서 비껴 나온 초승달은 성긴 발에 비치고
하찮은 불 새로이 시험하면서 차 달이기 겨루노라
한 질의 책을 펼쳐놓고 이것저것 기록을 거듭하네
나그네라 봄 흥취의 괴로움을 금치 못하거니
근래에 시와 술의 경계를 고치기 어려워라.

夜坐有吟
城西十里隔塵凡　身世堪誇吏隱兼
擊岸晚風飜夕浪　漏雲纖月入疏簾
鬪茶新試鎦銖火　散帙仍懸甲乙籤
客裏不禁春興惱　邇來詩酒癖難砭

[감상]

　김수동(金壽童, 1457~1512)의 자는 미수(眉叟), 호는 만보당(晩保堂)이다.
　품성이 단정하고 재치가 있었다. 예서에 뛰어났으며, 검약한 생활과 청렴결백한 청백리였다. 20살에 급제하여 관직에 들었다.
　그는 연산군이 생모 폐비 윤씨를 왕후로 추존하고 묘를 회릉으로 높이자는 주장을 하고 실행되자 연산군의 신임을 받았다.
　1504년, 폐비 윤씨의 죽음에 관련된 대신들을 처단한, 이른바 갑자사화가 일어났으나 김수동만 살아남아 굽은 소나무 충신이라는 비난을 받았다.

　세상 밖 소식은 아득하다. 방안에 한 질의 책을 꺼내놓고 이런저런 표시를 해가며 화롯불에 혼자 차를 달인다. 가물거리는 불꽃이 마치 지금의 내 신세처럼 느껴진다.
　좋은 시절은 봄날처럼 흘러가고, 돌아보니 이제 그 시절은 아련하기만 하다. 봄은 다시 찾아왔건만, 요즘 들어 점점 더 술을 의지하게 되는 자신의 처지를 생각해 본다.
　술과 차를 워낙 즐기는지라 술과 차의 경계를 짓기가 어렵다고 한다. 봄은 점점 깊어만 가는데, 혼자서 보내는 봄밤이 외롭기만 하다.

정희량(鄭希良)

홀로 앉아 차를 끓이며(獨坐煎茶)

밤이 얼마나 깊었는지 눈이 오려하네
푸른 불빛의 오래된 집은 추워서 잠이 오질 않네
먼지 앉은 찻상 말끔히 닦아내고
푸른 바다처럼 맑고 찬 샘물 붓는다.

조심스레 고르게 불을 피우니
벽 위로 달이 떠오르고 맑은 연기 피어오르네
우수수 솔바람 소리 빈 골짜기에 퍼지고
쏟아져 내리는 폭포처럼 긴 시내를 다 울리네.

獨坐煎茶
夜如何其千欲雪　靑燈古屋寒無眠
受取床頭苔蘇腹　瀉下碧海冷冷泉
撥開文武火力均　壁月浮動生晴煙
松風颼颼響空谷　飛流激激鳴長川

[감상]

정희량(鄭希良, 1469~?)은 연산군 시절의 문신이다. 자는 순부(淳夫), 호는 허암(虛庵)이다.

어려서부터 영특하였으며, 평생 절개를 중시하였다. 올곧은 성격은 사화(史禍)에 휩쓸리며 자취를 감추어 행방불명이 되었다.

왕(연산군)에게 경연(經筵)에 충실할 것을 상소하여 왕의 미움을 받았다. 이 해 무오사화(戊午史禍)가 일어나자 의주로 유배되었다. 이듬해에 풀려나 모친상으로 경기도 고양에서 시묘살이를 하다가 강가에 신발을 남긴 채 행적을 감추었다.

그가 말년에 초막을 짓고 은둔생활을 하던 흔적이 인천 서구 검암동에 지금도 남아있다. 그곳에는 허암봉이 있는데 그의 호에서 유래되었다. '갑자년의 화(禍)는 무오년보다 심할 것이라'고 예언을 했는데 그대로 적중했다.

밤은 이미 깊은데, 방금 눈이라도 내릴 듯 하늘은 찌푸려 있다. 낡은 집이라 유난히 바람이 드세다. 이럴 때는 따뜻한 차라도 마셔야 잠을 이룰 수 있을 것 같다.

홀로 앉아 차를 끓이면서 찻물이 끓어오르는 과정을 표현하고 있다. 찻물이 끓는 소리들은 불의 강약이나 또는 시간의 흐름에 따라 다르다.

화로에 불을 지피면 처음에는 맑은 연기가 피어오르고, 조금 지나면 골짜기에서 솔바람 소리가 나는 것 같다고 했다. 점점 더 불기운을 받으면 마치 폭포에서 물 떨어지는 소리, 또는 우레와 같은 소리가 마치 온 계곡을 다 울리는 것 같다는 표현을 한다.

정희량(鄭希良)

홀로 앉아 차를 끓이며 매계에게 올리다(獨坐煎茶奉呈梅溪)

긴 긴 해 여관에서 늦잠을 자고
맑은 옥수 끓여 마시니 병든 눈 뜨이노라
오래 묵은 더러운 먼지 깨끗이 씻어내니
고야산에서 빙설같은 살결 가진 선인이 오누나.

한 줄기 솔바람에 사방 벽이 서늘하고
나비되어 살던 덧없는 꿈 깨니 정신이 한가롭네
온종일 맑은 창 아래 앉아 향을 사르니
마음은 홍몽과 태극사이에 있네.

獨坐煎茶奉呈梅溪
日長旅館閒生睡　　煮啜瓊漿病眼開
捹洗百年塵土穢　　姑山親見玉人來
日盡松風四壁寒　　夢回胡蝶覺神閒
晴窓盡日梵香坐　　心在鴻濛太極間

[감상]

　정희량은 여섯 살 때 이미 한시를 지었고, 아홉 살 때는 『장자(莊子)』를 읽었다. 워낙 총명하여 아버지가 직접 김종직을 찾아가 가르침을 받게 했다.
　김종직 제자들 가운데서도 유호인(俞好仁)·남효온(南孝溫)·조위(曺偉)·정희량·홍유손(洪裕孫) 등이 **이름난** 차인(茶人)들이며 많은 차시를 남겼다.
　제목에 나오는 '매계(梅溪)'는 조위(曺偉, 1454~1503)를 말한다. 조위의 호가 매계다.

　『장자(莊子)』에 보면, 아주 먼 고야산에 살결이 얼음과 눈처럼 맑고 흰 신선이 살고 있는데, 그 자태가 아름답기 그지없다. 그는 보통사람들이 먹는 곡식은 먹지 않고, 맑은 바람으로 숨을 쉬고 이슬만 먹는다고 한다. 게다가 구름을 타고 나는 용을 몰아 세상 밖을 유람하고 정신을 집중하면 세상만물이 병들지 않고 모든 곡식이 풍성해진다는 글이 나온다.

　사람 사는 일이란 어쩌면 한바탕 꿈일지도 모른다. 덧없는 인생 살이지만, 오직 마음을 한 곳에 모으고 잘 가다듬고 사는 것이 가장 소중한 일일 것이다.
　향 한 개비를 사루고 마음을 가다듬으면, 하늘과 땅으로 나뉘기 전 처음 모습으로 되돌아간 듯, 마음이 한가롭다고 했다. 마지막 구절의 '홍몽'과 '태극'이란 표현으로 우주만물의 근원을 깨닫게 한다.

정희량(鄭希良)

실제(失題)

어지러운 세상 가까이 할 사람 없진 않겠지만
친하게 지내다 헤어짐이 어찌 담담하게 친함만 하랴
굳이 술이 좋네 차가 좋네 가리면 무엇하랴
나도 끝내 세속과 어울리지 못한 것을.

紛紛交際不無人　甘壞何如淡以親
强把麴生優劣比　虛庵終未同俗塵

[감상]

정희량은 차와 함께 술 또한 아주 즐겼다. 1498년 무오사화로 유배되었을 때도 손수 술을 빚어 먹을 정도였다. 그러나 조위는 차를 유난히 좋아했다. 두 사람은 차와 술에 대한 시를 지어 이처럼 서로 주고받기도 했다.

그는 잔으로 마시는 것보다 큰 사발로 마시기를 좋아할 정도였다고 하니, 그의 술 사랑이 짐작된다.

빚은 술을 거르지도 않고 그대로 마셨는데, 그는 이 술을 '혼돈주(混沌酒)'라 하였다. 술에 취하면 '혼돈주가(渾沌酒歌)'를 불렀다고 한다. 그는 청주와 막걸리를 성인과 현인이라는 비유법으로 표현했다. 정희량은 술이 좋다 하고, 매계는 차가 좋다고 했던 모양이다. 그렇지만 굳이 그 둘의 좋고 나쁨을 따져서 뭐하겠는가 한다.

그의 시 '혼돈주'를 옮겨본다.

내가 빚은 막걸리를 내가 마시고(我飮我濁)
내가 나의 천성을 보전하네(我全我天)
나는 술을 스승으로 삼으나(我乃師酒)
굳이 청주도 아니고 탁주도 아니요(非聖非賢)
그 즐거움을 즐기는 사람은(樂其樂者)
마음으로 즐기게 되니(樂於心)
늙음이 장차 다가오는 것도 모르네(不知老之將至)
그 누가 나의 이 즐거움을 알랴(人孰知予之樂是酒也).

이 행(李荇)

공석으로부터 작설차를 받고(公碩以雀舌茶見餉)

평생 술을 마셔 몸이 많이 상했는데
금년 들어 결연히 술을 끊고 잔을 엎었다네
어느 날 호남에서 보낸 감로차를 마시니
차 향기가 봄기운 재촉해 지당에도 봄풀 돋아나겠지.

公碩以雀舌茶見餉
平生喜酒頗中傷　　剛制年來爲覆觴
忽把湖南甘露椀　　解催春色到池塘

[감상]

　이 행(李荇, 1478~1534)의 자는 택지(擇之), 호는 용재(容齋) 또는 청학도인(靑鶴道人). 충남 당진 송산면 출신이다.
　문장·글씨·그림에 뛰어났다. 이조판서·우의정 등, 고위관직을 두루 거쳤다. 폐비 윤씨의 복위를 반대하다가 유배를 시작으로 몇 번의 유배생활을 거듭하던 중 숨졌다.

　시 제목의 공석(公碩)은 김세필(金世弼)의 자(字)다. 호는 십청헌(十淸軒) 또는 지비옹(知非翁)이다. 김세필은 기묘사화 때 조광조를 죽인 중종의 부당함을 규탄하다가 곤장을 맞고 유배된 인물이다. 유배에서 풀려난 후, 고향에서 십청헌을 짓고 후학 양성을 한 공로로 이조판서로 추증되었다.
　평생 술을 퍼다 보니 몸이 많이 상해 있었다. 이제는 술을 끊어야겠다고 결연한 마음을 먹고 있던 차, 멀리 남쪽에서 작설차를 보내온 것이다. 당시 김세필은 호남감사로 있었다.
　봄소식처럼 날아온 햇차 향기를 맡으니, 마치 목마름을 적셔주는 감로수처럼 여겨졌던 모양이다. 차 향기가 어서 봄을 재촉해 연못가에도 봄풀이 돋아나기를 기대해 본다.

이 행(李行)

실제(失題)

오랜 인연 아직 문자에 다하지 않아
늙어도 물질의 화려를 향하는 마음 없네
갠 날 홀로 앉아 머리 빗고
흙풍로에 불 피워 햇차를 달이네.

[감상]

허균은 그의 시를 높이 평가했다. 당시의 전통 시풍을 벗어난 참신한 표현으로 새로운 시풍을 일으키기도 했다.

저서 『용재집(容齋集)』에는 1,700여 수가 실렸는데, 대부분 유배생활 중 쓴 글이다.

좌의정을 지냈다. 시호는 문정(文定)이었으나 뒤에 문헌(文獻)으로 바뀌었다.

수차례 유배생활로 세월을 보내다 결국은 유배지에서 생을 마감했다. 그의 생애처럼 시에도 세월의 무상함과 인생의 허망함이 묻어난다.

오랜 유배생활을 한 그에게 있어 세상의 화려함이란 한낱 물거품처럼 허망한 것이었을 것이다.

햇볕 좋은날, 몸가짐 정갈히 하고 마음 가다듬고 혼자서 차를 끓인다.

그의 차 생활과 문학은 손자 이식(李植, 1584~1647), 이식의 아들 이단하(李端夏, 1625~1689)로 이어진다.

서경덕(徐敬德)

심교수가 보낸 운을 보고 차운하다(次沈敎授見贈韻)

산에 사는 사람이라 먹을 것과 표주박 빈 것이 여러 번이니
앞 시내의 소나무 밑 우물물 긷기를 게을리 한 때문일세
대관선생은 세상에 보기 드문 분이라
내게 쌀 한 말을 보내어 차솥을 도와주었네.

次沈敎授見贈韻
山人屢見簞瓢罄　懶汲前溪松下井
大觀先生不世翁　遺余斗米資茶鼎

[감상]

　화담(花潭) 서경덕(徐敬德, 1489~1546)은 황진이·박연폭포와 함께 송도삼절로 불린다.
　이 시에서 나오는 산사람이란 바로 서경덕 자신을 말한다. 그는 한 때 오관산(五冠山)에 살았던 적이 있었다. 그래서 '산에 살며'라는 시를 남기기도 했다.

　대관선생은 제목에서 나오는 심교수로 보인다. 서화담은 벼슬의 청을 받기도 했지만 끝내 거절하고 평생 은둔생활로 학문에만 몰두했다. 책 이외는 별 살림살이가 없는 것을 본 심교수가 먹을 것과 함께 자주 글을 보내오기도 했던 모양이다.
　세상 돌아가는 것에 별 관심 없는 나에게 어느 날 차 달이는 솥을 보내주니 그저 고맙기만 하다. 원래 물욕이 없는 서화담이라 작은 것에도 마음만은 세상 다 가진 듯 풍족하다고 했다.

　알려진 것처럼 서경덕과 황진이의 일화는 유명하다. 황진이는 30년 면벽수행으로 그 당시 생불로 불린 지족선사도 파계시켰지만, 서경덕만은 흔들리지 않았다. 황진이는 그의 고고한 인품에 매료되어 평생 그를 스승으로 모시면서 시문을 주고받는 사이로 남았다.

서경덕(徐敬德)

산에 살며(山居)

구름 아래 바위에 내가 살 곳을 점쳐서 정한 것은
오직 성품이 게으르고 거치른 탓이요
숲에 앉아 깊은 산에 사는 산새와 벗하고
시냇가에 나가 노니는 고기를 짝하네.

한가하면 꽃잎 떨어진 둑을 쓸고
번거롭지만 때로는 약초밭을 김 매네
이 밖에는 아무 일이 없으니
차 마시고 난 후에 옛 책을 본다네.

山居
雲巖我卜居　　端爲性慵疎
林坐朋幽鳥　　溪行伴戲漁
閒揮花塢箒　　時荷藥畦鋤
自外渾無事　　茶餘閱古書

[감상]

　송도 화담에 은거하여 살았으므로 서화담, 또는 은일거사(隱逸居士)·방외지사(方外之士) 등으로 불렸다.
　호는 '복제(復齊).' 어릴 때부터 워낙 총명하고 영특하여 독학으로 사서육경을 익혔고, 오직 그의 스승은 자연과 책뿐이었다.
　장원급제를 하였으나 벼슬을 하지 않고, 참봉에 추천되어도 사양하고 자연을 벗 삼아 풍류를 즐겼다. 58세로 생을 마칠 때까지 선비로서의 고고한 인품을 결코 잃지 않았다. 그 결과물인 『화담집』은 조선 성리학 발전에 큰 공헌을 하였다.

　시에서도 그의 평소 생활과 성품이 그대로 드러난다.
　벼슬이나 부귀영화에는 아예 관심이 없으니 저잣거리의 사람들과도 교류하기를 좋아하지 않았다. 이런 그의 성품을 스스로 표현하기를 '성품이 게으르고 거칠다'고 했다.
　깊은 산의 숲속에서 새소리를 들으면서 시냇가의 물고기와 친구가 되기도 한다. 떨어진 꽃잎을 쓸다가, 때로 약초밭의 풀을 뽑는 일 외에는 별다른 일이 없다. 목마르면 한 잔 차를 마시고 책을 보는 일이 가장 즐겁다.

허응보우(虛應普雨) 선사

실제(失題)

작은 창 높은 누각 좌선 자리 싸늘하네
물 길어 차 달이니 솥 안에 달 가득하네
두견이 즐거워하는 까닭 몰랐으나
나와 이 밤을 남쪽을 향해 절규하네.

[감상]

　허응보우(虛應普雨, 1509~1565) 선사의 호는 허응(虛應) 또는 나암(懶庵), 보우(普雨)는 법명이다. 15세 때 금강산 마하연암으로 출가, 6년 정진 끝에 깨달음 얻고 모든 경전을 섭렵했다. 이후 주역까지 통달, 유학자들과 널리 교유했다.
　문정대비의 신임으로 없어진 승과제도를 부활, 서산대사와 사명대사 등, 걸출한 고승을 배출했다. 문정대비가 죽자 제주도로 유배, 그곳에서 입적했다.

　누각에서 좌선을 끝내고 물을 길어다 차를 달인다. 아마도 늦은 밤인가 보다. 둥두렷 높게 뜬 달이 차 솥에 잠겼다. 두견, 즉 소쩍새는 보통 한(恨)으로 상징되는 새다. 무슨 까닭인지 오늘 밤은 먼 남쪽을 향해 절규하듯 울어댄다.
　남쪽은 부처님 계신 곳을 상징한다. 부처님을 향한 간절한 마음이 오늘 밤은 나와 한 마음이라도 된 것일까?

허응보우(虛應普雨) 선사

실제(失題)

바둑판 위 한가한 세월은 알고 있지만
인간사 흥망성쇠 내 어찌 알리
조촐하게 공양을 마친 뒤에
한 줄기 차 달이는 연기 석양을 물들이네.

[감상]

차시 20여 수가 전한다. 저서로는 『허응당집(虛應堂集)』과 『나암잡저(懶庵雜著)』 등이 있다.

그는 일상사에 얽매이지 않고 옳음에 대해서는 죽음과 타협하지 않았다. '옳음을 위해 죽을지언정 헛되이 살지 말라"는 가르침이었다.

훗날 『허응당집(虛應堂集)』을 편찬한 사명스님은 "… 그 분은 천고에 홀로 오셨다가 홀로 가신 분이다"라는 찬사를 남겼다.

그의 다음 시를 보면 위의 시를 감상하는데 훨씬 도움이 될 것 같아 옮겨본다.

산중의 즐거움이 뭐가 있나
객이 와서 묻기에
시끄러운 말이 없는 곳이라 대답하였지
남쪽 연못으로 가 보고
서쪽 골짜기도 가 봐도
아무도 말리거나 나무라지 않으니
흥겹기 그지 없다네.

기대승(奇大升)

유거잡영(幽居雜詠)

해를 가린 소나무는 장막 같고
집을 막은 대나무는 발과 같네
벽에는 서자의 걸상을 달았고
꽃은 적선의 처마에 춤을 추네.

학을 길들이는 사이 세월이 흐르고
차를 달이며 시냇물을 더하네
사립문 온종일 닫고 앉아
홀로 봉의 부리 뾰족함을 감상하네.

遮日松如幄　　當軒竹似簾
壁懸徐子榻　　花舞謫仙簷
調鶴光陰換　　烹茶澗水添
柴門終日閉　　獨賞鳳觜尖

[감상]

　기대승(奇大升, 1527~1572)은 전남 광주 출생이다.
　자는 명언(明彦), 호는 고봉(高峰) 또는 존재(存齋)다.
　퇴계 이황과 8년 동안 논쟁을 통해 조선 성리학에 기여했다. 학식이 깊어 그와 겨룰 사람이 없었다고 한다.
　글씨 및 문장에 능했다. 평생 차를 즐겼으며, 많은 차시를 남겼다.

　위의 시는 유거잡영(幽居雜詠) 15수 중에 나오는 시다.
　소나무가 해를 가릴 정도로 울창하고, 대나무는 발처럼 드리워져 온 집안에 그늘을 만들었다. 그래도 꽃들은 피어 처마 끝에서 아른거린다. 오래 이 생활에 익숙하다 보니, 이따금 찾아오는 학과도 친분(?)이 생긴 듯 하다.
　제목처럼 워낙 깊은 산중이라 찾아오는 사람조차 없다. 온종일 사립문 닫아걸고 우뚝우뚝 솟은 봉우리들을 바라보며 혼자 차를 마신다.

이율곡(李栗谷)

귀향

인간이 오고 가고 하는 일 운명에 달려 있고
내 뜻 내 몸 가짐에 있지 않도다
어진 임금께 물러감을 글월로 올리고
나는 시골로 돌아가는 한가로운 몸 되었네.

변변치 못한 내 재주는 논밭 갈이 알맞는데
임 향한 그리운 꿈 북쪽 궁궐을 감도네
나는 오막살이 돌밭 다시 가꾸어 차 마시며
한 평생 가난 속에 즐겨 보리라

[감상]

원래 이름은 이(珥). 율곡(栗谷, 1536~1584)은 호다.

어머니 신사임당이 글을 가르쳤는데 3살 때 이미 깨우쳤다고 한다.

16세 때 어머니 신사임당이 죽자 3년간 시묘살이를 했다. 아버지가 계모를 집으로 들이자 금강산 마하연으로 들어가 스님이 되었다. 잠깐의 출가생활(일년)이었지만, 이후 죽을 때까지 유학자들로부터 사상문제에 시달렸다.

선조대왕은 그를 유난히 아껴 여러 차례 사간원 대사간에 임명할 정도였다. 원래 몸이 약한 그는 병으로 물러나 고향 파주의 율곡촌으로 들어갔다.

이 시를 보면 그런 상황들이 나타나 있다.

어쩌면 '나'라는 사람은 오직 학문에만 몰두하고 조용히 지내야 하는 사람인지도 모른다. 그런데 그간 임금의 뜻을 받들어 많은 일을 했지만, 이제는 한가로운 몸이 되었다. 그래도 나를 극진히 아껴주던 임금에 대한 충정심은 아직 궁궐을 향하고 있다.

이제 지난 일들은 아련한 그리움으로만 간직하고 싶다는 심정이 엿보인다. 가난한 생활이지만 차를 즐기면서 마음의 여유를 찾고 싶은 것이다.

허난설헌(許蘭雪軒)

봄날의 경치(春景)

정자는 산 이름이라 내 마음속에 있고
내 마음은 늘 숲속에 있네
긴 봄날에 차 연기는 피어오르고
꽃 그림자 군데군데 그늘지어 일렁이는구나.

가득 부은 찻잔에 개미 들었다고 어찌 청탁을 논하랴
주렴 밖의 제비는 장단 맞춰 지저귀고
봄나들이 하는 걸음마다 구름도 만들고
시냇물 따라 오다 보니 깊이 온 줄 모르겠네.

春景
亭以山名識我心　　我心何在在山林
茶煙成篆遲遲日　　花影呈圖片片陰
盈椀蟻浮淸濁飮　　隔簾燕語短長音
償春步步雲生屐　　不覺緣溪路轉深

[감상]

 제목 그대로 한 폭의 그림을 연상하는 봄날이다.
 조선중기 여류시인 허난설헌(許蘭雪軒, 1563~1589)의 시다.
 남동생 허균과 더불어 우리 문학사에 큰 업적을 남긴 시인이다. 시와 그림, 재주가 뛰어났지만 27세로 생을 마감했다. 남편과의 불화, 자녀들의 죽음…, 파란만장으로 점철된 한 생이었다.

 천지가 꽃들로 흐드러진 깊은 봄인가 보다. 잎보다 꽃들이 먼저 피어 사방은 꽃그늘을 만들었다. 꽃 따라 시냇물 따라 가다 보니 제법 깊이 들어온 것 같은데 전혀 그런 느낌이 들지 않을 정도다.
 꽃그늘 일렁이는 숲에서 차를 달이는데, 옆에서 지저귀는 제비들도 봄날의 정취를 더해 준다.
 가득 따루어 놓은 찻잔에 개미가 빠졌지만 그게 뭐 별 대순가. 개미도 아마 차 향기를 맡고 가까이 왔다가 덤벙 뛰어들었는지도 모른다. 그렇다고 그 차를 버릴 수는 없지 않는가!
 모든 만물에 따사로운 봄볕이 깃든 풍경의 시다.

허난설헌(許蘭雪軒)

건계차(建溪茶)

붉은 비단 보자기에 건계차(建溪茶) 싸서
시녀는 꽃모양으로 묶어 봉한 뒤
붉은 인주로 비스듬히 '칙(勅)'자를 눌러
내관들이 대신들 집에 나누어 보내네.

建溪茶
紅羅袱裹建溪茶　侍女封緘結出花
斜押紫泥書勅字　內官分送大臣家

[감상]

스무 일곱 살!

살아서는 너무도 아픈 삶이었고, 그 아픈 삶은 너무도 짧았다. 그러나 213수의 시를 남겼다.

그녀는 죽기 전, 모든 작품들을 소각하라는 유언을 남겼다. 하지만, 허균이 일부를 보관하여 오늘날 전하는 것이 『허난설헌』이라는 시집이다.

임금이 대신들에게 선물로 보낼 건계차(建溪茶)를 궁녀가 붉은 비단보자기에 싸는 모습을 담은 시다.

시녀는 포장한 상자에 꽃모양으로 매듭을 하여 자줏빛 진흙으로 조서(詔書)를 봉하는 도장을 누른다. 임금이 내린다는 표시의 '칙(勅)'이라는 도장이다. 임금의 하사품이니 고급차라는 것을 짐작할 수가 있다.

건계차는 중국의 복건성 건계라는 강 일대에서 나는 차다. 이곳에서 명차가 많이 나온다.

맛이 쓰고 아주 독하지만 감칠맛이 뛰어나 누구든 함부로 차 맛을 논할 수 없을 정도라고 한다. 일단 한 번이라도 맛을 본 사람이면 그 맛을 기억할 정도라고 하니, 차 맛이 더욱 궁금하기만 하다.

청허휴정(淸虛休靜) 선사

한 잔의 춘설차(一椀春)

소나무에 바람 불 듯 전나무에 비 내리듯 끓기 시작하거든
지체 없이 구리 병을 죽로에 옮겨와
물 끓는 소리를 듣는 내 마음 고요해진 뒤에
한 잔의 춘설차 맛은 제호보다 뛰어나다.

一椀春
松風檜雨到來初　急引銅瓶移竹爐
待得聲聞俱寂後　一甌春雪勝醍醐

[감상]

보통 서산대사(淸虛休靜, 1520~1604)라 부른다.

자는 현응(玄應), 호는 청허(淸虛), 휴정은 법명이다. 묘향산에 오래 머물러 '묘향산인'으로 불리기도 한다.

맛있는 차를 즐기기 위해서는 좋은 물이 우선이다. 아무리 좋은 차가 있어도 물이 나쁘면 그 맛을 제대로 느낄 수가 없다.

『다신전』에는 '차는 물의 신(神)이요, 물은 차의 체(體)이니, 좋은 물이 아니면 그 신이 나타나지 않고 좋은 차가 아니면 그 본체를 볼 수 없다.'고 하였다.

'송풍회우(松風檜雨)'란 찻물이 끓어오르는 소리를 솔숲에 부는 바람과 잣나무에 떨어지는 빗방울 소리로 비유한 것이다. 물 끓는 소리만 가만히 듣고 있어도 마음이 가라앉고 맑은 바람 한 줄기가 가슴속을 지나가는 것 같다.

물이 끓으면 죽로차가 담긴 다관에 물을 붓고 우러나기를 기다린다. 차를 마시면 마음이 고요해진다. 고요함은 바로 선정의 경지다. 차를 마시는 모든 행위와 순간들이 그대로 선이다.

세상에서 가장 맛있다는 제호보다 뛰어나다는 표현은 바로 선열(禪悅)의 경지를 무엇으로도 비유할 수 없음을 말한 것이다.

청허휴정(清虛休靜) 선사

문득 읊다(偶吟)

소나무 평상에 산 비 내리는 소리
옆 사람은 떨어진 매화를 보며 시를 읊고 있네
한 바탕 봄꿈 끝나고 나니
시자가 차를 달여 오는구나.

偶吟
松榻鳴山雨　　傍人詠落梅
一場春夢罷　　侍者點茶來

[감상]

　서산대사는 임진왜란 때 승군을 이끌고 나라를 구하는데 큰 공을 세운 스님이다. 조선 불교 5백 여 년간 최고봉으로 꼽는다. 스님의 일상생활은 바로 선(禪)이었으며, 차 생활이었다. 스님에게 차와 선은 하나인 '다선일여(茶禪一如)'였다.

　'우음'이란 문득 떠오르는 생각을 읊는다는 뜻이다.
　떨어지는 매화꽃을 보고 인간 세상의 덧없음을 생각하게 하는 시다. 아무리 추워도 결코 향기를 팔지 않고 지조를 지킨다던 그 매화꽃도 비 지나고 나니 하르르 떨어져 내린다.
　세상에 영원한 것은 아무것도 없다. 일장춘몽이라던가! 시간이 지나면 흔적도 없이 사라져가는 봄밤의 꿈일 뿐이다.

　스님은 묘향산 원적암(圓寂庵)에서 설법을 마친 후, 자신의 영정(影幀)을 꺼내어 그 뒷면에 '80년 전에는 네가 나이더니 80년 후에는 내가 너로구나(八十年前渠是我 八十年後我是渠).'라는 게송을 남기고 가부좌한 채로 입적하였다. 입적한 뒤 21일 동안 방 안에서는 기이한 향기가 가득하였다고 한다.

정관일선(靜觀一禪) 선사

오래된 절(古寺)

봄이 한창인 날 옛 절을 찾아
바위 앞에서 차를 끓이니 저녁연기 피어오르네
숲 저쪽의 오래된 탑에는 사람의 손길 멀고
저물녘 흰 구름 속으로 까마귀가 날아드네.

古寺
客尋蕭寺正春天　煮茗岩前起夕煙
古塔隔林人不管　暮鴉飛入白雲邊

[감상]

조선 중기의 선승이다. 스님(1533~1608)은 청허휴정의 법맥을 이었는데, 사명유정과 함께 휴정의 4대 제자 중 한 사람이다.

스님은 평생 『법화경』을 부지런히 독송하였다. 모연금을 마련하여 경전의 출간과 유포에 큰 공을 남겼다.

『정관집』에는 64편의 시와 문장 13편이 수록되어 있다. 이 시도 그 중 한 편이다. 스님의 시에는 선 수행을 강조한 시가 많다. 그러나 차시도 여러 편 있다.

봄 깊은 날, 산속 바위 앞에서 차를 끓인다. 차 연기가 저녁 숲 속에 흩어진다. 사람의 발길 닿은 지 오래된 절터에, 오래된 탑 하나 덩그러니 서 있다. 탑 위에서 울어대는 까마귀 울음소리가 숲의 적막을 흔든다.

정관일선(靜觀一禪) 선사

대둔사에서(題大芚寺)

솔바람소리는 사람의 귀를 맑히고
시냇물 소리는 꿈결처럼 들린다
불공 하고 난 후에 차 한 잔 마시나니
바람과 달이 언제나 벗이라네.

題大芚寺
松韻淸人耳　　溪聲惹夢魂
齋餘茶一椀　　風月共朝昏

[감상]

　스님은 임진왜란 때 승려들이 의승군(義僧軍)으로 전쟁에 참여하는 것을 보고 승단의 장래를 깊이 걱정했다.
　참전은 승려의 본분이 아니라며 사명대사에게 관복을 벗고 승려의 본분으로 돌아오기를 간곡히 부탁할 정도였다. 오직 스님의 본분에는 한 치의 흐트러짐이 없었다.

　솔숲에서 바람 이는 소리를 송풍(松風)이라 한다. 깊은 산중에서 오직 들리는 것은 솔바람 소리와 시냇물 소리뿐이다. 가까이에서는 솔숲에서 이는 바람소리, 멀리서는 시냇물소리가 들린다. 마치 꿈결에서나 듣는 소리처럼 아득하게 느껴진다.
　불공을 드리고 난 후, 물소리 바람소리들을 귓결에 얹고 마시는 차는 청아하다. 거기에다 맑은 바람과 밝은 달은 언제나 나의 벗이 되어준다.
　스님들의 일상생활이나 차 생활은 간결하고 소박하다. 고요함 속에서 마시는 한 잔의 차는 선정의 세계에 든 것과 다름 아니다. 그 어떤 군더더기나 겉치레가 없다.

이 달(李達)

스님의 시축(詩軸)에 차운하여(次僧軸韻)

동자가 정화수를 길어와
돌산 샘물 맛을 자랑하네
잠시 화로에 불 지펴
향등 마주하고 앉아 홀로 차를 달이네.

次僧軸韻
童子持甁汲井華　石山泉味向人誇
須臾手撥爐中火　坐對香燈獨煮茶

[감상]

이 달(李達, 1539~1612)의 자는 익지(益之), 호는 손곡(蓀谷) 또는 동리(東里)·서담(西潭)이다.

서자(庶子)로 태어났으나 당시(唐詩)에 능하고, 한시(漢詩)를 모두 외워 '삼당시인(三唐詩人)으로 불렸다. 허균의 아버지 허엽과 친분이 두터워 그 인연으로 허균과 허난설헌을 가르쳤다.

그의 제자인 허균은 '신라 이래 당시를 지은 사람 중, 손곡을 따를 자가 없다.'고 했다. 석주(石州) 권필(權韠)도 '손곡의 시를 이백과 섞어놓으면 구분하기 힘들 정도'라 극찬했다.

그의 시에는 서정시도 많으나 임진왜란 전후의 고단한 삶을 살았던 당시 백성들이 아픔을 노래한 시가 많다.

문집으로 『손곡집(蓀谷集)』이 있다.

어느 스님이 시를 적은 두루마리를 보내왔다. 그 시를 읽고 나서 운을 붙인 시다. 아마 그 시 또한 차에 관한 내용이었던 것 같다.

찻물로 가장 좋은 것은 돌 틈에서 나는 석간수다. 동자가 첫 새벽에 길어온 맑고 깨끗한 물이다. 화로에 불을 지피고 정화수로 찻물을 끓이니 부처님의 말씀을 대하듯 몸과 마음이 정갈해지는 것 같다고 한다.

권 필(權韠)

눈 온 뒤의 흥취(雪後漫興)

간밤에는 추위가 대단하더니
저녁 찬바람은 어부의 도롱이도 말아 올리겠구나
눈 녹인 물로 찻물을 끓이니
저물녘, 온 산에 덮인 이 눈경치를 어찌 할거나.

雪後漫興
一夜寒威持地多　　晩來風力捲漁簑
强將雪水添茶鼎　　奈此千山暮景何

[감상]

  권 필(權韠, 1569~1612)의 호는 여장(汝章) 또는 석주(石洲)다.
  술과 시를 즐기며 자유분방한 일생을 살았다. 벼슬을 하지 않고 초야에 묻혀 글을 쓰며, 그의 명성을 듣고 찾아온 많은 유생들을 가르쳤다. 동몽교관으로 추천되었으나 끝내 하지 않았다.
  광해군의 비(妃) 류씨의 동생 등, 외척들의 방종을 비난하는 〈궁류시(宮柳詩)〉를 지었는데, 훗날 그가 지은 것이 발각되어 해남으로 유배되었다.
  문집으로 『석주집』과 한문소설 『주생전(周生傳)』이 전한다.

  이 시는 형조판서를 지낸 권명부(權明府, 1564~?)에 드리는 시로 알려져 있다.
  지난밤도 유난히 추웠는데, 오늘도 저물녘이 되니 바람이 드세다. 어부의 도롱이조차 휘감아 날릴 것 같은 바람이다.
  눈 녹인 물로 차를 끓이다 먼 산을 바라보니 온 산이 눈으로 덮여있다. 이런 황홀한 눈경치를 혼자 보기엔 정말 아깝다.
  시화에 뛰어난 권명부가 생각난 것이다.

충 휘(冲徽) 선사

안심사에 머무르며(遊安心寺)

밤비 개인 아침
꽃잎을 적시는 푸른 빛 안개
스님은 나그네를 붙잡으며
손수 차를 달이네.

遊安心寺
夜雨朝來歇　　靑霞濕落花
山僧留歸客　　手自煮新茶

[감상]

 충휘(?~1613) 스님은 이름난 선승(禪僧)으로 정관일선(靜觀一禪) 선사의 제자다. 시에 매우 능하였다. 호는 운곡(雲谷).
 당대의 문장가인 이안눌(李安訥)·이수광(李睟光)·장유(張維) 등과 교유하며 수많은 시를 지었다고 한다.
 해인사·백련사(白蓮社) 등지에 오래 있었다고 하나, 그에 대한 자세한 행적은 전해지지 않는다.
 저서로는 1633년에 발간된 『운곡집』 1권이 있다.

 밤새 내리던 비가 그치고 난 아침은 맑고 투명하기 그지없다. 비가 지나간 뒤의 꽃잎은 싱싱하다 못해 푸른빛 안개가 내려앉은 듯하다. 마치 한 폭의 그림을 펼쳐놓은 듯한 풍경이 그려진다.
 떠나려고 하니, 스님이 붙잡는다. 못내 아쉬움이 남았던 모양이다. 안심사의 스님은 다시 차를 끓이기 시작한다. 좀 더 같이 있고 싶은 마음의 표현이다.

부휴선수(浮休善修) 선사

암선백에게(巖禪白)

깊은 산 홀로 앉아 만사가 가벼우니
문 닫고 나날을 덧없음을 배우노라
한 평생 돌아보니 남은 것 하나 없고
한 사발 햇차와 경전 한 권 뿐이네.

巖禪白
獨坐深山萬事輕　掩關經日學無事
生涯點檢無與物　一椀新茶一卷經

[감상]

부휴선수(浮休善修, 1543~1615)선사의 법명은 선수(善修)이며, 법호는 부휴(浮休)다.

20세 때 출가한 뒤, 부용영관(芙蓉靈觀, 1485~1571)의 법을 이었다. 평생토록 물건 하나 지니지 않았고, 가진 것은 모두에게 나누어 주었다고 한다.

저서로는 『부휴당집』이 있다.

시에서도 표현했듯이, 지금 곁에 남아있는 것은 다구와 경전뿐이라고 했다. 일생을 철저한 수행자로 살아온 그의 면모가 그대로 드러난다.

깊은 산중에 홀로 앉아 나날이 깊은 선정에 들어 무생(無生)을 깨닫는 일, 그것만이 오직 수행자의 본분일 것이다.

지리산 칠불암에서 입적 시 남긴 스님의 임종게다.

'73년 동안 허깨비 바다에 노닐다가/ 오늘 아침 껍질을 벗고 처음으로 돌아가네/ 일체가 공적하여 원래 아무것도 없음이 확연하니/ 어찌 깨달음과 생사의 뿌리가 있겠는가.

부휴선수(浮休善修) 선사

산에 살면서 읊다(山居雜詠)

천지간을 우러러 보며
잠시나마 한 때의 나그네가 되어본다
밭을 일구어 차 모종을 심고
솥을 씻어 약을 달인다.

山居雜詠
俛仰天地間　暫爲一時客
穿林種新茶　洗鼎烹藥石

[감상]

  스님의 일생은 오직 수행과 교화였다. 필법도 매우 뛰어났다. 사명유정(四溟惟政, 154~1610)과 함께, 당대의 '이난(二難)'이라 칭송받았다. '이난(二難)'이라는 말은 누가 더 나은지 말할 수 없을 정도라고 하여 붙여진 이름이다.

  이 시에서도 역시 스님의 진면목이 그대로 드러난다. 차는 수행을 하는데 있어 없어서는 안 될 소중한 도반의 역할을 했을 것이다. 직접 밭을 일구어 차나무를 심고, 가꾸고 하는 일 또한 수행의 한 과정일 뿐, 특별한 일이라고 생각하지 않았다.
  마지막 행에 '솥을 씻고 약을 달인다'고 했지만, 실은 약이 아니라 차의 또 다른 표현일 것이다.
  차는 단순히 마시는 기호식품이 아니라, 병을 고치는 약으로도 소중히 여겼다는 기록이 수없이 많기 때문이다.

부휴선수(浮休善修) 선사

송운에게 부치다(寄松雲)

아침나절 들차 따고 저물면 땔감 줍고
또 산과일도 거두니 조금도 가난치는 않네
향 사르고 홀로 앉으니 다른 일 없어서
친한 벗을 만나 또 이야기를 나누고 싶어지네.

寄松雲
朝採林茶暮拾薪　又收山果不全貧
焚香獨坐無餘事　思與情人一話新

[감상]

이 시에서 송운은 우리가 흔히 알고 있는 사명대사를 말한다.

사명대사의 법명은 유정(惟政)이고, 호는 사명(四溟), 송운(松雲) 혹은 종봉(種峯)이다.

스님은 사명대사와는 각별한 정을 나누었다. 특히 임진왜란과 정유재란을 겪으면서 시대의 아픔을 함께 나눈 도반이다.

스님의 문집에는 200여 편의 시가 실려 있는데, 시 가운데 대부분이 지인들에게 주는 시나 차운(次韻, 남이 지은 시에 운자를 따서 시를 짓는 것)한 시가 많다.

이로 보아 스님의 평소 폭넓은 교유관계를 알 수 있다.

시에서 보듯 스님의 담담하고 소박한 일상이 그대로 드러난다. 아침나절에는 차 따고 오후에는 산으로 가 땔감을 마련한다. 거기다 산에서 나는 과일까지 조금 수확하다보니 어느 듯 하루해가 저물었다.

향 하나를 사루고 홀로 앉으니, 그대 송운대사가 생각난다. 함께 차를 마시며 또 이야기를 나누고 싶어진다.

허 균(許筠)

소자정이 화답한 운으로 적어 보내다(書懷用答邵資政韻)

물러나고 싶어도 성은을 생각하여 해마다 미루어오다가
쇠약해진 이 나이에 귀양 오게 될 줄은 누가 알았겠나
원수들이 꾸며 멋대로 비방해도 내버려두자
마음에 상처 있지만 나를 아는 사람들은 너그럽게 받아들이리라.

봄 지난 나무와 꽃들은 눈병을 낫게 해주고
비 개이고 나니 산새들은 조용히 잠자는 듯 하네
차를 달여 소갈증이나 낫게 하고 싶지만
첫째로 친다는 우통수를 어찌 구할 수 있으랴.

書懷用答邵資政韻
欲退啣思歲屢延　誰知遷謫在衰年
訪讒自任仇人造　心跡纔容我輩寬
春後林花揩病眼　雨餘山鳥喚幽眠
茶甌瀹茗蠲消渴　安得于筒第一泉

[감상]

조선 전기 최고의 시인이 김시습이라면 중기 최고의 시인은 단연 허균(1569~1618)이다. 아홉 살 때 이미 시를 지었다 한다. 명나라 사신을 3번이나 다녀온 외교전문가다. 역사의 해박한 지식과 문장에는 따를 사람이 없을 정도였다. 하지만 일생은 누님 허난설헌과 마찬가지로 불우했다.

몇 번이나 벼슬길에 올랐지만 번번이 주변사람들의 탄핵과 상소로 쫓겨났다. 당시는 성리학을 떠받들던 시절이었는데 불교를 가까이 하고 서인(庶人)들과 가까이 한다는 것이 그 이유였다. 그 후 전라도에 유배되어 은거하면서 이 시를 지었다. 억울하고 참담한 심정이 시에 담겨있다.

차의 맛은 결국 물맛이다. 좋은 물에 좋은 차 맛이 난다는 것을 그도 알고 있다. 우리나라에서 첫째로 친다는 오대산 우통수로 차를 끓여 마시면 이 답답한 심정도 좀 나아질 듯 싶다. 그런데 몸은 멀리 전라도 땅에 있으니, 그 물을 어찌 구할 수 있겠는가 하고 넋두리처럼 읊어보는 것이다.

허 균(許筠)

누실명(陋室銘)

손바닥만 한 작은 방에 남으로 문을 두 개 내니
낮에는 볕이 쪼여 맑고 따뜻하네
비록 집이라지만 벽만 서 있고 사방에 책만 흩어져 있다네
쇠코잠방이를 걸친 탁문군(卓文君)의 짝이 되어
반 사발의 차를 마시고 향 한 자루 피운다네
한가롭게 묻혀 살면서 세상이치와 옛과 지금을 생각하네
남들은 누추한 곳에 어떻게 사느냐고 묻지만
내게는 맑은 신선의 삶이라네
마음과 몸이 편안한데 누가 누추하다고 하는가
내가 누추하다고 하는 곳은 몸과 이름이 함께 썩은 것이거늘
원헌(原憲)은 띠집에 살았고, 도잠(陶潛)도 흙담집에 살았다네
군자가 사는 곳에 어찌 누추함이 있으랴.

陋室銘
房闊十笏南開二戶　午日來烘旣明且煦　家雖立壁書則四部
餘一犢鼻唯文君伍　酌茶半甌燒香一炷　偃仰棲遲乾坤今古
人謂陋室陋不可處　我則視之淸都玉府　心安身便孰謂之陋
吾所陋者身名竝朽　廬也編蓬潛亦環堵　君子居之何陋之有

[감상]

 누실명은 허균의 대표적인 시로 알려져 있다.
 이 시로 보면 그는 중국의 도연명(陶淵明)처럼 '귀거래사'를 읊으면서 자연과 더불어 전원생활을 즐기면서 사는 것 같다. 그렇지만 그의 일생과 연관 지어 보면 참으로 가슴 아리게 하는 시다.

 '장자(莊子)'에 나오는 원헌(原憲)처럼 띠풀로 엮은 집인들 어떠랴. 작지만 볕 잘 들어오는 창이 있고, 책이 있다. 향 한 개비 피우면 마음도 고요히 가라앉는다. 그 곁에 또한 차가 있으니 더 무엇을 바라겠는가. 마음 편히 사는 것이 곧 신선의 삶이라 했다.

 벼슬길에 나아가 온갖 피비린내 나는 일을 수도 없이 당했던 그다. 예나 지금이나 마찬가지지만 권력의 주변에는 항상 암투와 시기 질투가 거미줄처럼 얽혀있다. 자칫 그 거미줄에 잘못 걸려드는 날에는 이미 파리 목숨과 다름없을 것이다.
 그의 마지막 모습은 처참했다. 1618년(광해군 10) 8월 남대문에 격문이 나붙었는데 그의 심복 현응민이 붙인 걸로 알려졌다. 그러나 그 격문이 허균과 역적모의를 했다하여 동료들과 함께 저자거리에서 능지처참을 당했다.

허 균(許筠)

용단차(龍團茶)

용단을 잘게 쪼개 달이나니
그 맛은 밀운도 저리 가라 하네
목이 말라 거듭 일곱 잔을 마시니
답답함을 없애주는 것이 제호보다 낫도다.

龍團茶
新劈龍團粟粒鋪　　品佳能似密雲無
消渴能呑七椀無　　屛除煩痞勝醍醐

[감상]

  용단차는 송나라 때, 용단(龍團)·봉단(鳳團)에서 유래되었다. 용단차와 봉단차는 발효차로 떡차 형태로 되어있다.

  복건성 일대서 생산되며 우리나라에는 고려 때 수입되었다. 그 후 조선시대 서거정·매월당·추사·범해각안스님 등의 시에 보면 '용단차'라는 단어가 나온다.

  차의 포장지에 용이나 봉황문양이 그려져 있는 것은 황제나 임금을 뜻한다. 용단차나 봉황차는 왕실이나 궁중에서만 마셨다.

  그의 일생은 벼슬에 나아갈 때마다 탄핵받고 파직 당함의 연속이었다. 심지어는 불교를 믿고 참선과 염불을 한다는 상소가 들어가 탄핵받고 파직당한 것도 그 하나다. 그러나 선조는 그를 아끼고 곁에 두었다. 사간원 사헌부의 탄핵이 계속되자 1607년 물러났다.

  기구한 일생을 살다보니 그는 사람이 무서웠고 세상이 두려웠을 것이다. 세상 아무리 달콤한 것도, 천하제일이라는 제호의 맛도 그의 응어리진 가슴을 풀어 줄 수는 없었을 것이다. 오직 한 잔의 차에 기대어 스스로 마음을 다독거리고 쓰다듬었을 것이다.

허 균(許筠)

조용한 반나절

바람은 활짝 핀 꽃을 어루만지고
새소리와 어우러지네
검은 대숲에 비 내리니
푸른 차 연기가 젖는구나
조용한 반나절을 맑은 마음으로 보내니
평지에도 신선 있음을 이제야 알겠구려.

[감상]

　사서육경과 고전에는 막힘이 없는 그였다. 글재주와 깊은 학식은 따를 사람이 없었다. 너무 뛰어나다 보니 늘 사람들로부터 경계(?)의 대상이 되었던 것일까. 아니면 그의 인간적인 면모의 부정적 평가였을까. 다섯 번의 벼슬길과 다섯 번의 파직으로 그의 삶은 파란만장으로 얽히고설킴의 연속이었다.
　그의 생애를 생각해보면 그의 시 한 편 한 편이 예사롭게 생각되지가 않는다. 누더기처럼 너덜거린 49년이란 짧은 생애도 그랬지만 그의 죽음 이후 아들도 연좌제에 걸려 죽임을 당했다. 아버지 허엽의 묘소 또한 부관참시 당하는 수모를 겪었다.

　편안한 마음으로 차 달이는 연기를 바라보며 보내는 반나절이 마냥 신선처럼 느껴진다고 했다.
　신선은 저 멀리 하늘나라에만 있는 것이 아니다. 꽃이 피어있고, 새가 울고, 바람이 살랑거리는 바로 이곳, 내 마음 편한 지금인지도 모른다.
　그는 훗날 자신에게 닥쳐올 비극을 예감했는지 죽기 4년 전에 이미 문집을 완벽하게 정리했다.

허 균(許筠)

손님을 물리치고 홀로 앉아 북정초객(北亭招客)의 운을 쓰다(撝客獨坐用北亭招客韻)

경책이나 다로(茶爐)는 말없이 고요하니
신선의 집에 와 있는 듯이 쓸쓸하네
섬돌에 찾아온 따슨 햇살 매화꽃을 비추고
창을 두드리는 실바람 버들 꽃을 흩트리네.

글쓰기를 그만 두었더니 벼루가 말라 버린 지도 오래
그을린 화로가 달았으니 용차의 맛을 보노라
외진 곳에 살아 찾아오는 이 없다는 말 하지 마소
산에는 산 벌 있어 하루 두 번씩 드나드네.

撝客獨坐用北亭招客韻
經卷爐香寂不譁　蕭然如在羽人家
當階暖日烘梅蕊　撲戶輕颸墮柳花
節瓦久乾抛兎翰　焦坑方熱試龍茶
休言地僻無來往　自有山蜂趁兩衙

[감상]

　유배지의 적적한 풍경이 그려진다. 편지나 글쓰기도 그만 두었으니 먹물은 말라버린 지 오래다. 더구나 찾아오는 사람조차 없으니, 이미 세상과의 인연은 끊어진 듯하다.
　따사로운 햇살이 비추고, 바람은 버들꽃잎을 데려온다고 하는 걸 보아 어느 봄날 인듯 하다.
　벌들이 잉잉거리며 내 주변을 날아다닌다. 마치 나를 만나러 온 것 같아 외롭지 않다. 중상과 모략이 난무하는 인간 세상에 대해서는 더 이상 기대나 바람이 없다. 비록 지금은 외로울지언정 차라리 마음은 고요하고 평화롭다.

　오래된 화로는 불에 그을려 시커멓다. 물이 끓어오르니 용단차를 마셔야겠다. 평생 그의 울분을 다스려 준 것은 사람이 아니라 오직 차뿐이었는지도 모른다. 그런 차가 지금 내 곁에 있으니 아무것도 부럽지 않다.
　그의 시는 미사여구나 재주를 부리지 않는, 품격이 높고 시어가 정교하다는 평을 받는다.

이수광(李睟光)

한거(閑居)

종일 닫힌 문에는 찾는 이 없고
은자의 삶은 단출하여 출가한 스님인 듯 하네
술잔 기울이고 시 읊으면 수심 없어지고
아플 때 차 마시면 잠마저 달아나네.

산속의 부귀는 산나물이 금은이요
길가의 풍류는 꽃이 기생인 듯
숲에 노을 질 때 돌아와
아이 불러 물 길어 햇차를 맛본다네.

[감상]

 이수광(李晬光, 1563~1628)은 경기도 장단에서 태어났다. 자는 윤경(潤卿), 호는 지봉(芝峯)이다.

 조선 중기의 문신, 성리학자, 실학자, 외교관, 저술가이다. 홍문관 등의 요직을 거쳐 이조판서에까지 이르렀다. 그는 당쟁에 치우침이 없었고 권력에 아첨하지 않고 벼슬을 탐하지도 않았다.

 제목은 한거(閑居)지만 실은 은거(隱居)하는 듯한 시다. 사람과의 왕래가 거의 없는, 워낙 단출한 생활이라 마치 출가한 스님의 삶과 다름없다고 했다.

 산 속 생활에서 산나물은 없어서는 안 될 먹거리다. 길가에 핀 꽃들이 기생과 즐기는 풍류보다 아름답다고 했다.

 하루를 보내고, 해질녘이면 집에서 마시는 차 한 잔의 즐거움이 유일한 벗이 되어준다.

이수광(李睟光)

실제(失題)

꿈에서 깨어나니 하늘엔 외기러기
아픈 몸 찬 기운이 세월을 느끼게 하네
가을바람은 언제나 오동잎을 날리고
옥 같은 이슬은 소리 없이 계화(桂花)를 적시네.

사람들과는 운수에 가린 듯 아득한 가을
달빛 아래 집집마다 다듬이 소리
이 가을 내 마음 한없이 스산하여
한가롭게 창가에서 차를 달이네.

[감상]

그는 몇 개 국어에 능했고, 한학과 고전, 문학에도 뛰어났다. 아들 이민구(李敏求)와 차를 즐기면서 많은 차시를 남겼다. 많은 저서 중에는 잘 알려진 『지봉유설(芝峰類說)』이 있다.

그는 계축옥사(癸丑獄事, 1613)가 일어나자 모든 관직을 버리고 비우당(庇雨堂)에 은거하며 두문불출했다.

비우당은 비만 오면 물이 새는 초가집이란 뜻이다. 지금의 서울 동대문구 창신동에 있는 집이다. 유년시절 그는 외가가 있던 이곳에서 살았다.

어린 시절을 보낸 이곳으로 다시 들어와 은거의 삶에 들어갔다. 사람과의 왕래가 드물다보니 세상 소식도 점점 멀어졌다. 짝 잃은 기러기는 하늘가에 떠 있고, 오동잎은 바람에 흩날린다.

가을날의 쓸쓸함을 달래보려 창가에 앉아서 차를 끓이는 시다.

신 흠(申欽)

실제(失題)

자욱하게 덮인 서리는 누에고치 같고
쌀쌀한 바람은 칼처럼 매섭네
차 솥을 땅 화로에 걸어두고
바위의 눈과 얼음을 섞어 차를 끓이네.

[감상]

　신흠(申欽, 1566~1628)의 자는 경숙(敬叔), 호는 상촌(象村)·현헌(玄軒)·방옹(放翁)이다.
　지금의 경기도 남양주·양주·광주(퇴촌) 일대는 이름난 차인들이 많았다. 그중 가장 알려진 차인으로 신흠과 지봉(芝峯) 이수광(李睟光, 1563~1628)이다.
　신흠은 송강(松江) 정철(鄭澈, 1536~1593)·노계(蘆溪) 박인로(朴仁老, 1561~1642)·고산(孤山) 윤선도(尹善道, 1587~1671)와 더불어 조선 4대 문장가로 꼽힌다. 그는 문장뿐 아니라 제자백가·음양학·잡학·주역에도 뛰어났으며, 차시도 많이 남겼다.

　아침에 일어나 보니 서리가 하얗게 내렸다. 추위에 사물들이 누에고치처럼 웅크리고 있다.
　차를 마시기 위해서 가장 먼저 하는 일은 화로의 불씨를 살려 차솥을 올리는 일이다. 칼바람에 샘물도 얼어붙어 눈과 얼음을 섞어 차를 끓인다.

　다음은 신흠의 또 다른 차시다.
　'등잔 아래에서 바둑을 두고/ 눈 녹인 물에 차를 끓이네/ 손님이 떠난 뒤 마음잡지 못하는데/ 소나무 사이로 물 먹은 달이 비치네.'

신흠(申欽)

실제(失題)

처마에 비 듣는 소리 아직도 남았는데
10월의 추위는 그래도 견딜 만 하네
오리 모양 향로에선 용연향(龍涎香) 피어나고
풍로의 찻물은 게눈처럼 끓는다네.

[감상]

　신흠은 선조로부터 뛰어난 문장력을 인정받아 외교문서의 작성, 시문의 정리, 각종 의례문서의 제작에 참여했다. 인목대비의 폐비 사건(1616년)으로 춘천에 유배되었다가 1621년 사면되었다.
　이 시기에 문학을 비롯한 학문의 체계가 심화되어『청창연담(晴窓軟談)』·『구정록(求正錄)』·『야언(野言)』등을 썼다.
　63권 22책 분량의 방대한『상촌집』을 남겼다.

　신흠으로부터 장남 신익성(申翊聖, 1588~1644)-신익전(申翊全, 1605~1660)-신정(申晸, 1628~1687)으로 이어지는 차의 명문가다.
　늦가을에 내리는 비는 유독 스산함을 느끼게 한다. 으슬으슬 몸과 마음을 파고드는 이때쯤의 한기는 한겨울 추위보다 더 견디기 힘들다.
　방안 향로에선 용연향의 은은함이 피어오르고, 화로에선 찻물이 끓기 시작한다. 보글보글 끓어오르는 모양이 게가 토해내는 물방울 같다.
　용연향은 수컷 향유고래의 소화기관에서 추출한 향이다. 갓 만들었을 땐 고약한 냄새가 나지만 오래 숙성되면서 은은한 향내를 낸다.

김상용(金尙容)

눈 녹은 물로 차를 끓이며(至月雪水煎茶)

동자가 눈 맞으며 샘물 새로 길어서
돌솥의 활화로에 용단을 달이네
솔바람 소리 내며 향기 피어 뜰에 가득하고
한 사발의 산뜻한 풍취가 신선되어 오르는 듯.

[감상]

　김상용(金尙容, 1561~1637)은 서울출신이다. 자는 경택(景擇), 호는 선원(仙源)·풍계(楓溪)·계옹(溪翁). 시호는 문충(文忠)이다.
　임진왜란 때 공을 세우고, 형조판서를 지냈다. 아주 강골이었다.
　병자호란(1636) 때 빈궁·원손을 수행하여 강화도에 피난하였다가 성이 함락되자 성의 남문루(南門樓)에 있던 화약에 불을 지르고 자폭하였다.
　시와 글씨에 뛰어났다. 문집으로 『선원유고』 7권이 전한다.

　지월(至月)은 동짓달을 말한다. 눈이 내리자 동자가 눈을 담아왔다. 화로위의 돌솥에 눈을 담고 찻물을 끓인다. 용단차(龍團茶)를 마시기 위해서다.
　용단차는 '용단승설(龍團勝雪)'이라고도 하는데, 700여 년 전 송나라 황실 진상차라는 기록이 있다. 그만큼 귀한 차다. 단차(團茶) 형태로 표면에 용의 형상을 새기고 옆면에는 해서체로 '승설(勝雪)'이란 두 글자가 찍혀 있다는 것이다.
　물이 끓는 소리는 마치 솔바람이 부는 소리 같다. 은은하게 퍼지는 차향을 맡으니 몸은 이미 신선이라도 된 듯 황홀하다.

이안눌(李安訥)

실제(失題)

푸른 하늘 깨끗한 냇물로 씻은 것 같은데
황혼에 어렵게 옛 누각에 오르네
시골 스님들 세속의 벗 보이는데
중추의 강에서 둥근 달 떠오르네.

시를 지어 화답하니 새들이 놀라 날고
차를 마시며 감상하니 북두가 기울었네
홀연히 옛 음산의 시구가 생각나서
이 몸 임금님의 은혜에 감격했네.

[감상]

이안눌(李安訥, 1571~1637)은 서울 출신이다.

자는 자민(子敏), 호는 동악(東岳). 증조할아버지는 용재 이 행(李荇)이며, 이 식(李植)은 오촌 조카이다.

시문과 글씨에 뛰어났다. 특히 당시(唐詩)에 뛰어나 이태백(李太白)에 비유되었다.

얼마나 맑은 하늘이었기에 마치 물로 씻은 듯 하다고 했다. 해질녘, 스님들과 누각에 올랐다. 시를 지어 서로 화답하며 차를 마시다보니 어느덧 밤이 깊었다. 그는 평소에도 여러 스님들과 시문으로 화답하기를 좋아했다.

여기서 임금은 인조를 말하는 것 같다. 그는 효행이 뛰어났을 뿐 아니라 인조 때 청백리에 뽑혔다. 병자호란(1636년)이 일어나자 그는 병든 몸임에도 불구하고 임금을 모시고 남한산성으로 피난을 갔다. 그 이듬해 세상을 떠났다.

이안눌(李安訥)

실제(失題)

맑고 푸른 구름 머무르는 숲에
아직 단약(丹藥)만드는 솥이 있네
원하건대 내 선적(仙跡)을 따라가
향기로운 차 마시며 숲에서 살고 싶네
낚싯배에 비 지나니 온 섬은 꽃밭이고
차 화로에 연기 이니 달빛 창에 비치네.

[감상]

  그는 평생을 오직 문학에 뜻을 두고 시 짓는 일에 주력하였다. 4천 4백여 수나 되는 방대한 시를 남겼다. 작품창작에는 매우 신중해서 일자일구(一字一句)에 정성을 쏟았다고 한다.
  그의 시는 절실한 주제를 기발한 시상으로 표현한 점에서 높이 평가된다. 두보(杜甫)의 시를 만 번이나 읽었다고 한다.

  높은 관직에 오른 사람을 보면 마치 나무 끝에 매달린 것처럼 위태롭게 느껴질 때가 있다. 오르면 오를수록 주변사람들의 비방과 모함은 예나 지금이나 조금도 다르지 않다. 그도 이괄(李适)의 난에 방관하였다는 이유로 귀양을 갔다.
  저서로는 26권의 『동악집』이 있다.

  비 지나가니 숲은 한층 더 푸르름이 더해졌다. 맑은 하늘을 흘러가던 흰 구름도 푸른 숲에서 머문다. 마치 신선이 노니는 그 어디쯤처럼 느껴진다. 만약 이런 곳이 있다면 나 또한 신선이 되어 향기로운 차 마시면서 푸른 숲에서 살고 싶다고 한다.
  시에 나오는 단약(丹藥)은 선단(仙丹)이라고도 한다. 선단은 '신선이 만든다고 하는 장생불사의 영약'이다. 좋고 귀한 차의 또 다른 표현이다.

장 유(張維)

차운하여 조숙온에게 수답하다(次韻酬趙叔溫)

차 한 잔에 졸음 귀신 완전히 항복받고
산들바람 북창 가에 두건 쓰고 앉았노라
장유가 어떻게 궁정에 머물 수 있으리요
계응처럼 오강에서 늙고 싶어라.

헛된 이름은 천 수의 시에 남았을 뿐
작은 봉급으론 술 한 병 사기도 힘드네
손님 돌아간 뒤에 바둑판 치우고서
처마에 쌍으로 날아드는 제비 새끼 쳐다본다.

次韻酬趙叔溫
茶甌贏得睡魔降　白帢風輕坐北窓
長孺豈堪留禁闥　季鷹眞欲老吳江
虛名漫有詩千首　薄俸難供酒一缸
歛却殘棋客散後　閑看乳燕入簷雙

[감상]

장 유(張維, 1587~1638)는 조선 중기의 문인으로, 자는 지국(持國), 호는 계곡(谿谷) 또는 묵소(默所)다.

효종의 비(妃) 인선왕후(仁宣王后)의 아버지다. 천문·지리·의술·병서 등, 여러 학문에 능통했고 서화와 문장이 뛰어났다. 1623년 인조반정에 가담한 공으로 대사헌을 지냈다.

송시열은 "문장이 뛰어나고 의리가 있어 그와 비교할 만한 이가 없다"고 할 정도로 칭송했다.

셋째 행에 나오는 장유(長孺)는 한(漢) 나라 급암(汲黯)의 자(字)다. 무제(武帝)가 대하기를 꺼릴 정도로 그는 직간(直諫)하기로 유명한 인물이다.

넷째 행의 계응(季鷹)은 진(晉) 나라 장한(張翰)의 자(字)다. 낙양(洛陽)에 들어와서 벼슬을 하다가 가을바람이 이는 것을 보고 고향인 오중(吳中)의 순채국과 농어회가 생각나자 곧바로 벼슬을 그만두고 고향으로 돌아갔다는 고사가 있다.

차를 마시고 나니 잠은 이미 달아났다. 산들바람 부는 창가에 앉아 긴 생각에 젖어든다. 벼슬이란 자리는 아무리 오른다 해도 그 한계가 있다. 지나고 보면 한갓 헛된 이름에 불과할 뿐, 결국 무엇이 남겠는가. 그러나 사람이 남긴 문장은 훗날까지 남아 그를 기억하게 될 것이다.

이제는 고향으로 돌아가 여생을 잘 마무리하고 싶다는 심정이 담겨있는 시다.

편양언기(鞭洋彦機) 선사

산에 살며(山居)

통성암에 머문 뒤로는
그윽한 일들이 날마다 일어나네
밭을 만들어 향기로운 차나무를 옮겨 심고
정자를 만들어 먼 산을 바라보네.

맑은 날은 창가에서 경전을 보고
밤에는 평상에서 선정에 드네
번화한 세상의 사람들이
속세를 떠난 이 한가로움을 어찌 알겠는가.

山居
自栖通性後　幽事日相干
造圃移芳茗　開亭望遠山
晴窓看貝葉　夜榻究禪關
世上繁華子　安如物外閑

[감상]

편양언기(鞭洋彦機, 1581~1644) 스님은 경기도 안성 죽산(竹山)에서 태어났으며, 11세에 출가했다.

묘향산의 서산휴정(西山休靜)선사의 문하에서 교학과 선 수행을 한 이후 휴정의 법(法)을 이어받았다.

스님의 시문(詩文)이나 선교(禪敎)에 대한 법문은 간결하고 쉬워 명성을 떨쳤다.

저서로는 『편양당집』 2권을 남겼다.

차시라기보다는 선시다. 자그마한 밭을 만들어 차나무 싹을 옮겨 심었다. 나무가 자라 그 잎으로 만든 차의 향기로움을 생각하니 마음이 넉넉해진다.

정자에 앉아 먼 산을 바라보며 차를 마시고, 때로는 볕이 흘러드는 창가에서 경전을 보다가 밤이면 선정에 든다. 지극히 평범해 보이는 스님들의 일상이다. 그렇지만 평범함 속에 비범함이 있다고 했던가.

쉬운 일인 것 같지만 아무나 할 수 없는 일이기 때문이다. 이런 생활의 넉넉함을 어지러운 속세의 사람들이 어찌 알겠는가.

편양언기(鞭洋彦機) 선사

법륜 총섭의 운을 이어(次法輪摠攝韻)

새해가 되니 귓밑머리 더 쇠어진 걸 나도 모르다가
변방에서 온 스님을 만나 크게 웃었네
마음을 다해 끓인 산차 서너 댓 잔 권하노니
봄바람은 예나 지금이나 그대론데 새벽 창이 차갑네.

次法輪摠攝韻
新年不覺添衰鬢　關塞逢師强破顔
勸盡山茶三五椀　春風依舊曉窓寒

[감상]

편양언기 대사는 1592년 금강산 유점사로 출가했다.

19세에 이미 깨달음을 얻어 평안도의 어느 목장에서 양치기 생활을 하며 지냈다. 양을 돌본다는 뜻의 '편양(鞭羊)'이라는 법호도 이 무렵 생겼다.

1644년 묘향산 내원암(內院庵)에서 세수 64세, 법랍 53세로 입적하였다. 내원암은 스승인 서산 대사가 입적한 곳이다.

하나 둘 눈에 띄던 귀 밑 흰머리가 어느새 이렇게 늘어난 줄 몰랐다. 해가 바뀌니 더 하얘졌다. 이왕 늘어난 흰머리야 어쩔 수 없지만, 멀리서 찾아온 스님이 더 반갑다. 혼자 지내다 보니 웃을 일도 없는데 모처럼 크게 웃었다.

오랜만에 마주 앉아 차를 마시다 보니 자꾸 마시게 된다. 몸은 멀리 있어 자주 만나지 못하지만, 서로를 생각하는 마음은 조금도 변함이 없다고 한다.

살랑대며 불어오는 봄바람이 예나 지금이나 다름없듯이, 변함없는 두 사람의 우정을 봄바람으로 비유하고 있다.

모처럼 만났으니 할 얘기도 많았으리라. 봄이라고는 하지만 새벽녘 바람결은 아직 차다.

신익성(申翊聖)

시골 살이 여러 흥취(村居雜興)

베갯머리에 푸른 하늘 펼쳐졌고
몸에는 밝은 햇살 비추어주네
봄 새는 안개 너머서 지저귀고
들판의 푸성귀들은 눈 속에서 싹 트네.

마음 밖의 대상은 무엇이 어찌 되는지
그윽한 곳에 사는 것 자랑스럽고 족하다네
몇 잔 술에 조금 취하고
목마르면 햇차로 목을 축인다네.

村居雜興
枕上靑天近　身邊白日斜
春禽煙外語　野蔌雪中芽
外物那爲累　幽居此足誇
數杯成小醉　沃渴瀉新茶

[감상]

　신익성(申翊聖, 1588~1644)의 자는 군석(君奭), 호는 낙전당(樂全堂)·동회거사(東淮居士)다. 시호는 문충(文忠).
　아버지는 영의정 신흠(申欽)이다. 선조의 딸 정숙옹주(貞淑翁主)와 혼인하여 동양위(東陽尉)에 봉해졌다.
　문장·시·서에 뛰어났으며, 김상용(金尙容, 1561~1637)과 함께 전서(篆書)의 대가였다. 글씨로는 '청허당휴정대사비(淸虛堂休靜大師碑)'·경기도 광주(廣州)의 '영창대군비(永昌大君碑)'·파주의 '율곡이이비(栗谷李珥碑)' 등이 있다.

　밝은 햇살이 방안 가득 흘러드는 초봄!
　군데군데 잔설 속에서도 뾰족 뾰족 봄풀들이 돋아나고 있다. 사방은 안개로 자욱한데 새들도 봄을 지저귄다. 겨우내 웅크리고 있던 사물들이 기지개를 켜며 봄 맞을 채비로 분주한데, 내 마음은 한가롭기 그지없다.
　한적한 시골에서 살다 보니, 지금까지 미처 느끼지 못했던 흥취들이 찾아든다. 몸과 마음에도 그만큼 여유가 생겼다는 뜻이리라.
　몇 잔의 술에 약간의 취기까지 오르니 괜히 기분이 좋아진다. 거기다 차가 있으니 더 부러울 것이 없다.

신익성(申翊聖)

실제(失題)

높은 벼슬은 근심이 끝없으니
늦었지만 농사짓고 누에치려 하네
우경(牛經)과 다보(茶譜)를 읽으면서
편안히 시와 글씨를 일로 삼으려 하네.

[감상]

신흠의 아들이다.

여러 번 유배생활을 하기도 했으나 옳은 일에는 조금도 굴하지 않았다. 말년에는 시와 글씨로 세월을 보냈다.

저서로는 『낙전당집(樂全堂集)』·『청백당일기(靑白堂日記)』·『낙전당귀전록(樂全堂歸田錄)』 등이 있다.

위의 시에서도 그의 성품이 잘 드러나 있다. 높은 자리에 오르면 오를수록 경계의 벽은 높아지고 적(敵)은 많아진다. 다 내려놓고 전원으로 돌아가서 조용히 살고 싶은 심경을 담고 있다.

텃밭을 가꾸고 누에도 치면서 그간 가까이하지 못했던 경전과 차에 관한 책을 읽고 싶다고 했다. 시와 글씨도 마찬가지다. 마음이 편안해야 좋은 글, 좋은 글씨가 나오기 때문이다.

그의 차시 또 한 편을 엿본다.

찬 구름이 들에 내리니 저녁바람 쌀쌀하고
골목은 적요한데 새소리는 어지럽네
지병을 구실로 차 화로에 불 지피니
시상(詩想)은 섣달의 매화처럼 맑게 차오르네.

이명한(李明漢)

야과낙전(夜過樂全)

은하수 처음 돌고 북두가 기울어지니
등불 밝힌 그윽한 방엔 웃고 얘기하는 소리
햇 찻사발 손으로 감싸니 추위 좀 가시는데
좋은 손님 못 가게 차를 또 권한다네.

[감상]

　이명한(李明漢, 1595~1645)은 경기도 가평 출신이다. 자는 천장(天章), 호는 백주(白洲).
　평생 덕행을 강조했으며, 대제학과 이조판서 등을 지냈다. 아버지 이정구를 비롯, 그의 아들 이일상(李一相)과 더불어 삼대가 대제학을 지냈다. 시와 글씨에 뛰어났다.
　병자호란 때, 청나라에 항복을 반대하다가 낙전당(樂全堂) 신익성과 함께 다섯 명이 심양에 볼모로 잡혀가 고초를 당하기도 했다. 어떠한 어려움에도 자신보다는 남을 위해 앞장섰고, 말보다는 행동으로 실천했던 인물이다. 저서에 『백주집』 20권이 있다.

　좋은 사람과 차를 마시며 이런저런 얘기들을 하다 보니 밤이 깊은 줄도 몰랐다. 햇차의 맛과 향기를 좋은 사람과 나누고 싶었던 것이다.
　새벽녘이 되니 기온은 점점 떨어지는데…, 헤어지기 싫은 마음에 자꾸 차를 권한다. 그나마 찻사발의 온기가 있어 추위가 좀 가신다는 핑계를 대면서 말이다.
　시의 제목으로 보아 함께 차를 마시며 밤을 새운 사람은 신익성인 듯 하다. 그의 호가 낙전(樂全)이다. 더구나 함께 고초를 겪은 사람의 처지를 누구보다 잘 알고 있을 터이니 말이다.

이 식(李植)

실제(失題)

한낮의 그늘 드리운 붉은 대문에
늦게 핀 꽃 헤치며 어린 제비 들락날락
홀연히 부엌에서 불 지피는 소리 듣고
물 길어다 햇차 달이라 재촉했네.

[감상]

　이 식(李植, 1584~1647)은 이행의 손자다. 자는 여고(汝固), 호는 택당(澤堂)·남궁외사(南宮外史)·택구거사(澤癯居士).
　조선시대 대사헌·형조판서·예조판서 등을 역임한 문신이다.
　관직에 있으면서 여러 차례의 좌천과 관직삭탈을 당했다.
　정계은퇴 후 경기도 양평 지평면으로 낙향, 택풍당(澤風堂)을 짓고 오직 학문에만 전념했다. 관직에 나오라는 여러 차례의 명을 받았으나 이를 거부했다. 그래서 왕명을 어겼다는 죄로 유배되기도 했다.

　봄볕이 대문에 그늘을 드리웠다. 굳게 닫힌 대문 사이를 어린 제비만 들락날락할 뿐, 적막이 감도는 한낮이다.
　홀연히 부엌에서 불 지피는 소리가 들린다. 그 소리를 들으니 어서 찻물을 올리라는 재촉의 소리로 들린다.

이 식(李植)

실제(失題)

햇차 한 잔에 모든 근심 씻어내니
어젯밤에 꿈꾼 동강이 유유히 흘러가네
양 언덕에 복사꽃 비친 봄 강물 넘쳐흐르고
풍로와 죽연(竹碾)은 돌아가는 배에 기대어 있네.

[감상]

이 식은 문장이 뛰어나 신흠(申欽)·이정구(李廷龜)·장유(張維)와 함께 한문사대가로 꼽힌다. 그의 문하에서 많은 문인과 학자가 배출되었다.

많은 작품을 남겼는데, 문집으로는 『택당집』이 있다.

그의 시는 대체로 정경의 묘사가 뛰어나고, 있는 그대로의 풍광을 읊은 시가 많다. 문장은 우리나라의 정통적인 고문으로 높이 평가받는다.

시호는 문정(文靖)이다. 1686년 영의정에 추증됐다.

봄이 되니 얼음도 풀리고 강물도 불어났다. 강 언덕에 핀 복사꽃 그림자가 양쪽에서 드리워 절경을 이루는데, 그 사이를 유유히 강물이 흘러간다.

차 맷돌은 느릿느릿 돌아가고 풍로도 그 곁에 한가로이 놓여있다. 소용돌이 세상과는 아무 상관없는 듯, 조각배 하나 물결에 출렁댄다.

최명길(崔鳴吉)

실제(失題)

샘물로 세속소리에 찌든 귀 씻고
차로써 익힌 음식에 찌든 창자 적시네
남은 생애 이것으로 족하거니
어찌 도를 굽혀서 상하게 하리오,

[감상]

　최명길(崔鳴吉, 1586~1647)의 호는 지천(遲川)·창랑(滄浪)이며, 시호는 문충(文忠)이다.
　이항복과 신흠의 문하에서 수학했다. 문장과 글씨에 뛰어났다.
　그는 정묘호란과 병자호란 때 청나라를 배척하는 일에 앞장 서 국난을 타개한 인물이다. 청나라에 항복문서를 초안해 심양을 다녀와 영의정이 되었다.

　세속에 살면서 주고받은 온갖 말과 소리들로 더렵혀진 귀를 맑은 물에 다 씻어내고 싶다. 함부로 마구 먹어 찌든 창자도 이제는 차로써 다 씻어내고 싶다. 남은 생애가 얼마일지 모르지만 지금의 생활로 족하거늘, 어찌 뜻을 굽혀 일신의 영달을 더 바라겠는가.
　그간 관직생활에서 찌든 몸과 마음을 다 씻어내고, 남은 생애를 한가롭게, 자신을 살펴가며 살고 싶은 심정을 담았다. 다음의 시도 그와 다름 아니다

구름을 재단해서 시구를 얻고/ 월단(月團)을 깨뜨려 차를 달이네/ 소나무로 얼기설기 만든 초가지만/ 붉은 칠을 한 좋은 집처럼 족하다네.

최명길(崔鳴吉)

실제(失題)

깊은 밤 외로운 객사에 촛불을 켜니
차 끓인 화로엔 아직 온기 남아있네
아름다운 시구 제목을 만나면 고치지만
봄 술 익으면 누구와 함께 열어보리.

[감상]

　어릴 때부터 유난히 총명했던 그는 인목대비 폐모론에 반대하여 관직에서 쫓겨났다. 그때 그의 나이 이십대 후반이었다.
　그는 장유(張維, 1587~1638) 등과 함께 절을 찾아다니며 글을 짓고 학문을 토론하며 긴 시간을 보냈다. 이런 시간들이 훗날 그의 정치철학에 큰 영향을 끼쳤다.
　조정에 다시 나온 그는 실리와 타협을 추구하는 소신있는 정치철학으로 평가를 받았다.

　시는 쓰다가 지우기를 반복하며 얼마든지 고칠 수가 있다. 그렇지만 술친구는 그렇지 않다. 마음 맞는 친구와 마셔야 술자리가 편안하고, 술맛을 제대로 즐길 수 있기 때문이다.
　그는 봄에 담근 술 생각이 문득 났다보다. '술이 잘 익으면 누구랑 이 술독을 열어 함께 마시리'하는 생각을 하니, 혼자 거처하는 이곳이 더욱 쓸쓸하게 느껴진다.
　찻물 끓이고 난 뒤의 온기 남은 화롯불에 적적함을 달래본다.

정홍명(鄭弘溟)

저물녘의 눈(暮雪)

휘몰아치는 눈 아득하여 하늘이 저무는데
어지럽게 부는 바람은 굴뚝 연기 몰아가네
외로운 회포 근심스러워 잠자리 냉랭하여
혼자서 차 솥에 손수 차를 달인다.

[감상]

   정홍명(鄭弘溟, 1592~1650)의 호는 기암(畸庵)·기옹(畸翁)·삼치(三癡)다. 옛 문헌에 밝은 학자이며 시인이다. 대제학을 지냈다.
   저서로는 「기암집(畸庵集)」·「기옹만필(畸翁漫筆)」·「음빙행기(飮氷行記)」 등이 있다.
   정홍명은 송강(松江) 정철(鄭澈 1536~1593)의 아들로, 1,100여 수의 시를 남겼다. 그 중에서 차에 대한 시가 많다.

   날은 저물어가는 데 눈보라까지 휘몰아친다. 굴뚝의 연기도 바람 따라 이리저리 흩날린다.
   냉랭한 방에 혼자 있으니 더 쓸쓸하고 외로워진다. 어지러운 마음을 달래기 위해 차를 끓인다. 이럴 때 가장 좋은 벗이 되어주는 것은 역시 차이다.

정홍명(鄭弘溟)

실제(失題)

속병으로 그간 먹지 않던 약봉지 찾아
아이 불러 찻사발 가져오게 하네
뒤늦게 시 짓는데 도움이 되는걸 아니
입안의 맑은 바람 한 줄기 가을이라네.

[감상]

 정홍명과 절친했던 장유(張維, 1587~1638)는 그에 대해 이렇게 표현했다.
 '나의 벗은 뛰어난 재질의 소유자… 오래토록 두터운 교분 맺어오면서 하루에 두 번 씩 글도 보내고 열흘이면 열 번을 방문했다네. 서로 만날 때면 안색 금세 밝아지고, 학문 강론하며 몽매함 많이 깨우쳤지…'

 그는 술과 차를 무척 좋아했다. 아마도 술로 인한 속병을 앓고 있었던 모양이다. 심부름하는 아이에게 차 끓일 준비를 부탁한다. 술로 인한 약봉지보다는 한 사발의 차가 시를 짓는 데는 훨씬 도움이 된다고 했다.
 차 한 잔을 마시고 나니 입안에도 맑은 가을바람이 지나가는 것 같다.

신익전(申翊全)

실제(失題)

해가 중천에 뜬 뒤 봄잠을 깨니
까마귀와 까치의 지저귐에도 흥이 없다네
발 걷으니 꽃 그림자 난간에 있고
누워서 보니 뜰에 차 연기 피어오르네.

[감상]

　신익전(申翊全, 1605~1660)은 신흠의 아들이며, 신익성의 동생이다. 자는 여만(汝萬), 호는 동강(東江)이다.
　사람됨이 순박하고 겸허하여, 만년에는 더욱 조용한 생활로 세상일에는 참여하지 않았다. 김상헌(金尙憲, 1570~1652)의 문하에서 수학했다.

　노곤한 봄날 아침, 까마귀와 까치소리에 잠을 깨니 해는 이미 중천에 떠 있다. 문을 열고 발을 걷어보니, 뜰의 꽃 그림자가 이미 방문 앞 난간에까지 와 있다.
　마당가 꽃 앞에서 연기가 피어오른다. 일찍 일어난 다동(茶童)이 차 풍로에 찻물을 끓이는 모습이 보인다.

신익전(申翊全)

실제(失題)

대밭 길이라 찾아오는 이 없고
벌들도 아직 날지를 않는데
꽃그늘 아래서 술 깨려고
불 피워 햇차를 달이네.

[감상]

  그는 관직생활을 하다 청나라에 볼모로 잡혀가기도 했다. 위태로운 경우도 여러 번 있었지만, 충신(忠信)을 생활신조로 삼아 끝까지 이름을 지키며 세상을 마감했다.
  문장에 능하였으며 글씨도 뛰어났다. 흩어진 유문(遺文)을 모은 『동강유집(東江遺集)』이 있다.
  그의 아들은 신정(申晸, 1628~1687)이다. 신정은 뛰어난 차시를 많이 남겼다.

  찾아오는 사람이 드물다보니 길은 온통 대숲으로 변했다. 그는 관직생활을 그만두고 은거(隱居)생활로 들어갔다. 그의 삶을 짐작해 볼 수 있는 시다.
  간밤의 과음 때문인지 자고 일어나도 아직 정신이 몽롱하다. 숙취를 달래는 데는 차만한 것이 없다.
  옛 시의 곳곳에 '몽롱한 정신을 깨어나게 하는 데는 무엇보다 한 사발의 차'라는 구절이 많이 나온다.

이단상(李端相)

실제(失題)

고요 속에 책 읽으니 그 맛 더욱 좋고
문 닫고 혼자 앉아 차를 달이네
대 그림자 진 곳으로 평상 옮겨
머리맡에 매화 두르니 꿈까지 향기롭네.

몸 밖의 공명은 부질없고
세간의 복잡한 굽이굽이 극적이네
어이하면 다시 얻는 벼슬 떠날 수 있을까
세속의 한가운데라 바쁘기만 하네.

[감상]

 이단상(李端相, 1628~1669)의 자는 유능(幼能), 호는 정관재(靜觀齋)·서호(西湖)다. 대제학을 지낸 이명한(李明漢)의 아들이다. 같은 연배와는 학문을 겨룰 사람이 없었다. 여러 번 관직을 지낸 후, 몇 번의 요청이 더 있었으나 사양했다.
 경기도 남양주 진접에서 학문으로 마지막을 보냈다.

 시에서도 그의 성품이 그대로 드러난다. 벼슬자리에 있으면서도 그는 늘 몸에 맞지 않는 옷을 걸친 듯, 어색하고 불편(?)했던 모양이다. 세상 사람들 흔히 말하는 명예나 명성이란 것이 뜬구름처럼 허황된 것이라는 걸 알고 있었을 것이다.
 대 그림자 진 곳으로 평상을 옮겨놓고 고요 속에서 책을 읽는다. 주변에 핀 매화꽃을 바라보니 문득 차 생각이 났던 모양이다. 혼자 마셔도 즐거움 넉넉한 지금 이 순간─, 매화 향기처럼 꽃다운 시간이다.

이민구(李民求)

실제(失題)

성스런 물 인성도 바꾸나니
능히 탁한 것을 맑게 한다네
찻사발 멈추고 마시고 싶지 않음은
내 원래 총명함을 싫어하기 때문이라네.

예부터 성현들은 편한 자리 없었는데
지금은 온 세상이 못할 일이 없다네
차 화로 술그릇도 몸에 관한 물건이니
이사할 때 언제나 종들 보기 부끄럽다네.

[감상]

 이민구(李敏求, 1589~1670)의 호는 동주(東州)·관해(觀海)다.
『지봉유설』을 쓴 이수광의 아들이다.
 독서와 저술을 좋아하여 평생 쓴 책이 4천여 권에 이르렀지만 대부분 소실되고, 시문집 『동주집』 등이 남아있다. 대대로 명문 장가 집안이다.

 좋은 물은 사람의 품성도 바꿀 수 있다고 했으니, 하물며 그 물로 끓인 차는 말해 무엇하랴.
 또한 이 시에서는 다구(茶具)에 대한 그의 애틋한 마음을 드러내고 있다. 마치 신체의 일부처럼 여겨진다고 했다. 물론 이사할 때마다 그 물건들을 일일이 챙겨야 하는 번거로움이 있다. 그러다 보니 시중드는 사람들에 대한 미안한 마음도 나타내고 있다.

윤선도(尹善道)

다시 계하의 운에 차운하다(復次季夏韻)

산에 사는 사람이라 세속과 멀고
그대 경치 아름답다니 내가 자랑스럽네
주변엔 높은 봉우리들이 첩첩히 둘렀고
뒤쪽엔 십리나 되는 백사장이 둘러 있네.

작은 집 낮은 울타리는 어찌 변통했지만
거친 차와 현미밥은 더할 수 없다네
끝내 흡족하지 않지만 마음은 훗날을 기약하며
항상 부용동의 내 집을 생각한다네.

復次季夏韻
山近人寰俗自賒　　景休君說我曾誇
周遭秀發千重岫　　面背縈紆十里沙
小屋短籬如辨得　　麤茶糲飯不須加
終然未愜心期遠　　長憶芙蓉洞裏家

[감상]

    윤선도(尹善道, 1587~1671)의 호는 고산(孤山).

    정철, 박인로와 더불어 조선의 3대 문장가로 불린다. 그러나 정치생활은 순탄치 않았다. 85년을 사는 동안 당파싸움에 휘말려 17년을 유배생활로 보냈다.

    불의를 보면 참지 못하는 그의 강직하고 솔직한 성품은 주변사람들 눈에는 눈엣가시처럼 비쳤을 것이다. 그러나 가난한 사람들을 보살피는 데에는 누구보다 앞장선 인물이었다.

    시의 제목에 나오는 '계하(季夏)'는 이해창(李海昌, 1599~1651)을 말한다. 그는 '계하(季夏)' 또는 '송파(松坡)'라는 호를 썼다. 계하는 1650년 『인조실록』의 편찬에 참여할 정도로 시문에 능했다. 그도 7년간 유배생활을 했는데, 인조의 노여움을 산 김상헌을 구제하는 일에 가담한 이유 때문이었다.

    고산은 보길도의 경치에 반해 '부용동(芙蓉洞)'이라 이름 짓고 19년을 세상에 나오지 않고 은둔의 삶을 살았다. 보길도에서 유유자적한 삶을 살면서 〈어부사시사(漁父四時詞)〉, 〈오우가(五友歌)〉 등을 지었다.

    누구보다 차를 좋아한 윤선도였지만 유배생활에서는 마음껏 차를 즐길 수 없었던 모양이다. 이 시에서는 차에 대한 그리움이 곧 고향에 대한 그리움으로 나타나고 있다.

    동병상련이라던가! 유배생활을 한 그로써는 '계하'의 심정이 누구보다 더 절실하게 다가왔을 것이다.

이경석(李景奭)

실제(失題)

계곡 물소리 옥구슬 구르는 듯 들렸는데
두꺼운 얼음 아래 아직도 그 소리 남았네
차 달여 마셔보니 옛 맛 그대로라
취한 술이 금방 깨니 한기 스며드네.

[감상]

이경석(李景奭, 1595~1671)의 자는 상보(尚輔), 호는 백헌(白軒). 이조판서와 영의정을 지냈다. 차를 유난히 즐긴 그의 다풍은 몇 대를 이어졌다.

오랜 세월이 흘러 다시 찾아간 곳의 감회를 읊었다.
얼음장 아래로 흐르는 물소리는 여전히 옥구슬 구르는 듯 맑고 투명하다. 그 물로 차를 끓여 마셔보니 물맛도 예나 지금이나 변함없이 그대로다. 취한 술이 깨고 나니 금방 한기가 스며든다.

그의 다음 시「한송정(寒松亭)」에서도 위와 비슷한 느낌을 준다.

신선들의 차 부뚜막 아직도 남아 있고
차 달이던 샘물은 지금도 솟아나네
오늘의 한송정은 적막에 쌓였는데
바다 위의 달만은 변함없이 비치네.

박장원(朴長遠)

종남초당(終南草堂)

그대 종남의 한 초당 사랑하니
앞은 그윽한 물소리, 뒤는 높은 산이라네
가까운 푸른 봉우리엔 항상 안개 서렸고
해 짧아지면서 일찍 온 서리에 단풍이 드네.

정자에 오르면 제일 먼저 달빛이 반겨주고
창을 열면 방 가득 가을색이 들어오네
약 챙기고 차 달이는 것 외에 할 일이 없고
때때로 책상에 앉아 옛 책을 뒤적인다.

終南草堂
愛汝終南一草堂　前臨幽潤後高岡
近人靑嶂恒生靄　背日丹楓早着霜
憑檻最先邀月色　拓窓偏自納秋光
藥瓢茶鼎無餘事　時向床頭檢古方

[감상]

　박장원(朴長遠, 1612~1671)은 조선중기의 문신. 자는 중구(仲久), 호는 구당(久堂)·습천(隰川).
　1636년 문과에 급제, 『선조수정실록(宣祖修正實錄)』의 편찬에 참여하였다. 승지로 있을 때(1653), 남인의 탄핵으로 흥해(興海)에 유배되었다가 이듬해 풀려났다. 그 후 이조판서·대사헌·예조판서 등을 역임하다가 재직 중에 세상을 떠났다.
　저서로 『구당집(久堂集)』이 있다.

　종남산(終南山)은 남녘의 끝자락 밀양에도 있고, 중국 당나라 수도 장안 부근에도 있다. 밀양의 종남산은 경치가 아름다워 밀양팔경 중 하나로 꼽히는 산이다. 그리고 중국의 종남산은 고요하고 경치가 뛰어나 시인 왕유(王維, 699~759)가 경치에 반해 '망천장(輞川莊)'이라는 별장을 짓고 시를 쓰며 살았던 곳이다.

　초당 앞에는 냇물이 흐르고 뒤는 높은 산이 에워싸고 있다. 이곳에서의 유일한 낙은 책을 보거나 차를 마시고 가끔은 먼 산을 바라보는 일이다. 그러나 오랜 관직생활로 인한 스트레스 때문인지 날마다 약을 챙겨야 하는 것도 이제는 빼놓을 수 없는 일이 되고 말았다.
　해가 짧아지는가 싶었는데, 어느 듯 계절은 단풍철로 바뀌었다. 창문을 열면 가을빛이 방안 가득 들어찬다. 초당의 고즈넉한 풍경들이 그림처럼 다가온다.

박장원(朴長遠)

누각위에서 읊다(樓上吟)

누각위에서 꿩들 바삐 나는 것 보고
날마다 영주루에 올라 넘어가는 해 바라보네
금정 물 길어 달인 차 벌써 잔이 식고
옥서(玉書) 펼친 곳에 차 연기 피어오르네.

[감상]

　어사 박문수의 증조할아버지다. 어려서부터 총명하여 특별한 재능을 보였고, 특히 문장에 뛰어났다. 8세부터 시를 짓기 시작하여 10세부터는 한 해도 거르지 않고 글을 썼다고 한다.

　영주루라는 누각에 올라 해질녘 풍경을 바라보며 읊은 시다. 날이 저물자 꿩들로 부지런히 숲 속 보금자리로 찾아든다.
　날마다 오르는 누각이지만 오늘 유난히 그 풍광이 눈에 밟힌다. 오래 생각 속에 잠기다 보니 어느 듯 해는 뉘엿뉘엿하고, 찻잔의 차는 이미 식었다. 펼쳐둔 책 위로 화로의 차 연기만 피어오른다.

백곡처능(白谷處能) 선사

실제(失題)

봄 강가에 어린 풀 곱게 돋고
저무는 모래벌판에 옅은 연기 피어오르고
언제 쯤 우리 도반들과 손잡고
햇 차 달여 서로 권하며 마시리.

[감상]

  백곡처능(白谷處能, 1619~1680)선사의 법명은 처능(處能), 법호는 백곡(白谷)이다.

  시문에 능했다. 불교탄압이 심하던 때에 스님은 8천여 자에 달하는 장문의 상소문 '간폐석교소(諫廢釋敎疏)'를 지어 임금께 올려 호교(護敎)에 힘을 썼다.

  저서로는 『대각등계집(大覺登階集)』·『백곡집(白谷集)』 2권이 전해진다.

  봄풀들이 파릇파릇 돋아나는 이른 봄, 강 건너 펼쳐진 모랫벌을 바라보며 차를 달인다.

  가닥가닥 피어오르는 연기를 보니 문득 옛 도반들 생각이 난다. 함께 모여 차 마시며 정담을 주고받던 지난날 —, 그날은 언제 다시 오려나. 햇차를 보니 그런 마음 더욱 간절해진다.

신 정(申晸)

문을 닫음(閉門)

후미진 막다른 골목에 문 닫고서
푸른 산 바라보고 앉았으니 해가 기우네
작년보다 흰머리 많아지고
금년 여름 지나며 눈도 흐릿해졌네.

분분한 세속의 연고 한이 없고
홀홀하고 허무한 삶은 끝이 있다네
오히려 고요하고 그윽한 흥에 만족하고
돌샘의 흐르는 물 길어 햇차 달이네.

閉門
閉門窮巷斷經過　坐對靑山日又斜
頭比去年增素雪　眼從今夏轉昏花
紛紛世故看無盡　忽忽浮生覺有涯
猶喜靜中幽興足　石泉流水試新茶

[감상]

신 정(申晸, 1628~1687)의 호는 분애(汾厓).

할아버지는 영의정을 지낸 신흠(申欽)이다. 어려서부터 총명하였으며 시문과 글씨에 뛰어났다. 특히 금석문자에 대한 학문이 깊었으며, 이에 대해 찬술한 책이 많다.

1648년(인조 26) 사마시에 합격 이후, 바른 정사(正使)로 이름난 재상이었다.

젊은 시절은 물처럼 흘러가고, 날이 갈수록 흰머리만 늘어난다. 여름 한 철 지나고 나니 이제는 눈도 더 침침해졌다.

저물녘, 푸른 산 바라보며 앉았으니 지나온 인연들이 꽃잎처럼 흩날린다. 일부러 사람 발길 드문 곳에 자리 잡았으니 찾아오는 이 없는 것은 당연하리라. 그러나 삶은 오히려 더 그윽해지고 마음도 고요해진다.

돌샘의 물 길어 차 마시며 자연과 더불어 사는 이 유유자적함을 어디다 비교하랴.

공자는 '누구든 인생의 늘그막은 조용히, 세속과의 거리는 가급적 멀리 하는 게 좋다'고 했다.

이단하(李端夏)

차를 마시며(飮茶)

어스름 저녁 찬 하늘에 많은 눈 올 듯
창을 뚫는 바람이 칼날처럼 날카롭네
차 사발을 들고 많은 병을 다스리려 하니
장안에 술값이 비싸다해도 상관할 바 아니네.

飮茶
薄暮寒空雪意豪　透窓風力利如刀
且將茶碗供多病　一任長安酒價高

[감상]

　이단하(李端夏, 1625~1689)는 조선 후기의 문신이다. 자는 계주(季周)이고, 호는 외재(畏齋) 또는 송간(松磵)이다.
　글을 잘 지어 이름이 알려졌으며, 글씨 또한 뛰어났다.
　1662년(현종 3) 문과에 급제한 후 대제학이 되었으나, 1675년 숙청당한 사람들의 처벌이 부당하다는 상소를 하다 파직되었다. 우의정과 좌의정에 올랐으나 병으로 사직하였다.
　그의 일생은 몇 번의 파직과 유배생활의 거듭이었다.

　해는 저물어 가고, 겨울이라 추위가 일찍 찾아든다. 먹구름이 잔뜩 몰려오는 하늘이 곧 큰 눈이라도 내릴 듯하다. 허술한 창틈을 뚫고 들어오는 찬바람이 칼날처럼 파고든다.
　차를 마시니 가슴 속 답답함이 다 사라지는 것 같다며, 차에 대한 애정을 드러낸다. 그에게는 차만한 것이 없으니, 한양의 술값이야 비싸든 싸든 자기는 관심이 없다는 것이다. 애써 자신과는 상관없는 일이라는 표현을 하지만, 당시 돌아가는 현실에 대해서는 칼날처럼 날카로운 바람에 비유하고 있다.

이단하(李端夏)

실제(失題)

시로 겨루고 술 많이 마시는 것 옳지 않으니
술은 흥이 지나면 병폐가 되니 어이하리
제일 좋은 것은 문 닫고 한가로이 앉아
눈 녹여 차 달이며 물 끓는 소리 듣는 것이라네.

[감상]

이 식의 아들로, 송시열의 문하에서 서인을 대표하는 인물이다. 저서로 『외재집』이 있다. 시호는 문충(文忠)이다.

몇 번의 유배생활로 점철된 험난한 일생이었다. 그는 사람보다 어쩌면 차에 더 의지했을 것이다.

젊은 날 서로 문장을 뽐내고, 술 많이 마시는 것을 마치 자랑(?)처럼 하던ㅡ, 그것이 이제 와서 무슨 의미가 있으랴. 지나고 보니 다 부질없는 일이란 걸 그는 너무 잘 안다.

잠깐의 흥을 즐기는 데는 술이 좋을지 모르겠지만, 술이란 결국 몸을 상하게 할 뿐, 아무런 도움은 되지 못한다.

몸과 마음을 다스리는 데는, 조용히 혼자 앉아 찻물 끓는 소리를 듣는 것이라고 한다.

김수항(金壽恒)

달밤에 일어난 일(月夜卽事)

고요한 뜰엔 초승달이 기울었고
처마 밑을 거닐며 혼자서 읊조리네
역관이 말 돌보는 소리 간간이 들리고
부엌 사람은 차를 달일까 또 물어보네.

거리에 들리는 고운 소리 밤을 재촉하고
계곡의 맑은 물소리도 추위에 떠는 듯
문 앞의 가까운 곳도 가기가 힘든데
하물며 고향은 하늘 끝 저 멀리 있네.

月夜卽事
庭院寥寥缺月斜　巡簷散步獨吟畵
頻呼驛吏看調馬　更向廚人問煮茶
綺陌漏聲催夜箭　玉河流水咽寒波
門前咫尺猶難到　況復鄕關天一涯

[감상]

　김수항(金壽恒, 1629~1689)의 자는 구지(久之), 호는 문곡(文谷).
　시문뿐만 아니라 필법이 단아하여 전서·초서·예서 모두에 뛰어났다. 효종이 죽자 그의 비, 자의대비(慈懿大妃)가 입을 상복문제로 스승인 송시열(1607~1689)과 함께 기년설(1년)을 주장했다. 그러나 윤선도는 3년을 주장하며 송시열을 역모로 몰려고 하자, 윤선도를 탄핵시켜 진도로 유배 보냈다.
　서인(西人)으로 영의정을 지냈다. 남인(南人)과 대립하면서 1689년 남인이 재집권하자 진도에 유배되어 그곳에서 사약을 받았다. 그는 사약을 받고 "우암 송시열선생에게 내 묘지명과 비문을 부탁한다."는 유언과 함께 다음의 시를 남겼다.
　'세 조정 욕된 벼슬 무슨 도움이 되겠는가/ 한 번 죽음은 옛 부터 당연한 일/ 임금을 향한 일편단심만은/ 구천에서 귀신을 보내 알리겠노라.'

　비문과 묘지명을 지은 우암도 그해 6월, 사약을 받고 세상을 떠났다. 인생은 돌고 도는 아이러니의 연속인가. 이 시는 그가 유배 중 지은 시다. 윤선도는 그에 의하여 진도로 유배되었다. 그런데 바로 그 땅에서 그가 사약을 받을 줄이야!
　추운 겨울이기도 하지만 이제 그를 찾아오는 사람은 없다. 그야말로 적막강산의 나날이다. 가까운 곳 외출도 힘든데, 멀리 고향 땅을 다시 찾기는 어쩌면 꿈속의 일인지도 모른다. 그도 이미 그의 앞날을 예견하여 이 시를 쓴 듯하다.

남용익(南龍翼)

실제(失題)

눈 녹여 차 달이는 흥취
북쪽 산 찾은 나그네 마음이라네
우연히 선비 모임 이루어져
서로 꽃다운 얘기 나눈다네.

[감상]

남용익(南龍翼, 1628~1692)은 학자다. 자는 운경(雲卿), 호는 호곡(壺谷)이다.

1689년 숙종이 장희빈의 아들을 세자로 삼으려하자, 서인이 이를 반대하다가 남인에게 정권을 빼앗긴 기사환국으로 명천에 유배 중, 그곳에서 생을 마쳤다.

저서로는 시문집인 『호곡집』과 신라시대부터 조선 인조대까지의 명인 497인의 시를 모아 엮은 『기아(箕雅)』와 『부상록(扶桑錄)』이 있다. 『부상록』은 일본 통신사로 다녀와서 당시의 일본 차 풍속을 소개한 책이다. 문장과 글씨에 능했으며, 차에 대한 관심이 누구보다 많았다고 한다.

맛으로 보면 좋은 물로 달이는 차 맛이 최고일 것이다. 그러나 흥취로 보면 역시 눈 녹여 달이는 멋도 괜찮다.

우연히 선비들 몇 사람이 모였다. 이런 자리에 차가 빠질 수 있겠는가. 정담을 나누는 데는 술도 좋지만 역시 차가 아닐까.

김만중(金萬重)

어려움을 당해 보니 태평함의 고마움을 알게 되다
(遭亂始知昇平樂)

평소에는 태평한 세월 느끼지 못하다가
나이 들어 지난 반생 돌아보니 부끄럽기 그지 없네
차와 냉이의 맛도 이제야 알게 되고
지나간 세월을 감개무량해한다네.

중선은 나그네 되어 부(賦)를 생각했고
두보는 슬픈 일 있을 때 지난날을 떠 올렸다네
오교에서 마시던 술잔 잊을 수 없고
꽃그늘 아래 피리소리에 젖어 날 새는 줄 몰랐네.

遭亂始知昇平樂
平居未解樂昇平　投老追惟愧半生
茶薺備嘗方識味　春秋迭代自傷情
仲宣作客思歸賦　子美哀時憶昔行
難忘午橋橋上飮　笛聲花影到天明

[감상]

　김만중(金萬重, 1637~1692)의 자는 중숙(重叔), 호는 서포(西浦). 유복자로 태어난 그는 재주가 뛰어났다.
　그의 아버지 김익겸(1614~1636)은 강화도가 적의 수중에 들어가자 강화도 남문에 올라 화약고에 불을 지르고 태연히 앉아 분신(23세)했다.
　1665년 문과에 급제한 후 대제학이 되었다. 조카(형의 딸)가 숙종의 첫 부인 인경왕후(仁敬王后, 1661~1680)다.
　희빈 장씨 일에 연루되어 평북 선천으로 유배, 일 년 후 풀려나 다시 남해로 유배되어 그곳에서 생을 마감했다.
　한글소설의 선구자로 『구운몽』·『사씨남정기』·『서포만필』 등이 있다.

　시의 제목이 곧 시의 내용과 같은 뜻을 담고 있다. 평범한 일상이 얼마나 소중한 것인지를 생각케 하는 시다.
　그의 어머니는 아버지 없는 두 아들에 대한 교육이 각별했다. 그의 시에는 그리움에 대한 표현들이 유난히 많다. 아마 그가 자라온 배경과 무관하지 않을 것이다.
　그가 유배된 후, 숙부와 사위, 조카…등, 온 가족들이 유배되거나 맞아죽는 비운을 당했다. 참담하고 험난한 생을 산 그였다.
　온갖 시련을 겪고 나니 전에는 미처 몰랐던 차맛과 냉이 맛도 이제야 분별이 된다고 한다. 평소 대수롭지 않게 여겼던 일들이 실은 가슴 벅차게 소중한 일이었다는 것을…. 그러나 이미 때는 너무 늦었다.

임상원(任相元)

신라 스님이 당나라에 가서 차씨를 얻어 가져온 종자이다(新羅僧入唐得子歸種)

옛날에 배를 타고 바다를 건너오니
삼한은 이로부터 차를 알게 되었네
찻물 끓는 소리에 푸른 잎 뒤집히고
물이 고루 끓으니 하얀 꽃 가득하네.

품질 가리어 공물로 바칠 걸 생각하고
공을 따지면 본디 다경(茶經)이 자랑이네
급히 한 사발 마셔 시 읊은 혀를 적시고
어느새 해 돋아 초록세상 가득하네.

新羅僧入唐得子歸種
曾逐慈航涉海賖　　三韓從此始知茶
蠅聲陟作翻蒼葉　　魚眼才平漲白花
鬪品敢思充貢計　　論功固合著經誇
急傾一椀澆吟舌　　不覺朝暾滿綠紗

[감상]

　임상원(任相元, 1638~1697)의 자는 공보(公輔), 호는 염헌(恬軒). 대사헌과 도승지를 지냈다.
　차를 너무 좋아해 그의 곁에는 항상 차 도구가 갖춰져 있었다고 한다. 70여 수의 차시가 전한다.
　원제목은 '우리나라에는 본래 차가 없다. 신라의 스님이 당나라에 가서 차씨를 얻어 가져온 종자이다(吾東本無茶新羅僧入唐得子歸種)'다.

　우리나라에 차 종자를 처음으로 가져온 사람은 김대렴(金大廉, ?~?)으로 『삼국유사』에 기록되어 있다.
　그는 신라 혜공왕 때 당나라에 사신으로 갔다가 차씨를 가져와 최초로 지리산 자락에 심었다.
　지은이는 차의 오묘한 향과 맛을 느끼면서, 차가 이 땅에 최초로 전해진 내력을 다시 한 번 곰곰 생각해보는 듯 하다.

임상원(任相元)

우연히 읊음(偶吟)

전원에서 늙어가니 미투리 한 켤레에
관복 벗어버리고 두건 하나 썼다네
마시고 난 찻사발 베개 삼아 누우니
날아가는 새 그림자 창을 자주 지나네.

[감상]

　벼슬을 떠나 자연으로 돌아오니 한가롭기 그지없다. 사모관대 (紗帽冠帶)를 다 벗고 나니 몸과 마음이 이렇게 홀가분할 수가….
　예나 지금이나 관직의 자리란 항상 긴장의 연속이다. 짚신 한 켤레와 두건 하나면 족하는 지금의 생활이 무엇보다 행복하다.
　마시고 난 찻 사발을 베게삼아 낮잠이라도 들 모양이다. 창밖을 자유로이 날아다니는 새들을 감상하면서 말이다. 모든 걸 다 내려놓은 자신의 홀가분함을 자유로운 새들로 대비하고 있다.

　그의 다음 시도 위와 비슷한 정경을 묘사하고 있다.

깊은 산에 은거한 뒤 흰머리 늘었어도
몸의 굴레 벗으니 여유롭고 한가롭네
언제나 소나무 아래서 점심 먹고
개울물에 한가로이 차 사발을 씻네.

오도일(吳道一)

선화당우중(宣化堂雨中)

비 내리는 마을 공터엔 버들잎만 푸르고
물 깊은 관가 못엔 연꽃 막 피려하네
속병으로 술 끊은 것 싫지 않으니
쇠솥에 새로이 햇 차를 달인다네.

[감상]

　오도일(吳道一, 1645~1703)의 자는 관지(貫之), 호는 서파(西坡)다. 재주와 문장에 뛰어나고 총명했다. 술과 차를 아주 즐겼다. 숙종으로부터 과음에 대한 경계를 받을 정도로, 술에 취하면 괴팍한 성품이 되었다.
　여러 번의 관직(대제학·한성부판윤·병조판서 등)에서 좌천과 유배를 거듭했다. 전남 장성 유배지에서 생을 마감했다.
　저서로 『서파집(西坡集)』이 있다.

　선화당(宣化堂)은 각 도의 관찰사가 사무를 보던 정당(正當)이다. 요즘으로 말하면 관청에 해당한다. 선화당의 비 오는 날 정경을 묘사한 시다.
　재주가 많아 임금으로부터 특별한 은혜도 입었다. 그렇지만 술에 대해서는 자신을 다스리지 못했다.
　연못가 버들은 푸르고, 연꽃 봉우리들은 금세라도 터질 듯 한껏 부풀어 있다. 아마도 여름쯤 되는 계절로 생각된다. 그간 마신 술의 양을 헤아려 짐작해보건대…, 아마 속병이라도 났나보다.
　지금은 술을 끊었지만 후회는 안 된다고 했다. 그래도 차가 있어 속병을 다스리고, 괴팍한 성품을 다스릴 수 있으니 말이다.

김창협(金昌協)

실제(失題)

오늘은 어이하여 이렇게 평온한가
술은 없으나 차가 있어
한 모금 마시고 책을 읽으니
모든 삿된 기운 사라지네
어저께는 바람 심하더니
오늘 아침은 맑고 깨끗해졌네.

[감상]

　김창협(金昌協, 1651~1708)은 경기도 과천 출생이다. 호는 농암(農巖) 또는 삼주(三洲), 자는 중화(仲和).
　조선 후기 학자며 문신으로, 문장과 글씨에 뛰어났다.
　저서로는 『농암집』 외에도 많다.

　아버지는 김수항이다. 아들로는 김창집(金昌集, 1648~1722)·김창협(金昌協, 1651~1708)·김창업(金昌業, 1658~1721)·김창흡(金昌翕, 1653~1722)이 있다. 형제들 모두 문장이 뛰어나고 많은 시를 남겼다.
　아버지 김수항이 진도 유배 중에 사사(賜死)되자, 그 후 산중에 은거하며 일체의 관직을 사양했다. 그의 많은 시 대부분에서 처연함과 쓸쓸함이 묻어난다. 왜 아니겠는가? 시는 곧 그 사람의 생각과 생활에서 나오기 때문이다. 위의 시도 마찬가지다.

　그토록 불어대던 바람도 잦아들고 오늘은 날씨도 맑고 깨끗하다. 그러나 아버지로 인한 소용돌이 세상을 살아온 그는, 이런 평온함에 대해 더 쓸쓸함을 느끼는지도 모른다.
　어제는 그렇게도 바람이 불더니 오늘은 거짓말처럼 하늘이 맑다. 이런 날은 굳이 술이 없어도 괜찮다. 그의 심란함을 차가 달래줄 것이다. 마음을 가라앉히는 데는 차만한 것이 없다.

김춘택(金春澤)

차를 끓이며(煮茶)

새 우는 소리가 갑자기 마음을 들뜨게 해
세상일 멀리한 사람이 문을 나서
벗들과 나란히 넓은 바위 위에 앉아
달인 차 맛은 술맛의 다음이라네.

들과 숲에는 연기가 자욱하고
봄 산에는 눈 내렸던 흔적이 남았는데
높은 곳까지 오르고 올랐으나
마음은 천지가 넓음을 느끼지 못하겠네.

煮茶
啼鳥忽催興　幽人亦出門
携朋坐盤石　煮茶佐淸樽
野樹多煙氣　春山有雪痕
登臨猶局促　未敢信乾坤

[감상]

　김춘택(金春澤, 1670~1717)의 자는 백우(伯雨), 호는 북헌(北軒)이다. 글씨를 잘 썼을 뿐만 아니라, 시에 대한 재주와 문장이 뛰어나 명성이 높았다.
　인경왕후의 친정 조카다. 인현왕후 민씨의 복위에 공을 세웠으나, 과격했던 정치활동 등으로 주변의 비난을 많이 받았다.
　종조부 김만중의 언문소설 『구운몽』과 『사씨남정기』를 한문으로 번역, 배포하였다. 그가 지은 『별사미인곡』은 제주도로 귀양 가 있을 때 지은 가사인데, 그 시대에 한문 숙어가 거의 없는 순 한글체다.
　저서로 『북헌집』이 있다.

　군데군데 잔설이 보인다. 봄날은 괜히 사람 마음을 들뜨게 한다. 때마침 새가 지저귀니 세상과는 거리를 두고 살던 그도 문밖을 나선다. 모처럼 만난 벗들과 산의 높은 곳까지 올랐다. 시야는 탁 트였는데 마음은 그렇지 못하다.
　널찍한 바위에 앉아 차를 마시며 마음을 달래보려 한다. 그러나 아직은 차 맛보다는 술맛에 더 끌린다고 했다.
　세상살이에 분주할 때는 천지가 이렇게 넓은 줄 미처 몰랐다. 눈앞에 보이는 그곳, 벼슬자리 높은 그것이 최고인 줄 알았을 것이다.

임수간(任守幹)

실제(失題)

나이 드니 마음 쓸 곳 없고
가난하니 그윽한 것이 좋다네
시제(詩題)를 찾아 먼 산 바라보고
찬 샘물 길어다 차를 달인다.

[감상]

　임수간(任守幹, 1665~1721)의 자는 용여(用汝), 호는 돈와(遯窩). 임상원(任相元)의 아들이다.
　1711년 통신 부사로 일본에 다녀오면서 남긴 『동사일기(東槎日記)』에는 일본문화와 차 문화를 소개하고 있다.
　문장과 경서(經書), 사기(史記)·병법·지리에도 정통했다.
　그의 시는 마치 한 폭의 그림을 보는 듯 담담하다.

　나이가 드니 애써 신경 쓸 일이 없을 뿐만 아니라, 가진 것조차 없으니 생활 또한 단조롭다. 시상을 떠올리며 먼 산을 바라보거나, 또는 차를 끓이며 먼 산을 바라보는 모습이 눈에 훤하게 그려진다.
　위의 시와 비슷한 느낌의 그의 다음 시도 감상해 보자.

　　나물 안주에 술맛 좋고
　　돌샘의 맑은 물로 차를 달이네
　　앉아서 아이들 노는 것 물끄러미 바라보니
　　죽마를 하나씩 가지고 있네.

김창업(金昌業)

실제(失題)

동산에는 구르는 듯 새 지저귀는데
발[簾] 밖엔 어지럽게 꽃이 떨어지네
뜰 가득한 소나무 그늘엔 사람 하나 없고
맑은 샘 길어 홀로 우전차를 달인다네.

[감상]

 김창업(金昌業, 1658~1721)은 조선 후기의 화가이며 학자다. 자는 대유(大有), 호는 노가재(老稼齋) 또는 가재(稼齋).
 우암 송시열의 문인이다. 단원 김홍도를 가르친 스승 중의 한 사람이기도 하다.
 진사가 되었으나, 벼슬에는 마음이 없어 관직에 나아가지 않았다. 아버지 김수항이 사사(賜死)된 후, 그의 형제들은 모두 은거생활로 일생을 마쳤다. 1712년에 형 김창협이 청나라로 사신을 가자, 그를 따라 연경에 다녀와 쓴 기행문 『연행일기(燕行日記)』가 있다.

 그림을 그리고 글을 쓰며 세상과는 멀어져 평생을 보냈다. 시에서도 그의 생활이 엿보인다. 방문 밖에는 떨어진 꽃잎들이 수북이 쌓였는데, 사람의 그림자조차 보이질 않는다.
 마당가 소나무도 저 혼자 길게 그림자를 드리우고, 적막 속에 혼자 앉아 차를 달이는 모습이 눈에 아린다.

김창흡(金昌翕)

실제(失題)

술은 연꽃 핀 정자가 좋고
차 솥은 대숲 속에 건다네
아득한 포구에 비 내리고
내 마음 하늘가에 머무네.

[감상]

　김창흡(金昌翕, 1653~1722)의 자는 자익(子益), 호는 삼연(三淵)이다.
　이단상(李端相, 1628~1669)에게 수학했다. 과거에 급제했으나 벼슬에는 나아가지 않았다. 형 김창집·김창협과 마찬가지로 아버지 김수항이 기사환국(己巳換局, 1689)으로 사사되자 은거생활로 평생을 보냈다.
　영의정을 지낸 형 창집이 신임사화(辛壬士禍)로 사약을 받고 죽자, 그도 지병이 악화되어 세상을 떠났다.
　저서로 『삼연집(三淵集)』·『심양일기(瀋陽日記)』 등이 있다.
　많은 차시를 남겼다.

　술은 연꽃이 피어있는 정자에서 마시면 운치가 있고, 차는 대숲에서 달이면 한층 더 운치가 있다.
　대숲에서 이는 바람소리, 댓잎에서 떨어지는 이슬방울, 대나무의 향기 등이 어우러져 차의 맛을 더 돋구어주기 때문이다. 그러나 그의 마음은 항상 아득한 하늘가에 머문다. 아버지와 형제들, 그리고 자신의 모습을 생각하면 가슴에 비가 내린다.

조문명(趙文命)

깊은 밤에 홀로앉아(夜深獨坐)

종남산 기슭엔 눈이 쌓였고
빈 처마엔 외로운 달 하나
늙은 느티나무는 문을 가렸고
창 앞엔 따뜻한 차화로라네.

[감상]

조문명(趙文命, 1680~1732)의 자는 숙장(叔章), 호는 학암(鶴巖), 시호는 문충(文忠)이다. 글씨를 아주 잘 썼다.

의금부 판사 등을 지냈고, 영조의 탕평책에 큰 공을 세웠다.

종남산은 전북 완주와 경남 밀양에도 있지만, 서울 남산의 옛 이름이기도 하다. 그의 관직생활로 봐서 여기서는 서울 남산을 지칭하는 것 같다.

저 멀리 산기슭에 하얗게 눈이 쌓여 있다. 빈 처마 끝에는 초승달 하나 덩그러니, 풍경(風磬)처럼 걸려 있다.

방문 앞에 우두커니 서 있는 늙은 느티나무 한 그루, 마치 자신의 모습을 보는 것 같다. 햇볕이 잘 들지 않는 방이지만, 창가에는 차 화로가 놓여 있다. 작은 차 화로의 온기가 가슴으로 스며드는 것 같다.

심 육(沈錥)

실제(失題)

몸은 산처럼 우람하나
언제 병조로 돌아갈지 모르네
차가 익어도 오는 이 없고
좋은 집에서 애오라지 잠만 잔다네.

[감상]

　심 육(沈錥, 1685~1753)의 호는 저촌(樗村)·저헌(樗軒).
　여러 차례 관직의 명을 받았으나, 평생 벼슬에 나아가지 않고 학문과 시작(詩作), 중국 연경과 전국을 유람(遊覽)으로 보냈다. 이를 바탕으로 지은 글이 『저촌유고(樗村遺稿)』다. 모두 47권이나 된다.

　관직에 몸을 두지 않았으니 마음은 자유로웠을 것이다. 그러다 보니 적당히 누리는 게으름(?)도 나름대로는 몸에 밴 듯 하다.
　평소 사람과의 왕래가 빈번하지 않다 보니 찾아오는 사람도 드물다. 좋은 차가 있지만 굳이 누구를 부르고 싶지도 않다.
　잠 오면 잠자고 목마르면 차 마시는―, 혼자만의 넉넉함을 나름대로 즐길 줄 아는 그다.

정래교(鄭來僑)

차를 끓이다(得茶煮)

봄 강물이 불어나서 모래 벌에 넘치니
나막신을 신고 한가롭게 밭으로 나가본다
고목으로 에워싼 마을은 깊고 깊은데
외진 산에는 오솔길이 구불구불 나 있네.

이 산골에도 풍년들까 마음이 들떠
이웃 벗들과 앞으로의 일 이야기 하네
해가 길어져서 나무 아래서 책 읽기가 좋으니
찬 샘물 길어다가 좋은 차를 끓이고 싶네.

得茶煮
春水初生漲岸沙　閒來着屐向田家
村深古水周遭立　山僻行蹊遼繞斜
頗喜峽居逢樂歲　每從隣友說生涯
日長正好林間讀　汲得寒泉煮茗茶

[감상]

  정래교(鄭來僑, 1681~1759)의 자는 윤경(潤卿), 호는 완암(完巖)이다. 그는 음악에도 재능이 뛰어났다.
  출신은 비록 가난한 선비집안이었으나, 뛰어난 시문으로 당대 사대부들의 우러름을 받았다. 초야에 묻혀 가난과 역경 속에 살면서도 문장은 소탈하고 호탕한 기개의 품격을 지녔다는 평을 들었다. 자연과 천명(天命)을 여유 있게 즐기는 자신의 생활을 읊은 글들이 많다.
  당대의 이름을 떨쳤던 문장가 홍세태(洪世泰)의 제자다. 김천택(金天澤)의 『청구영언(靑丘永言)』에 서문을 썼다.

  봄이 되니 강물이 불어나 강변 모래밭에까지 차올랐다. 봄볕이 좋아 밖으로 나갔다. 산 깊숙한 곳에 있는 마을은 고목으로 둘러싸여 더 외져 보인다.
  봄비가 내려 강물이 불어나니 왠지 금년에는 농사가 잘 될 것 같다는 생각이 든다. 괜히 마음이 들떠 동네사람들과 이 얘기 저 얘기 하면서 수다도 떨어본다.
  무엇보다 반가운 일은 해가 길어졌다는 것이다. 어서 샘물을 길어다가 차를 마시면서 나무아래서 책을 읽고 싶다고 한다. 좋은 차 맛을 빨리 보고 싶은 마음이 담겨있다.

천경해원(天鏡海源) 선사

풍악을 곡함(哭楓岳)

남북에 오직 풍악이라, 세상 사람들 말했는데
어찌 뜻했으리, 오늘 아침에 부음 들을 줄을
인생 칠십년 항상 강론에 힘쓰더니
삼천대천 세상 밖으로 갑자기 구름을 탔구나.

앞 사람들 도의 경지를 좇아 선의 굴을 밝혔고
뒷사람들에겐 현묘한 이치를 지도하여 교의 문을 열었다
고요하고 쓸쓸한 제단에는 아무 형체의 흔적 없거니
맑은 차 한 잔을 누구와 더불어 나늘꼬.

哭楓岳
世言南北惟楓岳　　豈意今朝訃告聞
七十人間常勉講　　三千界外忽乘雲
從前道鏡明禪窟　　導後玄機闢敎門
寂寞祭壇無形跡　　淸茶一椀與誰分

[감상]

 천경해원(天鏡海源, 1691~1770)스님의 자는 천경, 호는 함월(涵月)이다.

 수행과 지계가 누구보다 엄정했던 스님이다. 이타행을 실천하여 굶주리거나 헐벗은 사람이 있으면 자신의 의복과 음식을 공양하였다.

 이 시는 보인(普印, 1701~1769)스님의 부음을 듣고 쓴 시다. 보인스님의 호가 풍악(楓岳)이다. 보인스님은 일생을 염불과 참선으로 보냈다. 탑은 건봉산, 비(碑)는 유점사 뒤쪽에 있다.

 평소 차를 마시며 선과 교를 이야기하고 서로를 의지했던 것 같다. 그런 어느 날 아침 갑자기 부음소식을 듣게 된 것이다. 사람들이 말하기를 '남북 통틀어 가장 뛰어난 스님은 오직 스님 하나뿐'이라고 했는데…, 갑자기 이런 비보를 들을 줄이야!

 이제 스님의 형체는 어디에서도 볼 수가 없고, 적막한 제단에는 촛불만 홀로 일렁인다.

 나이로 보면 풍악스님이 스님보다 십년 정도 아래라 더욱 황망했을 터이다. 하지만, 이 시를 쓴 다음 해 천경함월 스님 그도 떠났다.

연담유일(蓮潭有一) 선사

실제(失題)

주렴밖에는 구름 일고
개울에는 달 비치네
그릇엔 나물 있고 솥에는 끓인 것 있고
병(甁)에는 차가 있어 즐겁다네.

[감상]

　연담유일(1720~1799) 스님은 전남 화순 출신이다.
　자는 무이(無二), 법호는 연담(蓮潭). 어려서부터 명석해 경전을 두루 익혔다. 대강백(大講伯)으로 특히 화엄경에 정통했다.
　입으로만 외우는 염불을 경계하고 염불과 참선의 일치를 주장했다.
　문집 『임하록(林下錄)』 외에 수많은 사기(私記)가 있다.

　맑은 개울에는 달그림자가 훤하다. 산 좋고 물 맑은데 먹거리 또한 걱정이 없다. 솥에는 밥이 있고, 나물반찬도 있다. 거기다 마실 차가 있는데 더 무엇이 부러우랴.
　그렇다. 일상에서 일어나는 소소함들이 감흥을 일으키고, 때로는 더 큰 감동으로 다가온다는 평범한 진리를 말이다. 역시 선미(禪味)의 담담(淡淡)함이 느껴지는 시다.

연담유일(蓮潭有一) 선사

매화를 읊음(詠梅)

올 이월 추위가 너무도 심했는데
처마 밑 매화꽃은 범할 수가 없었구나
은은한 향기, 바람에 실어 학승에게 보냈고
달빛에 어린 매화 꽃, 찻잔에 잠긴다.

詠梅
今年二月凍全深　外梅花冷不禁
風送暗香經學人　月移疎影茗杯侵

[감상]

음력 2월이니 3월을 말한다. 보통 3월이 되면 추위도 한풀 꺾인다는데 그해 추위는 유난했었던가 보다. 그래도 매화는 추위에도 아랑곳하지 않고 은은한 향기를 내뿜는다. 저 고고한 자태를 어느 누가 감히 범접하랴.

매화 향기를 혼자 즐기기에는 못내 아쉽다. 바람결에 향기를 실어 같이 공부하던 도반들에게 보내고 싶다고 했다.

달뜨는 밤이면 매화꽃 그림자가 한층 더 교교히 흘러든다. 찻잔 속에도 꽃 그림자가 어린다.

채제공(蔡濟恭)

실제(失題)

가벼운 추위에 술기운 좋게 오르고
바람 자니 차 연기 간들간들 퍼지네
뜰의 대나무는 무슨 사연 그리도 많아
밤이 들면 창 뒤에서 혼자서 읊어대나.

[감상]

  채제공(蔡濟恭, 1720~1799)의 자는 백규(伯規), 호는 번암(樊巖)·번옹(樊翁)이다.
  어려서부터 영민하여 24살에 문과에 급제했다. 우이정·영의정을 지내고, 동지사로 청나라에 다녀왔다. 정조의 아버지 사도세자의 능을 축조하고, 화성(華城) 축성을 도와 정조의 통치이념을 강화하는데 기여했다.
  저서로 『번암집』 59권이 전한다.

  약간의 추위가 몸속을 파고들 때, 적당히 술기운이 오르면 몸도 더워지고 기분도 좋아진다. 이럴 때 또 빠질 수 없는 것이 맑은 차 한 잔이다. 바람이 잔잔하니 풍로의 연기도 흩어지지 않고 간들간들 기분 좋게 피어오른다.
  밤이면 대숲에서 이는 바람소리가 유난히 귓가를 어지럽힌다. 무슨 사연 그리 많은지 밤새 웅얼~웅얼 대나무들끼리 부대낀다. 마치 누구에게 말이라도 거는 걸까? 아니면 혼자서 읊조리는 걸까?

영수합 서씨(令壽閤徐氏)

겨울밤에 독서를 하며(冬夜讀書)

맑고도 절절히 구르는 거문고 소리
창망한 밤기운이 적막하네
한밤중 내린 눈 매화나무에 얹혀있고
달빛은 침상 위 책들을 비추네.

사위어 가는 불은 느긋이 차를 끓이고
데운 술에서는 은은한 향기가 이네
희미한 등불은 낡은 벽에 걸려있는데
어슴푸레한 새벽 서서히 밝아 오네.

冬夜讀書
淸切琴聲轉　滄茫劍氣虛
梅橫三夜雪　月照一牀書
細火烹茶緩　微香煖酒餘
疎燈掛古壁　耿耿曉光徐

[감상]

　영수합 서씨(令壽閤徐氏, 1753~1823)의 영수합(令壽閤)은 당호(堂號)이다. 승지(承旨) 홍인모(洪仁謨)와 결혼했다.
　슬하에 홍석주(洪奭周)·홍길주(洪吉周)·홍현주(洪顯周) 삼형제와 두 딸을 두었다. 삼형제와 두 딸 중 유한당(幽閑堂) 홍원주(洪原周)도 당대의 시인이자 문장가다.
　영수합 서씨는 어려서부터 총명하고 독서를 좋아하고 거문고를 잘 탔다. 남동생들 어깨너머로 글을 배웠지만 문장가로 명성이 높았다.
　그는 정경부인(貞敬夫人)의 칭호를 받았다. 자녀들에게도 군자의 예의와 범절을 항상 강조하였으며, 많은 경전을 읽었다고 한다.
　시는 『영수합고(令壽閤稿)』라 하여 남편 홍인모의 문집 『족수당집(足睡堂集)』 제6권에 부록(附錄)으로 전한다. 시 190여 수 가운데 차시(茶詩)는 약 10편이 있다.

　평상시 온 가족이 둘러앉아 차와 술을 함께 하고 거문고를 타며, 시를 짓고 읊는 것을 즐겼다.
　적막하고 적막한 겨울밤이다. 밤늦도록 차를 마시며 독서를 하다가, 거문고를 타다가…, 그러다 보니 어느새 새벽이 되었다. 밤새 내린 눈이 매화나무에 얹혀 있고, 기울어져 가는 달빛이 침상까지 찾아들었다.
　이젠 화로의 불도 사위어 찻물도 더디 끓는다. 그러나 조금 전 데운 술에서는 아직도 은은한 향기가 코끝에 스친다고 했다.

영수합 서씨(令壽閤徐氏)

고요한 밤에 차를 끓이며(靜夜烹茶)

여러 해 동안 작은 다로에 불 지키며 차를 끓였으니
신령한 공덕이 진정으로 조금은 있으리니
맑은 차 한 잔 마신 뒤 거문고를 어루만지다가
밝은 달을 바라보니 누군가를 부르고 싶네.

봄날 쟁반위의 푸른 잔에 옥로차를 올리느라
낡은 벽은 차 연기에 얼룩져 그림처럼 되었네
잔 가득 채울 것이 어찌 꼭 술이어야 하리
답청 가는 내일은 차호를 가져가리라.

靜夜烹茶
幾年文火小茶爐　一點神功定有無
啜罷淸琴還自撫　看來好月竟誰呼
春盤椀碧沃瓊露　古壁煙籠作粉圖
滿酌何須待旨酒　踏靑明日更携壺

[감상]

　영수합 서씨의 셋째아들 홍현주는 정조의 사위다. 그의 시집에 초의가 발문을 썼다.
　영수합 서씨의 시세계는 단아하면서도 탈속한 선비적 기풍이 보인다. 서씨의 집안은 모두가 시인이고 차인이었다. 온 가족이 둘러앉아 차를 마시며 시 짓는 자리를 즐겨 하는 어머니였다. 그녀의 딸 홍원주도 차시를 포함하여 2백 편이 넘는 시를 남겼다.

　이 시에서도 묘사한, 긴 세월 불을 지켰다는 표현은 그만큼 차 생활을 오래 했다는 것을 나타낸다. 마치 종교에 귀의한 듯, 오래 한 곳에 심취해 살아왔음을 알 수 있다. 차를 오래 마시다보면 영묘한 공덕이 있을 것이라고 믿었으니, 그의 차 생활은 과히 종교에 가까울 정도다.
　맨 마지막 행의 '답청(踏靑)'은 봄놀이를 뜻한다. 삼월 삼짇날을 멋스럽게 부를 때 '답청절'이라고 한 기록이 있다. 당시에는 부녀자들의 외출이 거의 없었던 시대였다. 그러나 이 날만큼은 들에 나가 봄풀을 밟으며 차를 마시고 시를 지으며, 봄을 맘껏 즐기는 풍속이 전해 내려 왔다고 되어 있다.

아암혜장(兒巖惠藏) 선사

진일(盡日)

사는 곳은 인적 드물어 종일 문이 닫혀있고
마을의 돌샘은 꾸밈없이 그대로네
언덕은 구름 속에서 세월을 다 잊은 듯
경상위에는 두 권의 책들이 아침저녁 그대로네.

대숲 사이 차 잎은 머잖아 혀를 내밀려하고
울 밖의 매화가지 이미 꽃을 다 떨구어
숲 아래 가까이까지 적막이 드리웠구나
새가 지저귀지만 누구와 격조있는 이야기를 나누리오.

盡日
幽棲盡日閉松門　石泉依然栗里邨
一塢雲中忘甲子　兩函經上度朝昏
竹間茶葉將舒舌　墻外梅枝已斷魂
林下邇來成寂寞　禽商志操有誰論

[감상]

혜장(惠藏, 1772~1811)선사의 호는 아암(兒巖)이다.

다산 정약용이 강진에서 유배생활 4년 되던 해, 대흥사 강백으로 있던 혜장선사를 만나게 된다. 나이는 혜장선사가 열 살 아래다.

혜장선사는 다산으로부터 주역과 논어 등을 배우고, 다산은 차를 배우게 되면서 사제 간으로 발전한다. 이후 다산의 차 양식은 늘 혜장스님으로부터 얻게 된다.

사람도 드나들지 않은 깊은 산속, 소나무 가지로 얼기설기 엮어 놓은 사립문은 온종일 닫혀 있다. 전혀 꾸밈없는 돌샘과 야트막한 언덕은 세월이 흘렀어도 그 모습 그대로다.

경상 위에는 항상 경전 두어 권이 놓여있다. 혜장선사는 이름난 강백이었으므로, 하는 일이 오직 경전을 보는 것과 차를 마시는 것이 유일한 즐거움이었을 것이다.

대숲 사이에 있는 차나무에서는 뾰족뾰족 찻잎이 나오려 하고, 매화가지는 이제 꽃잎을 떨구려 한다.

봄이 왔다고 새들이 지저귀지만, 이 적막한 산중에 누구와 더불어 고담을 주고받을까.

아암혜장(兒巖惠藏) 선사

가리포 절제 김종환 공에게 주다(贈加里浦節制金公宗煥)

여관에서 서로 만나니 적적함 없어지고
바위에 맨 배는 분주히 움직이네
깊은 가을 오래된 섬의 산 모습은 수척하고
바람 많아도 물 가득한 호수는 잔잔하다.

차 끓일 도구를 갖춰 놓으니 반나절도 더디 가네
등촉 밝혀놓고 한밤까지 얘기하니
경에 대한 이야기는 애초에 할 생각이 없어
오랫동안 물어오지만 다만 부끄럽기만 하다.

贈加里浦節制金公宗煥
旅館相逢破寂廖　繫舟灘石共逍遙
秋深古島山容瘦　風積平湖水勢饒

已具茶湯遲半日　更將燈燭話中宵
殘經見解元無實　慚愧多年但問橋

[감상]

　가리포는 지금의 완도항을 말한다. 가리포 앞바다의 구슬처럼 떠 있는 섬이 추섬이다. 추섬의 '추(楸)'자는 가래나무 추자다. 완도를 신라 때는 청해진, 조선시대는 가리포진으로 불렸다.
　김종환은 1802년 5월에 가리포 첨사(僉使)로 부임하여 2년간을 이곳에서 지냈다. 첨사는 각 진영(鎭營)에 속했던 군직으로, 부사(府使), 목사(牧使), 군수(郡守)가 겸직하였다.

　포구의 깊은 가을 풍광을 바라보며 지은 시다. 다구를 펼쳐놓고 이런저런 이야기를 하다 보니 반나절이 흐른 줄도 몰랐다. 차를 마시다보니 밤이 되어 포구에도 불이 깜박인다.
　이런 아름다운 풍광을 바라볼 때 무거운 경전 이야기를 한다는 것은 어울리지 않는다. 애초에 그럴 생각도 없었거니와, 여러 해 동안 만나면서 경(經)에 대한 이야기를 물어오기도 했다. 그러나 섣불리 이야기 한다는 것이 다만 부끄러울 따름이라고 한다. 자신을 낮추는 겸손함의 표현이다.

아암혜장(兒巖惠藏) 선사

산에 살며 여러 흥취(山居雜興)

주렴에는 산빛이 고요 속에 신선한데
푸른 나무 붉은 노을 눈에 가득 곱구나
사미를 시켜서 차를 끓여내게 하니
머리맡에는 원래부터 지장(地藏) 샘이 있거늘.

엷은 노을 남은 볕이 절집을 비추니
반쯤은 붉은 빛, 반쯤은 누런 빛이네
맑은 차 한 사발이 다만 내 분수거니
누린내 나는 세상 온 종일 바쁘구나.

山居雜興
一簾山色靜中鮮　　碧樹丹霞滿目姸
叮囑沙彌須瀹茗　　枕頭原有地藏泉

澹靄殘陽照上方　　半含紅色半含黃
淸茶一椀唯吾分　　羶臭人間盡日忙

[감상]

　혜장스님은 해남출신으로, 기품이 남달랐다고 한다. 스님은 시와 차, 그리고 술을 즐기며 자유자재의 삶을 살았다. 1811년(순조 11) 가을에 병을 얻어 9월 14일(음력) 북암에서 입적했다. 문집으로 『아암집(兒庵集)』이 있다.

　혜장스님이 대흥사를 떠나 백련사 주지로 있을 때였다. 다산이 마을의 번잡한 곳을 떠나 조용한 곳에서 독서와 학문에만 전념할 수 있도록 여러모로 도움을 주었다. 그곳이 바로 보은산방(寶恩山房)이다.
　스님은 산에 살면서 느끼는 흥취를 읊은 시가 있다. 총 20수로 되어있는 「산거잡흥(山居雜興)」이다. 그중에서 제2수와 제14수를 옮긴 것이 위의 시다.
　산색의 푸르름과 붉은 노을이 주렴 가득 비쳐 든다. 암자 가까이에는 지장천이라 부르는 좋은 샘물이 있다. 사미승을 시켜 그 물을 길어와 차를 달이게 한다.
　해가 뉘엿뉘엿한 저녁답, 노을이 비친 절 풍경을 바라보니 붉은 빛 같기도 하고 황금빛 같기도 하다. 그저 바라만 봐도 마음이 넉넉해지고 평화로워진다. 푸른 하늘과 맑은 차, 이 한 사발이면 내 분수에 족하다고 했다.

침교법훈(枕蛟法訓) 선사

『육로산거영(六老山居詠)』 중에서 ①

가시덩굴 황폐한 땅을 우연히 자리잡아
차 덖고 토란 베는 스님을 흐뭇하게 바라본다
승려라고 괄시 받더라도 괴이치 말라
자고로 더러운 곳에서 연꽃이 피느니라.

偶從籍岬班荊地　　欣見焙茶剪芋僧
休怪頭陀受人侮　　汚池自古出荷菱

[감상]

　침교법훈(枕蛟法訓, ?~1813) 스님은 다산과도 교유가 깊었다.
　수룡색성(袖龍賾性, 1777~1848)·철경응언(掣鯨應彦, ?~?)·철선혜즙(鐵船惠楫, 1791~1858)과 함께 혜장 선사의 법을 이었다.

　처음 이곳은 가시덤불 우거진 황폐한 땅이었나 보다. 잘 일군 그 땅에서 봄이면 차 잎을 따서 덖고, 가을이면 토란대를 거두어 겨우살이 준비를 한다. 그런 스님들의 모습을 바라보니 마냥 흐뭇하다.
　조선시대는 숭유억불정책으로 사찰이 소유한 토지를 국가에서 몰수했다. 또 도첩제(度牒制)를 강화하여 승려의 수가 늘어나는 것을 제한하기도 했다. 그래서 이 시에서는 사람들로부터 승려라는 이유로 천대를 받더라도 그런 것 조금도 괘념치 말라고 한다. 그러면서 스님의 삶을 연꽃에 비유했다.
　아름다운 연꽃도 결국 그 뿌리는 진흙 속에 담겨 있는 것!
　사람들은 스님을 멸시할지 몰라도 실은 가장 청정한 삶을 살아가는 것이 스님이라고 한다.

침교법훈(枕蛟法訓) 선사

『육로산거영(六老山居詠)』 중에서 ②

잠 깨어 때때로 맷돌에 차를 가니
봄 오니 곳곳마다 꽃들이 피어있네
이 세상 내 몸 편히 쉴 곳 무엇인지 알겠나니
다만 산 속 한 채의 초가집이 그것일세.

睡起時時要磑茶　春來處處可尋花
已知此世安身物　只是山中一艸家

[감상]

　이 시 역시 『육로산거영』에 나오는 시다.

　봄이 되니 천지가 꽃들이다. 잠을 깨자마자 맨 먼저 하는 일이 맷돌에 차를 가는 일이다.

　사람이 사는데 꼭 필요한 것으로 의·식·주를 말한다. 먹는 것이나 입는 것도 중요하지만, 가장 첫째가 맘 편히 머물 수 있는 공간일 것이다.

　비록 산 속 오두막이지만, 내 몸 가장 편히 쉴 수 있는 곳은 이곳이라고 했다. 몸과 마음이 편하다면, 그것이 오두막이면 어떻고 초가집이면 어떠랴.

정약용(丁若鏞)

혜장선사에게 차를 청하며 부치다(寄贈惠藏上人乞茗)

듣자니 석름골에는
예로부터 좋은 차가 난다네
보리 이삭 팰 철이 오면
한 잎 두 잎 새 싹이 자란다오.
궁하게 사는 사람 채식에 버릇되니
누리고 비린내 나는 것은 비위가 상하고
돼지고기와 닭죽 같은
호사스런 음식도 먹기 어렵도다.
현벽병의 고통이 있고
때때로 술을 마시면 못 깨어나기 때문이라오
바라오니 스님의 숲에 있는 차
육우의 차솥에 조금만 채워주소서.
베풀어 주시면 내 병 물리치려니
나룻배로 건너 줌과 어찌 다르리오
법대로 불에 쪼여 말리어
물에 우리면 그 차 빛 맑기도 하리라.

[감상]

 정약용(1762~1836)의 호는 다산(茶山) 또는 여유당(與猶堂)으로 많이 불린다. 이 외에도 수십 개의 호가 있다.
 강진에서 유배생활을 한지 4년 되는 해(1812년), 해남 대흥사의 혜장(惠藏, 1772~1811)선사를 처음 만나게 된다. 나이는 십년 차이지만, 이 만남 이후 두 사람은 서로에게 많은 영향을 끼치게 된다.
 다산은 이후 차에 매료되어 사람보다 더 의지하게 되었다. 절해고도 유배지에서 정신을 가다듬고 학문에 몰두하여 수많은 저서를 남긴 것도 차의 영향이었다.

 평소 다산은 차 양식이 떨어지면 스님에게 보내줄 것을 부탁하였다. 이 시의 제목에서도 그런 내용이 드러난다.
 석름골은 강진 만덕산 백련사의 골짜기다. 귀양살이 처지에 고기는커녕 닭죽도 바라지 않는다. 차를 구함이 결코 호사스럽거나 여유가 있어 그런 것이 아니라, 다만 그의 병[痃癖]을 물리치기 위한 것이라 하고 있다.
 현벽 이라는 병은 기침과 가래가 많이 나오는데, 그것을 뱉을 때 옆구리가 당기는 고통이 심하다고 한다. 아마 오랜 유배생활에서 얻은 병일 것이다. 가슴의 통증과 울분을 술로써 삭히고 있는 절절한 현실에서 차로써 몸과 마음을 다스리겠다는 것이다.
 다산은 호소하고 있다. '차는 곧 나룻배로 고통의 바다를 건네주는 것과 다르지 않다'고. 그러니 스님께서는 중생구제 하는 심정으로 제발 차를 좀 보내 달라는 간곡한 내용의 시다.

정약용(丁若鏞)

차를 보낸 색성스님에게 사례하다(謝賾性寄茶)

혜장스님의 많은 제자 중에서도
색성스님이 가장 뛰어나니
이미 화엄학을 깨우쳤고
아울러 두보의 시까지 익혔다네
좋은 차 잘 법제하여
외로운 나그네 위로함이 진중하다오.

謝賾性寄茶
藏公衆第子　賾也最稱奇
已了華嚴敎　兼治杜甫詩
草魅賾善焙　珍重慰孤羇

[감상]

 다산은 학식과 재능이 뛰어나 정조의 두터운 신임을 받았다. 정조가 떠난 그 이듬해(1801년) 1월 신유사옥으로 인하여 유배생활로 들어간다. 청교도들이 청나라 신부 주문모를 끌어들이고 역모를 꾀했다는 죄명을 내세워 일으킨 것이 신유사옥이다. 이로 인해 포항 장기곶(長鬐串, 지금의 호미곶)으로 유배를 갔다. 4년 후 다시 옮겨간 곳이 강진 다산초당이다.

 강진에서 귀양살이 할 때 스님들로부터 차 선물을 많이 받았다. 이로부터 다산과 혜장스님과의 교분은 40여년이나 계속되었다. 혜장선사의 제자 중에 수룡색성(袖龍賾性, 1777~1848)스님이 있었다. 혜장스님도 차를 보내주었지만, 색성스님 또한 차를 법제하여 다산에게 보내 주었다. 다산은 이 시로 그 고마움을 전했다.

 색성스님으로부터 차를 선물 받은 다산은 색성스님에 대한 칭찬이 자자하다. 혜장스님의 제자가 많지만 그 중에서 가장 뛰어나다는 칭송을 아끼지 않는다. 화엄학에도 능통할 뿐더러 두보의 시까지 익혔을 정도로 뛰어난 인물인데 거기다 차까지 법제하여 보내 주다니!

 외로운 내 심정을 진정 알아주는 그 마음씀씀이에 진실로 고마워하는 마음이 담겨 있다.

정약용(丁若鏞)

혜장이 나를 위해 차를 만들어 놓고

여가(與可)는 옛적에 죽순을 먹었다지만
탁옹은 이제 차에 빠졌다오
제자의 마음씀씀이는 후한데
선생의 예는 그렇게 쌀쌀하오.
백 근이라도 사양하지 않겠거늘
두 포 정도는 베풀어 줄 수 있지 않겠소
술이라면 어찌 한 병만으로
깨지 않고 오래 취할 수 있으리오.
이미 언충(彦沖)의 차 그릇은 비었고
미명(彌明)의 솥도 쓸데가 없네
이웃에는 체한 사람들 많으니
차를 달라면 어떻게 구하리오
푸른 시냇물에 달이 비쳤으니
마침내 구름 속 맑은 모습 토해 내시게.

[감상]

　다산이 혜장선사에게 차를 부탁하면 혜장선사는 손수 딴 찻잎으로 법제한 차를 보내주었다. 그런데 혜장선사는 그의 제자 색성 스님이 다산에게 먼저 차를 보냈다는 사실을 알고 차를 보내지 않았다. 이를 안 다산은 차를 보내달라는 간곡함으로 이 시를 지었다.

　여기서 탁옹은 다산의 또 다른 호다.
　당신의 제자 색성의 마음씀씀이는 후한데, 스승인 혜장 당신은 어찌 그리 인심이 야박하냐고 다그치고 있다. 백 근을 줘도 마다하지 않을 터인데, 그래도 두 포 정도는 줘야 할 것 아니냐.

　술도 한 병 술로는 오래 취할 수 없듯이, 차 식량이 넉넉해야 마음 놓고 마실 수 있지 않겠는가. 차 그릇과 차 솥도 이미 비어 있다고 간곡하게 조르고 있다. 그러면서 이웃 핑계를 대고 있다. 체한 사람들이 많아 사방에서 차를 찾으면, 내가 어떻게 그들의 병을 다 고쳐 줄 수가 있겠는가.
　다산은 절해고도에서 기약 없는 귀양살이를 하면서 몸과 마음은 점점 지쳐가고 가슴은 터질듯 답답했을 것이다. 그것을 다스리는 데는 차가 유일한 버팀목이 되었을 것이다.

정약용(丁若鏞)

다합시첩(茶盒詩帖)

굽지 않은 벽돌로 만든 차 부엌은
불 괘와 바람 괘[離火選風]의 형상인데
차는 끓고 동자는 졸고
나부끼는 연기들이 저절로 푸르다.

茶盒詩帖
墼墼小茶竈   離火異風形
茶熟山僮睡   裊煙猶自靑

[감상]

다산이 강진에서 유배생활을 하는 18년 동안은 절절한 고독과 외로움이었다. 그러나 읍으로부터 십리 쯤 떨어진 다산동(茶山洞)으로 거처를 옮기고 나서는 비교적 마음이 안정되어 저술생활에 몰두하며 보냈다.

다산동 10년 동안 『목민심서』 48권, 『경세유표』 49권 등, 가장 많은 저술을 하였다. 위의 시를 보면 격한 감정이 조금 가라앉아 있는 듯한 느낌이 든다. 다산동이라는 이름도 그곳에서 차나무를 심고 가꾸면서 정들었던 곳이라 그렇게 붙여진 이름이다.

이 시는 『다합시첩(茶盒詩帖)』이라는 시집에 실린 시다.
화로에서 찻물이 끓고 있는데 동자는 물이 끓는 줄도 모르고 졸고 있다. 물 끓기를 기다리다 아마 화로의 따스한 불기운에 깜빡 잠이 들었나 보다.
주전자의 푸른 연기가 가늘게 나부끼다가 물이 점점 끓으면서 연기가 사방으로 흩어져간다. 그것을 바라보는 다산의 마음도 허공의 연기처럼 허허로워 보인다.

정약용(丁若鏞)

춘일체천잡시(春日棣泉雜詩)

아곡(鴉谷)의 차잎이 새 잎을 막 펼치니
한 포를 마을 사람의 호의로 얻었노라
체천(棣泉)의 물은 맑기가 어떠한가
은병(銀甁)으로 길어다가 시험해 본다네.

春日棣泉雜詩
鴉谷新茶始展旗　　一包纔得里人貽
棣泉水品淸何似　　閒就銀甁小試之

[감상]

　백아곡(白鴉谷)은 지금의 경기도 하남시 검단산에 있는 골짜기로 짐작된다. 이곳에서 나는 차를 구해 마시는 내용이다. 백아곡은 다산이 머물던 남양주 양수리 '여유당(與猶堂)'에서는 아주 가까운 거리다.

　이 시로 보아 남쪽지방이 아닌 북쪽 가까운 지방에서도 차가 재배되었던 모양이다.

　어느 봄날, 마을사람으로부터 햇차 한 포를 선물 받았다. 체천이라는 샘물이 좋다하니, 그 샘물로 차를 달여 맛을 한 번 시험해 보아야겠다고 한다.

　좋은 차를 얻었으니 그에 값하는 은병에다 물을 길어 달여 보겠다고 한다. 아마 그만큼 귀중한 차라는 것을 나타내는 또 다른 표현일 것이다.

　이 시는 다산이 21살 때(1782년) 지은 시다. 이 시를 보면 다산은 유배생활 훨씬 이전부터 이미 차를 가까이했다는 것을 알 수가 있다.

숙선옹주(淑善翁主)

우연히 읊다

시냇가 푸른 이끼에 앉아
솔잎 모아 차를 달인다.
차 한 잔 마신 뒤 시를 읊으니
꽃 사이로 흰나비가 날아다닌다.

[감상]

숙선옹주(1793~1836)는 숙빈 박씨와 정조와의 사이에서 태어난 딸이다. 오빠는 순조(純祖, 1790~1834)다.

숙선옹주의 할아버지는 사도세자이며, 할머니는 혜경궁 홍씨다.

영수합 서씨의 셋째 아들 홍현주(洪顯周, 1793~1865)와 12살 때 결혼했다. 유한당 홍원주와 함께 한 시대의 문장가를 이룬 집안이다. 시댁 집안이 전부 문장가로도 이름이 높았지만 또한 차를 즐긴 차인(茶人)들이었다. 숙선옹주도 자연 차를 즐기면서 시를 지었다.

화창한 봄날 시냇가에서 열린 찻자리[茶會]를 간결하게 묘사하고 있다. 아마 몇 사람이 야외에서 차 모임을 가진 것 같다. 솔잎을 모아 불을 지피고 차를 끓인다.

차 한 잔을 마신 후, 서로 돌아가며 시 한 수씩 읊기를 시작한다. 꽃향기에 끌렸는지 아니면 차 향기에 끌렸는지 어디선가 나비들이 모여든다.

숙선옹주(淑善翁主)

그때 일들

매화나무 있는 집에서 늦도록 차를 마시니
오동나무 난간에 깃든 새들의 울음소리
저 소리는 누가 불어대는 옥피리인가
솔숲 사이로 흐르는 푸른 샘물 소리라네.

[감상]

　매화나무 있는 집은 시어머니 영수합 서씨가 거처하는 곳이다.
　밤이면 새들도 보금자리를 찾아 숲속으로 깃든다. 마치 새들의 조잘거림처럼 고부가 한 자리에 앉아 밤 가는 줄 모르고 차를 마시며 도란도란 이야기를 나누는 풍경을 그렸다.
　늦은 밤이라 그런지 솔숲 사이로 흐르는 물소리가 유난히 크게 들린다. 맑은 샘물 흐르는 소리가 마치 옥피리소리를 듣는 것처럼 청아하다.

　시어머니 영수합 서씨와 며느리인 숙선옹주의 사이는 아주 좋았다고 한다. 온 식구들이 차를 즐기는 집안이라 평소에도 식구들끼리 둘러앉아 차 모임을 가지며 글을 짓고 많은 이야기를 서로 나눈 영향도 있었으리라. 그는 임금의 딸이지만 성품이 아주 곱고, 모습 또한 단아했다고 한다.

숙선옹주(淑善翁主)

너에게

초여름 날은 길고 길어
부드러운 바람에도 꽃잎을 떨구네
녹음 우거지니 온 산에 비 내린 듯
집집마다 수양버들이 드리워졌네.

산 속 관사는 늘 맑고 고요한데
꾀꼬리 노랫소리 오히려 번잡하여라
한가로운 가운데 그윽한 흥취가 있어
시를 읊으면서 또 차를 마신다.

[감상]

    정조가 42세 때 얻은 딸이 숙선옹주다. 늦게 얻은 딸이기도 하지만 어릴 때부터 유난히 병약하여 정조의 사랑은 더 각별했다. 그러나 그녀의 나이 여덟 살 때 아버지 정조는 세상을 떠나고, 열두 살에 홍현주와 결혼했다.
    아들 하나를 두었으나 일찍 세상을 떠났다. 그런 아픔을 달래기 위해 시를 짓고, 유난히 차를 가까이 했다. 그것이 유일한 낙이었는지도 모른다.
    45세에 세상을 떠났지만, 그녀가 남긴 시는 200여 수가 된다. 궁중 여인들 중에서는 가장 많은 시를 남겼다.

    사는 모습처럼 시의 분위기도 차분하다. 숲으로 둘러싸인 집은 정적이 감돌고 적막해 보이는 관사(官舍)다. 관사라는 표현을 보아 아마 홍현주가 잠시 관직에 있을 때 머무른 곳이 아닌가 짐작된다. 워낙 고요함에 익숙해서인지 봄 한 철 울다가는 꾀꼬리 노랫소리도 오히려 시끄럽게 여겨질 정도라고 했다. 이 시 역시도 시를 짓고 차를 마시는 평소생활을 그리고 있다.

숙선옹주(淑善翁主)

우연히 읊다

술을 마신 뒤라 취기 아직 가시지 않았는데
차를 달이니 새로운 향기가 사랑스럽네
꽃잎은 어지럽게 눈발처럼 흩날리는데
숲속 하늘에는 저녁어스름이 밀려오는구나.

[감상]

　시댁인 홍현주 집안사람들은 차와 술을 아주 즐겼다. 식구들이 모이면 차회뿐만 아니라 서로 술잔을 나누며 시 한 구절씩을 돌아가며 읊기도 했다는 기록이 여러 군데서 나온다.
　그 때만 해도 남녀 구별이 엄격한 시대였지만, 영수합 서씨 집안은 그런 차별을 두지 않았다. 그러니 식구들이 모이면 자연히 술을 즐기고, 술을 마신 뒤에는 차를 마시는 것이 다반사였는지도 모른다.

　흩날리는 눈발을 바라보면 괜히 마음이 가라앉는다. 이때는 창가에 앉아 차를 마시거나 술을 마시면 한결 운치가 더해진다.
　그렇게 홀짝 홀짝 하다 보니 어느 듯 어스름이 밀려오고 살짝 취기가 돈다. 술을 마신 뒤에 차를 마시면 술기운이 가신다는 것을 그녀도 알고 있다.
　술 향기도 좋았지만 차 향기를 맡으니, 또 새로운 향기에 취하게 된다.

숙선옹주(淑善翁主)

늦은 시간에 읊음

해질 무렵 난간에 기대서니
천지 가득 봄기운이 넘치네
새들은 돌아와 대숲으로 깃들고
시냇가에 앉아 차를 달인다.

[감상]

　좋은 찻자리는 사치스러운 것보다 소박한 것이 좋고, 시끄러운 것보다는 조용한 곳이 좋다.
　청담(淸談)을 나눌 뜻 맞는 친구가 있다면 좋지만, 그렇지 않을 경우에는 혼자 조용히 마시는 것이 가장 좋다.
　혼자 마시는 것을 '신(神)'이라고 했다. 그만큼 신령스럽고 그윽하여 세속(世俗)을 벗어난 경지라는 뜻이다. 마음의 눈을 뜨게 해주는 고요의 시간일 것이다.

　고즈넉한 숲속에서 계곡물 소리를 들으면 그 어떤 음악보다 고고하게 들린다. 계곡물소리 들으면서 차를 마시고, 이야기를 나누다보니 시간은 어느 듯 저물녘이다.
　대숲이 소란스러운 것을 보니 새들도 보금자리를 찾아든 모양이다. 누각에 올라 바라보니 천지가 봄기운으로 가득하다.

홍원주(洪原周)

꿈속에 간 고향집(夢歸)

내 마음은 먼 길 떠나온 나그네 같은데
누가 말하기를 고향에 돌아온 것이라고
언덕의 구름에 가려 고향하늘에 눈길 닿지 못한 채
한 조각 꿈에선 어머니 곁으로 돌아가네.
문 앞의 버드나무 잎은 푸른빛을 띠고
뜰 앞의 국화는 서리 내려 노란빛 잠깐인 것을
아버님 어머님 딸자식 생각나시면
살포시 들창 밀치고 밝은 저 달을 보시옵소서.
아버님 어머님아래 왁자지껄 형제들의 웃음소리
기쁘고 즐겁고 오롯한 한 가족
은촛대 불 당겨서 그림 벽 밝혔으니
금잔에다 따른 보배로운 차 더욱 향기로워라.

夢歸
心似爲遠客　誰云歸故鄕
目斷隴西雲　片夢歸萱堂
門柳烟裸碧　庭菊霜逗黃
兩孃憶阿女　？窓看月光
下有兄弟笑　？？成一行
銀燭畵壁明　寶香金尊香

[감상]

　홍원주(洪原周, 1791~1842)는 홍인모와 영수합 서씨의 3남 2녀 중 장녀로, 호는 유한당(幽閒堂).
　친정가족 전부가 당대의 문장가로, 홍현주의 누나다.
　35세의 나이로 세상을 떠난 남편 심의석과의 사이에 딸 하나만 두었다. 당시의 통념상, 대(代)를 잇지 못했다는 죄책감으로 평생 자신을 숨기고 외로운 삶을 살았다.
　평소에 지은 시(詩)도 남에게 보이지 않았다. 그녀의 사후에 양아들과 사위가 『유한집(幽閒集)』을 펴냈다. 이곳에 187편의 시가 실려 있다.

　그의 시에서는 친정 부모와 형제에 대한 그리움을 표현한 시가 많다. 이 시는 전부 다섯 수이지만 그중 세 수만을 옮겼다.
　이 시에서도 친정 부모님과 형제들과의 단란했던 장면을 추억하고 있다. 아름다운 찻잔에 귀한 차를 따루고 나니, 문득 가족들 생각이 떠오른다. 보배로운 이 향기를 같이 나누고 싶은 절절한 그리움이 담겨 있다.

홍원주(洪原周)

연구(聯句)

비 개인 뒤 갓 돋은 달 밝으니,(족수당)
흐르는 그림자 성긴 발에 어리네(영수합)
먼데서 오신 손님은 흥도 많으셔(영수합)
밝은 빛을 모두 싫어하지 않는구나(홍석주)
허공은 맑고 하늘은 넓고 넓은데(홍석주)
이슬은 내려서 옷을 적시네(홍길주)
누각은 허공 속에 걸려 있고(홍길주)
달은 산봉우리에 걸려 있네(홍원주)
붓을 휘둘러 시를 지으니(영수합)
이루지 못하면 벌주로서 술잔을 기울이네(홍석주)
빙 돌아 서 있는 아름다운 나무들에게(홍석주)
반찬과 소금 갖추어 공양한다(홍길주)
차는 익어 시정에 젖어드니(홍길주)
거문고 맑은 소리 고운 손에 울린다(홍원주)
참으로 다정하고 즐거운 이 마음을(홍원주)
가도 가도 버릴 수 없구려(홍현주)
머리 들어보니 은하수는 기우는데(홍현주)
이 기쁨 달님에게 물어 본다(족수당)

[감상]

　이 시는 유한당 홍원주의 『유한당 시고』에 나오는 〈연구(聯句)〉라는 시의 일부이다. 가족들이 둘러앉아 차회를 즐기며 한 구절씩 읊은 연작시다.
　한 편의 시 안에 시와 차, 술 그리고 거문고를 즐기고 있는 단란한 가정의 저녁 차회가 그림처럼 묘사되어 있다.

　족수당(足睡堂) 홍인모는 영수합 서씨의 남편이다. 여러 분야의 학문에도 매우 깊은 경지를 이루었지만, 특히 도교와 불교에도 통달하였다고 한다. 무려 2천여 편의 시를 지을 만큼 문장에 뛰어났던 홍인모는 영수합 서씨와 더불어 온 가족이 시를 통해 대화하기를 즐겼다고 한다.
　평소 가족 간의 화목함이 모두를 당대의 뛰어난 문장가로 만들었는지도 모른다.
　영수합 서씨는 나이 오십에 율시(律詩) 한 권을 열흘이 채 못 되어 지었을 정도였다고 한다.

홍원주(洪原周)

두보의 시에 차운하여(杜次韻)

관원의 초록빛 풀은 향기롭고
숲의 빛깔은 하늘 멀리 가물거리네
고요한 누각에는 바람이 들락날락
숲에 달이 밝으니 새들이 깃들인다.

산봉우리 구름은 모였다 흩어지고
난간 밖 달님은 나왔다가 숨었다가
찾아온 손님에게 드릴 초록이 없으니
술 대신 차를 달여 드리네.

杜次韻
官園芳草綠　　樹色遠天迷
樓靜遠開戶　　林明鳥起樓
山頭雲聚散　　欄外月高低
有客尊無綠　　烹茶代酒携

[감상]

　유한당 역시 어머니 영수합 서씨처럼 당·송 시인들의 시중에서도 특히 두보의 시에 차운(次韻)하는 시를 많이 썼다. 차운하는 시를 쓰려면 방대한 작품들을 경험해야만 가능하다. 이는 그만큼 두보의 시를 많이 가까이했다는 것임을 알 수 있다.
　그 당시 여류문인들의 작품에는 정확한 이름이 없는 경우가 대부분이다. 주로 성(姓)이나 또 다른 이름으로 썼다. 그런데 유한당은 호와 이름이 뚜렷이 남아있는 인물이다.

　당시 여류들 작품에서는 조선에서 여성으로 살아가는 한(恨)과 가난, 실연, 애정… 등을 절절하게 표현한 작품들이 많았는데 비해 홍원주는 주로 자연이나 가족에 대한 그리움을 노래한 서정시가 많은 것도 특징이다. 이는 그의 집안이나 주변 환경이 남달랐기 때문으로 짐작된다.

신 위(申緯)

옥중에서 차를 달이며(獄中煎茶)

문에 쥐란 놈이 바스락거리고
으슥한 벽 뒤에서는 새벽등불이 희미하네
꿈에서 깨어난 나는 차솥과 더불어 있으니
한결같은 숨소리 살아있구나.

땅에 깐 차가운 이불 병졸의 대오 같은데
다행히 차 화로에는 불이 있구나
귀가 점차로 솔바람소리에 이끌리니
지척에 신선이 노니는 산골짝이 있다네.

獄中煎茶
索索聲扉饑鼠出　幽幽背壁曙燈昏
夢回我與茶鐺嘴　一樣綿綿氣息存
席地寒衾卒伍同　茶爐幸有火通紅
耳根漸借松風聲　咫尺神遊澗壑中

[감상]

신 위(申緯, 1769~1847)의 호는 자하(紫霞)다.

그는 경기도 시흥의 자하동에서 오랫동안 학문을 익혔다. 그곳의 이름을 따 스스로 '자하'라는 호를 지었다.

그는 시·서·화, 삼절(三絶)로 알려져 있다. 특히 산수화나 묵죽에 천재성을 발휘했다. 문과에 급제하여 평생 4천 여 수의 시를 남겼다. 그 중에서 차시만 110여 수가 된다.

이 시에서 보면 옥중에서 차를 끓였던 모양이다. 자하가 56세 되던 해(순조 24)에 그가 데리고 있던 부하가 공무를 집행하는 관리를 구타한 사건이 있었다. 그도 함께 체포되어 며칠간 옥살이를 할 때 남긴 시다.

쥐란 놈이 계속 바스락거려 새벽까지 잠을 이루지 못하고 있는데, 등잔불마저 졸고 있는 듯 희미하다. 차디찬 바닥에 깔아놓은 이불이 마치 병사들이 줄을 맞춰 서 있는 것 같다고 했다.

따뜻한 차를 마시니 비로소 정신이 좀 드는 것 같다. 차솥에서 물 끓는 소리가 솔바람소리처럼 들린다. 그 소리를 듣고 있으니 마치 신선이 노니는 산골짝에 들어와 있는 것 같다. 잠시나마 옥중에 있다는 것을 잊어버린 듯하다.

신 위(申緯)

한보정(閑步亭)

수레를 대신해 천천히 걸어간 곳에
삿갓 같은 작은 정자 하나 있네
돌을 골라 시 쓰는 벼루를 만들고
샘물 길어 차를 달여 잔에 따루었네.

나는 머물다 떠나야 할 사람이지만
아직은 이곳에 한가로움이 있구나
관청 일 한가한 틈을 타
뒤에 오는 사람에게 물려주어도 무방하리라.

閑步亭
當車緩步處　如笠小亭開
選石安詩硯　斟泉注茗盃
行將吾去矣　且復此悠哉
一叚閑公案　無妨贈後來

[감상]

  그는 다산 정약용, 추사 김정희, 초의선사 등과 차를 통한 인연이 각별했다. 추사는 새로운 차가 있으면 항상 그를 초청해 차를 대접했고, 자하는 초의선사의 시집 『초의시집』 서문을 써 줄 정도로 교유가 깊었다.

  어딜 가나 산수가 좋은 곳에는 반드시 정자가 있다. 그런 정자 있는 곳에 차가 함께 하는 것은 너무나 자연스런 일이다.
  우리나라도 고려시대부터 차 정원(다실)은 있었다. 초의선사의 일지암이나 다산초당 등도 일종의 다실이다.

  한보정은 지금의 남산근처로 짐작된다. 자하도 공무(公務)가 없는 날에는 삿갓처럼 생긴 한보정에서 차를 즐겼던 모양이다. 더 이상 수레가 들어가지 않는 곳이라 시냇가를 따라 천천히 걸어가야 한다. 즉석에서 돌을 주워 벼루를 만들고, 맑은 샘물을 길어다 차를 끓여 한가로이 마시는 풍경이 운치를 더해 준다.
  노년에는 자하산장에서 시·글씨, 그림을 그리고 차와 더불어 일생을 보냈다. 가장 많은 차시를 남긴 것으로 기록되고 있다.

수룡색성(袖龍賾性) 선사

『육로산거영(六老山居詠)』 중에서 ①

치수 민수 두 물은 서로 분간 안 되는데
어이 누린 풀 버려두고 향기로움만 취하리
못 아래 노는 고기 밝은 곳서 보이고
고요한 대숲 사이에서 새 소리 들리네.

한 뙈기 밭에는 푸성귀가 있고
햇차 달이는 연기 구름 속에 피어오르네
세상일 아득하여 봄꿈 속에 묻힌 듯
파도같이 내달리는 명리 어이 쫓으리.

淄澠二水莫相分　何必損蕕獨取薰
潭底魚遊明處見　竹間鳥語靜中聞
蔬從邵地能成圃　茶放新煙遠入雲
世事杳茫春夢裡　云何名利若波奔

[감상]

　수룡색성(袖龍賾性, 1777~1848)스님의 법명은 색성(賾性), 법호는 수룡(袖龍)이다.
　어릴 때부터 매우 총명하였다. 출가 후에는 일찍이 경전을 두루 섭렵하고, 아암혜장 선사로부터 의발을 전수받았다. 혜장선사가 '수룡(袖龍)'이라는 호를 내렸다.

　다산이 강진에 유배되어 있을 때, 초의선사에게 차 부탁을 했으나 미처 보내주기 전에 색성스님으로부터 먼저 차를 받게 되었다. 다산은 '화엄에 능통하다'는 내용의 시로 색성스님을 극찬한 적이 있다.
　치수(淄水)와 민수(澠水)는 지금의 산둥성을 흐르는 물 이름인데 물맛이 달랐다. 두 물을 섞어 두면 보통 사람은 가려내지 못했는데 제환공 때 요리사인 역아(易牙)는 물맛만 보고 틀림없이 구분해 냈다는 고사에서 나왔다.

　작은 텃밭이지만 푸성귀가 있고, 곁에는 항상 차가 있으니 아무것도 부럽지 않다. 하늘거리는 차 연기가 구름 속으로 피어오른다. 맑은 차 한 잔 머금으니, 세상 밖 소식들은 봄꿈처럼 아득하기만 하다. 명예와 이익만을 쫓아 파도처럼 일렁이는 세상살이…, 나하고는 아무 상관없는 일이라네.
　물고기 노니는 작은 연못과 대숲에서 들리는 새소리를 즐기고 싶다고 했다.

수룡색성(袖龍賾性) 선사

『육로산거영(六老山居詠)』 중에서 ②

병으로 누웠어도 백운관(白雲關) 찾는 이 없고
봄바람만 변함없이 잊지 않고 돌아왔네
달리는 말에 먼지 많듯 마음이 다급해도
벙어리 양(羊) 가만 앉아 정녕 한가롭다.

일천 겹의 늙은 넝쿨 붉은 폭포 감추어도
1백 꿰미 향차가 푸른 산에서 난다는데
슬프다 저 식전(食前)의 방장의 음식들
얼마나 빚 원망이 인간들에 쌓였던가.

病居誰訪白雲關　唯有春風依舊還
走馬塵多情刺促　啞羊禪坐意幽閒
千重老蔓藏紅瀑　百串香茶産碧山
哀彼食前方丈饌　幾廻冤債積人間

[감상]

　이 시는 『육로산거영』에 수록된 차에 관한 시다. 『육로산거영』은 1818년 원나라 석옥청공이 쓴 『산거시』 24수에 대해 다산과 당시 강진 백련사의 네 스님(수룡색성·철경응언·침교법훈·철선혜즙)이 차운하여 쓴 시를 함께 묶은 시집이다.

　산 속 암자에 병든 몸으로 누워있어도 찾아오는 사람은 없다. 올해도 어김없이 봄바람만이 찾아와 문안인사를 하고 간다. 세상살이 어지러워도 혼자 즐기는 한가로움을 벙어리 양에 비유했다.
　얽히고설킨 겹겹의 넝쿨들이 폭포를 가릴 정도로 깊은 산, 그래도 1백 꿰미나 되는 향차(香茶)가 이 산에서 난다고 했다.
　강진 백련사가 있는 산이 만덕산이다. 이곳에서 채취한 차가 일백 꿰미나 된다고 하니 차밭 규모가 어마어마하다는 것을 알 수 있다.
　꿰미라는 말은 '끈 등으로 꿰어 매달았다'는 의미로 보아 아마 병차(餠茶, 떡차)를 말하는 것 같다.

김정희(金正喜)

혜산에서 차를 마시다(惠山啜茗)

천하에 둘째가는 샘물에
더구나 진군(秦君)과 홍군(洪君)까지 함께 했네
마실만한 샘물이야 얻을 수 있지만
두 사람은 참으로 함께 하기 어려워.

惠山啜茗
天下第二泉　　又重之秦洪
飮泉猶可得　　二妙眞難同

[감상]

　김정희(1786~1856)의 호는 추사(秋史) 또는 완당(阮堂)외에도 2백여 개가 된다. 충남 예산 출신이다.
　추사는 이 혜산천의 물로 차를 끓여 마셨던 내용을 위의 시로 남겼다. 육우(755~804)는 20곳의 샘물 중 '천하 제2천'으로 혜산천을 꼽았다. 혜산천은 강소성 무석(無錫)의 혜산에 있다. 제일천은 여산(廬山)의 강왕곡(康王谷) 곡렴천(谷簾泉)이다.

　아무리 좋은 물이라고 하더라도 그 물맛을 제대로 아는 사람이 얼마나 되겠는가. 차 맛 또한 마찬가지다. 그 맛을 제대로 아는 사람과 함께 마실 수 있다는 것은 이 얼마나 행운(?)인가.
　소현(小峴) 진영(秦瀛, 1743~1821)과 치존(稚存) 홍양길(洪亮吉, 1746~1809)은 청대(靑代) 팔대가에 속하는 문인이다. 그런데 이런 선비를 만나 함께 차를 나누었으니….
　아무리 좋은 물이라 하더라도 다시 얻을 수가 있지만, 참으로 만나기 어려운 두 사람을 만나 차를 마셨으니 그 감흥이 남달랐던 모양이다.
　추사는 차를 마시며 귀양살이의 시름을 달랬다. 그가 쓴 글에 보면 '하루 종일 참선과 차만 마시면서 한 해를 보냈다'는 구절이 나온다.

김정희(金正喜)

초의선사를 머무르게 함(留草依禪)

눈앞에 놓인 잔으로 조주의 차를 마시고
부처님 손에 든 꽃의 뜻을 알고 굳게 지키네
한 마디 외친 뒤 귓가에 차 마시는 소리 들려오니
봄바람 어디엔들 불어오지 않으랴.

留草依禪
眼前白喫趙州茶　手裏牢拈梵志華
喝後耳門飮箇漸　春風何處不山家

[감상]

  추사(1786~1856)와 초의선사(1786~1866)는 동갑이기도 하지만 누구보다 절친한 사이다.
  추사가 차를 처음 접한 계기는 젊은 시절 연경(燕京)을 방문했을 때 맛본 승설차(勝雪茶)의 향미에 이끌린 것으로부터 시작되었다고 한다. 이때의 차 맛을 잊지 못해 많은 호(號) 중에 '승설도인(勝雪道人)'이란 호를 즐겨 쓰기도 했다.

  추사는 이 시를 지어 초의선사에게 보내면서 당나라 조주선사의 차에 대한 언급을 하고 있다.
  조주차란 조주 선사가 일상생활에서 차를 즐긴 데서 붙여진 이름이다. 그를 찾아오는 납자들에게는 누구에게나 차를 권했다. 수좌와의 선문답에서 불법의 정수를 물으면, "차나 마시고 가라[喫茶去]"고 대답했다. 이로부터 '끽다거'는 하나의 화두공안이 되었다.
  차를 마시는 것은 단순히 마시는 행위가 아니라 마음을 깨우치기 위한 참선수행과 같다고 여겼다. 즉 차와 선은 둘이 아니라 '다선일여'의 경지를 말한 것이다.
  봄바람이 스님이 거처하는 곳까지 찾아와 살랑거려도, 이미 선정에 몰입해 있는 스님에게는 그저 봄바람일 뿐이라고 한다.

김정희(金正喜)

옛 샘에서 물을 길어 차를 시험하다(汲古泉試茶)

사나운 용의 턱밑에 여의주 박혔는데
솔바람과 산골 물 그림을 뽑아 가졌네.
성 안팎의 샘물 맛 시험 삼아 가려 보니
제주에서도 차를 품평할 수 있으리라.

汲古泉試茶
獰龍頷下嵌明珠　拈取松風礀水圖
泉味試分城內外　乙那亦得品茶無

[감상]

　이 시는 추사가 제주도에 유배되어 있을 때, '급고천(汲古泉)'의 물을 떠다 찻물을 시험해 본 것이다.
　제주도에는 그 당시 '급고천(汲古泉)', '감액천(甘液泉)', '산저천(山低泉)'이라는 3개의 샘이 있었는데, 시의 제목처럼 추사는 옛 샘물을 떠다 차를 달여 마신 체험을 시로 읊었다.

　추사의 시에는 차를 달이는 물에 대한 시가 많다. 그에게는 그럴만한 이유가 있었다.
　추사는 청나라 건륭황제가 중국의 가장 좋은 물 5군데를 골라 등급을 매긴 글을 보고 난 후, 그도 차를 마실 때는 물에 대해 남다른 관심을 보였다. 그래서 그런지 샘물 맛을 가려내는 데는 따를 사람이 아무도 없었다고 한다.
　마지막 구절의 '을나'는 제주도의 옛 이름이다.

김정희(金正喜)

요선이 읊은 동쪽 우물의 운에 답하다(和堯仙東井韻)

옥천이 지은 일곱 주발의 샘물을 시험하고 돌아오니
성 동쪽의 물은 말라 나막신 바닥엔 이끼 끼었네
늙은이는 쓸쓸히 텅 빈 집에 앉았는데
구리 병은 오직 대롱에서 물대어 주기만을 기다린다.

和堯仙東井韻
玉川七椀詩泉廻　沉盡城東屐底笞
老子寥寥屋中坐　銅瓶只管水符來

[감상]

　위의 시도 역시 추사가 우물물을 주제로 쓴 시다.

　위에서 '옥천의 일곱 주발'이라는 뜻은 당나라의 시인 노동(盧仝)이 읊은 일곱 주발의 차노래[七碗之茶歌]를 뜻한다.

　흐르는 물에는 이끼가 끼지 않지만, 흐르던 물이 잦아들면 이끼가 낀다. 물이 줄어든 것도 속상한데, 그렇잖아도 미끄러운 나막신 바닥이 더 미끄럽다.

　속상하고 안타까운 그 심정이 바로 '늙은이는 쓸쓸히 텅 빈 집안에 앉았다'는 표현으로 나타난다.

　여기서 '물패[水符]'란 대나무를 쪼개 만든 물 대롱을 말한다. 물 대롱엔 항상 물이 졸졸 흘러야 한다. 그런데 물이 말랐으니…. 물을 담아 나르던 빈 구리 병을 우두커니 바라보는 쓸쓸한 심정이 담겨있다.

김정희(金正喜)

천일선사에게 차시를 지어 보내다(寄茶詩天一禪師)

남산의 선인은 무엇을 드시는지
밤마다 산 속에서 백석차 달이네
세상 사람들은 그를 일컬어 백석선(白石仙)이라 부르네
한평생 나이를 먹었으나 돈은 쓸 데 없었네.
신선처럼 먹으니 뱃속은 편안하기 그지없어
칠십 둘 노경에도 폐와 간 건강하네
진정한 조사(祖師)는 오직 남산 남쪽에 계시니
나는 길 멀다 탓 않고 그를 따르리.

寄茶詩天一禪師
南山仙人何所食　夜夜山中煮白石
世人喚作白石仙　一生費齒不費錢
仙人食罷腹便便　七十二峰生肺肝
眞祖只在南山南　我欲從之不憚遠

[감상]

추사는 하루도 빠지지 않고 차를 마셨다고 한다. 또 그때그때의 상황이나 심경에 따라 아호를 지어 낙관으로 사용했다. 흔히 알려져 있는 '추사(秋史)'·'완당(玩堂)'·'시암(詩庵)'·'노과(老果)'…등등, 이 외도 200여 개의 호가 있다.

오랜 유배생활에서의 유일한 낙은 차를 마시는 일이었다. 차 한 잔을 놓고 혼자 대화를 하고 사람을 그리워했다. 그러면서 마음 편한 사람에게는 격의 없이 대했다. 물론 그의 직선적인 성격 탓도 있으리라. 그 중에서도 가장 스스럼없이 대하는 사람은 초의선사였다. 서로가 주고받은 50여 통의 편지 중에 차와 관련된 편지가 15통 가량 된다. 차에 대한 품평의 글도 있지만 주로 차를 보내달라는 내용이다.

추사는 제주도로 유배를 가면서도

'향내 나는 맛좋은 차 달라고 보채는 사람이 멀리멀리 떠나가 버리니, 이제 초의당 혼자서 그 향기로운 차 다 마시겠구려.'

'햇차를 돌샘과 솔바람을 곁에 두고 혼자 마시면서, 애당초 먼 데 있는 사람은 생각조차 하지 않는게요. 몽둥이 삼십 방을 아프게 맞아야겠소.…'라는 투정을 하기도 한다.

위 시는 천일선사로부터 차를 받고 시를 지어 화답한 것이다. 좋은 음식보다는 평생 차를 가까이 하다 보니 그래도 지금까지 건강을 잘 유지하고 있다는 내용이다. 스님의 훌륭한 뜻을 잘 받들어 살겠다는 내용의 글이다.

김정희(金正喜)

완당이 초의에게 차를 재촉하는 글을 주노라

　수년 이래 햇차는 과천정(果川停)과 열수장(洌水庄)으로 햇차를 보내더니, 벌써 곡우가 지나고 단오가 가까워졌는데도 두륜산의 납자(초의선사)는 형체와 그림자도 없으니 어찌된 일인가. 신병(身病)이라도 난 건가. 말 꼬리에 매달아 보낸 것이 오다가 떨어진 것인가. 아니면 유마송(維摩頌)에 열중해 계절 분간도 못하게 되었는가. 차는 어찌 이다지도 더디더란 말인가.
　만약 그대의 게으름 탓이라면 마조의 할[喝]과 덕산의 방(棒)으로 그 버릇을 응징하여 그 근원을 징계할 터이니, 깊이깊이 삼가하게나. 나는 오월에 거듭 애석히 여기오.
　노파 완당이 원망하노라.

[감상]

  추사가 마시는 차의 주 공급처는 동갑친구인 초의선사였다.
  초의선사는 두륜산 대흥사 주변에서 나오는 햇차를 손수 법제하여 가까운 지인들에게 나누어 주었다. 특히 유배생활을 하는 추사에게는 일 년치 차 양식을 다 대주었다.
  추사는 햇차가 나올 때쯤이면 차가 오기를 학수고대하고 있었다. 생각처럼 미처 차가 도착하지 않으면 재촉하는 편지를 보낸다. 위의 글이 바로 그런 내용이다.

  시에 나오는 '과천정'은 추사의 집, 열수장은 다산이 사는 곳이다. 이 글은 시는 아니고 일종의 '차 빌기[乞茗]'의 내용이 담긴 편지글이다. 추사는 초의선사 뿐만 아니라 그의 제자나 주변 사람들에게도 차를 보내 달라는 내용의 글이 많다.
  햇차가 미처 오지 않으니 '천리마의 꼬리에 달아서라도 빨리 보내 달'라고 재촉한다. 어찌 이다지도 더딘가' 하며 만약 '게을러서 미처 못 보냈다면 마조의 할과 덕산의 몽둥이로 응징하겠다.'는 내용이 재밌다.
  추사는 말년에 경기도 과천에 머물렀다. 이때 그는 '과농(果農)'이라는 호를 썼다. '과천의 농부'라는 뜻이다.

김명희(金命喜)

원운(原韻)

늙은 나는 평소에 차를 좋아하지 않았기에
하늘이 그 완고함을 미워하여 학질에 걸렸다네
더위 내리는 것은 걱정 없으나, 갈증 덜기는 근심되어
급히 풍로에 불 피워서 차를 달인다네.
어느 날 초의스님이 우전차를 보내왔기에
대껍질로 싼 매 발톱 같은 차를 열어보니
막힌 가슴과 번민을 씻는데 매우 뛰어나
번개처럼 사라지니 어찌 그리 좋은지.
노스님은 차 고르기를 부처님 뫼시듯 고르며
싹 하나, 잎 하나도 계율처럼 엄하게 지키니
특히 덖어 말리기에도 두루 통달하여
향기와 맛을 따르다보면 바라밀에 드는 것 같네.

附原韻
老夫平日不愛茶　　天憎其頑中虐邪　　不憂熱殺憂渴殺
急向風爐瀹茶芽　　草依忽寄雨前來　　鐸包鷹爪手自開
消壅滌煩功莫尙　　如霆如割何雄哉　　老僧選茶如選佛
一槍一旗嚴持律　　尤工炒焙得圓通　　從香味入波羅密

[감상]

　산천도인(山泉道人) 김명희(金命喜, 1788~1857)는 추사의 동생이다. 그는 초의스님과도 교유가 깊었다. 초의 선사로부터 차를 선물 받고 고마움을 시로 화답했다. 전체 6수로 되어 있는데 그 중 3수를 옮겼다.『일지암시고』에 실려 있는 이 시는 산천도인의 나이 63세였다.

　이 시에는 나타나 있지 않지만, 중국에서 보내 온 차를 보면 비단으로 싸서 치장은 그럴 듯하게 하였으나 상품은 별로 좋지 못한 것이 많았다는 내용도 있다.
　그는 중국을 여러 번 다녀 온 경험이 있어 중국차의 맛도 익히 알고 있다. 그러나 초의선사는 차 잎을 따는 과정에서부터 마치 부처님 모시듯 정성을 기울인다는 것을 너무 잘 알고 있기 때문에 초의선사의 법제 솜씨를 극찬하고 있다.
　특히 좋은 차의 맛과 향은 덖을 때의 불 조절에 달려있다. 초의선사는 알려진 대로 제다법에는 철저한 원칙을 지켰다 한다. 그래서 차 만드는 것을 마치 계율 지키듯 정성을 다해 원칙대로 한다는 내용이다. 이렇게 정성 들여 만든 차를 마시면 누군들 어찌 바라밀에 들지 않겠는가 하며 감사해 한다.

철선혜즙(鐵船惠楫) 선사

육로산거영(六老山居詠) ①

현석장로께 책에 대한 평을 정중히 청하고
백련사 스님은 여린 차잎으로 차를 끓이고
푸른 하늘 바라보며 정신없이 내달린 반평생
언제나 그렇듯, 명리에는 마음 쓰지 않으리.

幽岅請評玄石老　嫩芽見試白蓮寺
半生跌宕靑天外　名利區區不用情

[감상]

　철선혜즙(鐵船惠楫, 1791~1858) 스님은 아암혜장 선사의 법을 이었다. 스님은 대둔사에 살면서 초의스님과 차와 시로 교유하는 막역한 사이였다. 당시 대둔사는 선과 교의 도량이기도 하지만, 우리나라 다풍을 일으키는데 큰 역할을 한 곳이다.
　청허휴정·환성지안·함월해원·아암혜장·범해각안…등의 스님들이 대둔사와 인연이 깊다.
　100편의 시가 실린 『철선소초(鐵船小艸)』 1권이 있다.

　백련사는 강진에 있는 절이다. 고려시대부터 월출산 일대의 무위사와 함께 차 재배지로 유명한 곳이다. 다산이 강진에 유배되어 있을 때, 혜장 선사는 백련사에 있으면서 다산을 위해 많은 도움을 주었다. 둘은 나이와 종교를 초월한 친밀한 관계였다.
　현석노스님에 대해서는 구체적인 것을 알 수 없다. 책에 대한 평을 정중히 청한 것을 보아 아마 덕 높은 스님이었던 모양이다.

　갓 나온 여린 순의 찻잎으로 차를 끓인다. 푸른 하늘 바라보며 앞만 보고 내달린 세월은 곧 출가한 세월을 비유한 것이다. 생각해보면 엊그제 같은데, 어느 듯 반평생이 흘렀다.
　세상에 좋은 것 아무리 많다지만 나와는 상관없는 일! 그런 것에 신경 쓰지 않고, 푸른 하늘 벗 삼아 차나 마시고 수행하는 것이 나의 본분일 것이다.

철선혜즙(鐵船惠楫) 선사

육로산거영(六老山居詠) ②

어깨에 가사 걸치고 방림에 앉아 있으니
새 한 마리가 꽃을 하나 따 물고 가네
소매 걷고 찻잎을 따 지나가는 사람 끌어서
연못에 잠긴 달을 바라보며 선정을 새긴다.

한가한 자취 삼생동안 좋은 인연을 맺어
아름다운 시와 백번을 단련한 금을 이루었구나
희고 붉은 등나무 꽃향기가 마을 가득한데
백호광명이 눈부신 듯 사람마다 시를 읊는구나.

一肩壞色坐芳林　時見含花過異禽
執袵採茶延野客　鑿池貯月印禪心
閒蹤不負三生石　住句終成百鍊金
白拂紅藤香案裡　毫光爛慢別人吟

[감상]

　꽃향기 흩날리는 봄날, 좌선을 하려고 선방에 앉았다. 그때 어여쁜 새 한 마리가 꽃잎을 물고 지나간다. 그 광경을 보니 문득 찻잎을 따야겠다는 생각이 스친다
　승복 소매를 걷고 차 잎을 따던 스님이 지나가는 사람을 붙들고 차를 마시자고 한다. 그냥 차만 마시는 게 아니라 연못에 잠긴 달을 보며 함께 마시고 싶다고 했다.

　봄은 무르익어 등꽃향기가 온 마을 가득하다. 이런 분위기에서 차를 같이 마신다는 것은 보통의 인연은 아닐 것이다. 어쩌면 삼생(三生)에서나 있을 인연일지도 모른다.
　금이나 은은 뜨거운 불속에서 수백 번이나 단련시켜야 아름다운 보석으로 탄생된다. 사람도 마찬가지다. 세상에는 수많은 사람들이 있지만 지금 가까이 있는 인연이 지중하다는 것을 느끼게 하는 시다.

철선혜즙(鐵船惠楫) 선사

육로산거영(六老山居詠) ③

한밤의 차향은 맑은 이슬에 젖고
창밖의 아침 해는 오색구름 머금었다
인간 세상 세 가지 즐거움을 모두 누렸으니
어찌 다시 명예와 이익을 좇아가리오.

茶烟夜挹三淸露　　窓日朝含五色雲
三樂人間兼享了　　何曾更使利名奔

[감상]

  한밤중에 느끼는 차의 향기는 낮과는 또 다른 향기다. 밤의 어둠을 걷고 불그스레 떠오르는 아침 해가 오색을 머금은 듯 아름답다.
  스님은 인생 삼락(三樂) 중 세 가지를 모두 누렸다고 했다. 어쩌면 지금 누리고 이 순간인지도 모른다. 그런데 더 무엇을 바라고 세상의 이익과 명리를 쫓아간단 말인가. 지나친 욕심은 탐욕이 되고, 탐욕은 곧 모든 악의 근본이 된다고 했던가.

  사람마다 생각하는 인생 삼락은 무엇일까?
  신흠(申欽, 1566~1628)은
  '문 닫고 마음에 드는 책을 읽는 것', '문 열고 마음에 맞는 손님을 맞는 것', '문을 나서 마음에 드는 경치를 찾아가는 것'이라 했다.

정희용(鄭熙鎔)

실제(失題)

가지마다 붉은 꽃과 빽빽한 대나무 들어 있는데
주인은 작은 연못 속의 정자에 있네
구름 걷힌 산봉우리의 푸르름은 그림처럼 펼쳐지고
비 내린 후 꽃은 더 붉고, 젖은 풀들은 향기롭구나.

느지막이 휘장 치고 동자 불러 차 한 잔 얻으니
난간에는 퉁소 부는 객이 차향 속에 잠겨 있네
그중에서 신선의 풍류 얻을 수 있으니
아홉 번이나 티끌세상이 헛되이 긴 줄 알겠구나.

[감상]

　강릉 선교장(船橋莊)의 활래정(活來亭)을 지은 사람은 효령대군의 11세손 이내번(李乃蕃)의 손자 이 후(李厚, 1694~1761)다. 그의 호는 은둔거사(隱遁居士)다. 벼슬엔 관심이 없고 만석의 농토를 재력삼아 풍류를 즐긴, 은둔생활로 평생을 마쳤다.

　1816년에 지어진 활래정은 조선 후기 차인들이 이곳에서 풍류를 즐기며 차를 나누었던 정자다. 당시 추사와 다산·초의선사·홍현주·신위(申緯)·몽양 여운형 등, 많은 차인들이 이곳에 그림과 시를 남겼다.
　위의 시는 오천(烏川) 정희용(鄭熙鏞, ?~?)이 남긴 시다. 지금도 활래정에는 시가 남아있는데, 그의 생몰연대는 알 수가 없다.

　비 지나고 나니 꽃 색이 더욱 선명해졌다. 푸르름이 짙어가는 나무와 풀에서는 온갖 향기가 은은하다. 정자 한켠에서는 동자가 차를 끓인다. 정자 난간에 기대어 퉁소를 불던 객이 차향에 취한 듯, 잠시 소리를 멈추었다. 한껏 무르익은 봄 경치를 즐기는 정자의 풍경을 담고 있다.

홍현주(洪顯周)

섣달 눈 녹인 물로 차를 끓이다(臘雪水烹茶)

흰 비단으로 봉한 오래된 상자 뒤져보니
보이차 덩어리에 둥근 달이 박혔구나
봉함 열자 마치 천리 밖 얼굴 본 듯 하니
연남(燕南) 사는 옛 벗의 그 정이 깊구나.
심부름하는 아이에게 부탁 않고 내가 직접 차 달이니
머리 위의 검은 비단모자가 반쯤 걸쳐져 있고
꽃무늬 잔에 따루니 고운 빛이 어리어
차 한 잔에 갑자기 막힌 가슴 뻥 뚫린다.
통우물과 미천(尾泉) 물은 오히려 두 번째라
눈 녹인 물이 갈증에는 참으로 좋은 것이라네
많은 병을 다스리는 데는 오직 차뿐이니
내년을 기대하며 남은 것을 간직하네.

臘雪水烹茶
拈取舊篋白絹封　普洱茶膏月團搨　開緘宛見千里面
燕南故人情周匝　自煎不敢付童僕　頭上半欹烏紗匼
花瓷盛來有佳色　一椀頓開襟鬲闟　桶井尾泉猶第二
寒英正與渴喉合　多病所須惟茗飮　留待明年剩貯納

[감상]

　홍현주(洪顯周, 1793~1865)는 조선 후기의 뛰어난 문장가다.
　자는 세숙(世叔), 호는 해거제(海居齊)다.
　이 시는 1823년, 31세 때 지은 시다. 총 5 수로 되어 있는데, 그중 3 수를 옮겼다.
　시에 보면 보이차(普洱茶)가 등장한다. 보이차는 중국 운남성에서 주로 생산된다. 차 잎을 미생물 등으로 발효시켜 오래 숙성시킨 차다. 오래될수록 더 독특한 향기와 맛을 지니고 있어, 등급에 따라 가격 차이가 많이 난다. 현재 우리나라에서도 많은 사람들이 즐기고 있다.

　늦잠을 자고 일어나 보니 간밤에 눈이 내렸다. 눈 탓인지, 온종일 찾아오는 이 하나 없다. 섣달, 한 해의 마지막 달이다. 그는 상자를 뒤져서 오래 전 간직해 둔 흰 비단의 봉함을 펼친다. 보이차 덩어리다. 포장지에 둥근 달 모양의 문양이 박힌 이 차는, 멀리 중국 연남(燕南) 사는 벗이 보내온 것이다.
　심부름 하는 아이를 시키지도 않고 자신이 직접 차를 달인다. 잘 우러난 차를 꽃무늬 잔에 따루니 잔과 어우러진 차의 빛깔이 더없이 곱다. 잠시 입속에 머금었다 삼키니 막혔던 기운이 뻥 뚫리는 것 같다.
　물맛 좋기로 이름난 통정(桶井)과 미천(尾泉)의 샘물이 좋다고 하나, 찻물로의 으뜸은 역시 눈 녹인 물이라고 한다. 병 많은 자신에게는 오직 차뿐이니, 나머지 차는 내년에 마시기 위해 다시 비단에 싸서 고이 간직해 둔다.

홍현주(洪顯周)

청명 전 5일의 두 번째 모임(淸明前五日第二會)

보슬비 실바람에 날은 어지러운데
살구꽃 피는 소식은 언제쯤 들리려나
달 떠오르니 시옥(詩屋)은 깊기가 바다 같고
다로(茶爐)에 피어오르는 가느다란 연기가 구름같네.

많은 책이 있건만 아직 다 읽지도 못했는데
백년 인생이라면 몸은 이미 절반에 이르렀네
깊숙한 이곳까지 사람들이 찾아오니 싫지 않고
봄날, 긴 평상에서 함께 하니 봄잠처럼 기쁘구나.

淸明前五日第二會
緒雨絲風日競紛　杏花消息幾時聞
月來詩屋深如海　煙上茶爐細似雲
萬卷書多曾未讀　百年身已到中分
幽居厭與他人接　一榻春眠喜共君

[감상]

　홍현주는 숙선옹주의 남편이며 영수합 서씨의 아들이다. 시문과 시화에 명성을 떨쳤다.
　추사의 소개로 초의 선사를 알게 된 후, 스님의 차 맛을 보게 된다. 이를 계기로 그 또한 평생 차를 즐기게 되었다.
　그는 초의 선사를 비롯한 여러 문인들과 함께 자신의 별장에서 차회나 시회를 가지면서 교유했다. 그의 차사랑은 유난했다. 이에 감화를 받은 초의선사가 『동다송』을 집필하게 된 계기를 만들었던 인물이다.

　보슬비가 내리는데 실바람까지 분다. 저 봄비 지나고 나면 머잖아 살구꽃도 필 것이다. 벌써부터 꽃소식이 그리워진다.
　청명을 닷새 앞둔 날에 사람들이 찾아와 찻자리를 마련한 것 같다. 오늘이 그 두 번째의 모임이다.

　달이 뜨자 방안은 깊은 바닷속처럼 정적이 감돈다. 다로에 물을 끓이니 피어오르는 수증기가 마치 흰 구름처럼 흩어진다.
　방 안 빼곡한 이 책들은 아직 다 읽지도 못했는데, 돌아보니 어느 듯 인생은 오십 년이란 세월이 훌쩍 지나갔다.
　아내도 자식도 일찍 떠나가고, 더는 세상이 싫어 숨어들 듯 자리한 이곳이다. 그래도 벗들은 나를 잊지 않고 이 깊은 곳까지 찾아온 것이다. 함께 차를 마시고 이야기를 나누니 아련한 꿈결처럼 봄잠이 스민다.

홍현주(洪顯周)

유산과 동번이 다녀간 밤(酉山東樊夜過)

문밖의 산에는 푸른 기운 둘려있고
밤낮 서로 바라볼 뿐 매달리지는 않는다네
한가로운 마음은 언제나 책과 더불어 있고
마른 대숲 사이로 이는 바람이 시원하다.

손님 붙들어 놓은 다로에선 어안이 자잘한데
추위 막는 매벽에는 표범무늬가 얼룩졌네
당당히 빠르게 흐르는 세월을 뉘 능히 붙들리오
살아생전 자주자주 왕래하길 바랄 뿐.

酉山東樊夜過
蒼翠長存戶外山　相看日夕不須攀
閒情一任殘書裏　凉籟偏多瘦竹間
留客茶甌魚眼細　辟寒梅壁豹紋班
堂堂急景誰能把　但願生前數住還

[감상]

 다산의 큰아들 유산(酉山) 정학연(1783~1859)과 동번(東樊) 이만용(李晚用, 1792~1863)과는 아주 절친한 사이였다. 이만용은 문과급제 후, 벼슬은 병조참지(兵曹參知, 정삼품으로 주로 수납과 지출을 관장함)를 지냈다. 두 사람은 '두릉시(杜陵詩)'라는 동인들이다.
 홍현주는 다산과도 자주 만나 시를 짓고 글을 읽었다. 다산이 떠난 뒤로는 그의 두 아들과도 교유가 깊었다.

 밤중에 두 사람이 뜻밖에 찾아왔다. 반가운 마음 이루 말할 수 없다. 오래된 벽지 군데군데 빗물 자국이 번져 있는 방, 얼룩덜룩한 그 모양이 마치 표범그림을 그려놓은 것 같다.
 평소 그는 하릴없어 밤낮 책으로만 시간을 보낸다. 늘 그날이 그날 같은데, 세월은 어찌 이리도 당당하게 잘도 흐르는가. 뉘라서 저 세월을 붙잡을 수 있으리오.
 가겠다는 그들을 붙들어 다구를 꺼내 차를 달인다. 보글보글 끓어오르는 물방울이 마치 물고기 눈동자처럼 거품이 인다.
 살아생전 자주 만나고 싶은 마음이야 하늘 가득하지만, 이제 가면 언제 또 만날 수 있을는지….

홍현주(洪顯周)

가차화애 17일(家茶花涯十七日)

맑게 갠 오늘 아침 풍경을 보니
집집마다 나무들이 푸르구나
객 붙잡아놓고 향그런 밥을 짓고
아이 불러 유차(乳茶)를 끓인다.

섬돌의 대나무는 껍질 막 벗고 올라오고
난간의 작약은 늦게서야 꽃이 피었네
아름다운 글귀는 어디에 다 있나
한가한 구름은 하늘 저 끝에 닿아있네.

家茶花涯十七日
今朝晴景好　　綠樹萬人家
留客炊香稻　　呼兒煮乳茶
砌篁初解籜　　欄藥晚開花
佳句在何處　　閒雲天一涯

[감상]

이 시는 그가 세상을 떠나던 1865년에 쓴 시로 생각된다.

평생을 차와 더불어 담백하고 조촐하게 지낸 그의 생활이 엿보인다.

정조의 딸인 숙선옹주(1793~1836)와 결혼해, 아들 하나를 두었다. 일찍 아들이 떠나가고, 이어 아내마저 여의었다. 이후 40여 년을 혼자 살면서 인생의 적적함과 외로움, 그리고 고독을 불교에 심취했다. 평생 그가 의지하는 것은 오직 차뿐이었다.

만물이 깨어나는 봄이다. 아침에 일어나니 청명한 하늘이 싱그럽다. 눈길 가는 곳곳마다 온통 초록으로 덮여있다. 첫 껍질을 막 벗은 죽순과 함께 작약이 어여쁘다. 그러고 보니 올해는 예년보다 늦은 것 같다.

갓 지은 밥에서 나는 향기는 차향처럼 달콤하다. 이 달콤한 향기에 취해 있는데, 옆에서는 찻물 끓어오르는 소리가 들린다.

생각 속에서는 좋은 싯구가 맴도는 것 같은데, 정작 표현은 잘 되지 않는다. 문득 눈길을 들어 하늘을 바라본다. 한가로운 듯 무심하게 떠있는 조각구름이 하늘 저 끝에 닿아있다. 마치 자신의 마지막 모습을 그리는 듯 하다.

같은 해 6월 24일, 그도 구름 속으로 떠나갔다.

홍현주(洪顯周)

수종사를 바라보며(望水鍾寺)

오직 맑은 종소리만 세상을 울리고 있는데
공교루의 그림자 찬 강물에 떨어지네
행장 속에는 산중의 물건이 아직 남아 있어
가져온 작은 찻그릇에 차를 달여 마신다.

望水鍾寺
只有鐘聲遺淨界　　空教樓影落寒江
行狀猶有山中物　　茗飮携來小瓦缸

[감상]

초의를 생각하며 쓴 홍현주의 시다.

초의는 1831년 스승 완호선사의 삼여탑(三如塔)을 건립하며 명시(銘詩)를 홍현주에게 부탁한 일이 있다. 이 일을 계기로 초의는 자신이 직접 만든 떡차를 해거에게 선물했다. 해거는 또 초의를 초청해서 시회를 열고, 자신의 집에 묵게 하기도 했다. 평생을 둘도 없는 다우였다.

수종사(경기도 남양주)는 풍광이 아름답기로 유명한 곳이다. 서거정(1420~1488)은 '동방에서 제 일의 전망을 가진 절'이라는 표현을 했다.

수종사에는 북한강과 남한강이 만나는 양수리(두물머리)를 내려다보며 차를 마실 수 있는 '삼정헌'이라는 다실이 있다. 물맛이 좋고 깨끗해 지금도 이곳에서는 약수로 차를 끓인다.

다산 정약용의 생가와도 멀지 않는 곳이다.

해거의 차시는 무려 110편이나 된다. 초의를 만난 뒤인 1838년 한 해 동안 무려 10수의 차시를 지었다.

초의선사(草衣禪師)

석천의 물로 차를 끓이며(石泉煎茶)

하늘빛은 물과 같고 물은 연기와 같으니
이곳에 와서 노닌지 이미 반년
밝은 달과 함께 잠든 밤 그 얼마던가
맑은 강은 백구와 함께 졸고 있네.

마음속엔 본래 미워함도 시기함도 없었거니
어찌 헐뜯고 칭찬함이 귓전에 들리리
소매 속엔 아직도 뇌소차의 미소가 남았으니
구름 따라 두릉천 물로 차를 시험해 보리니.

石泉煎茶
天光如水水如烟　　此地來遊已半年
良夜幾同明月臥　　淸江今對白鷗眠
嫌猜元不留心內　　毀譽何會到耳邊
袖裏尙餘驚雷笑　　倚雲更試杜陵泉

[감상]

　초의선사(草衣禪師, 1786~1866)의 원래 이름은 의순(意恂).
　우리나라 차문화를 말할 때 초의선사와 일지암을 빼놓을 수 없다. 오늘날 '다성(茶聖)'으로 불리는 것도 그 이유다.
　스님은 젊은 시절 전국의 산천을 다 돌아다녔다. 물맛과 차에 대해서는 누구도 따를 사람이 없었다. 해남 두륜산으로 돌아와 1824년 일지암을 짓고, 입적할 때까지 40여년을 살았다.
　이곳에 살면서 차를 법제해 지인들에게 선물로 나누어주기도 하며, 그 유명한 『동다송(東茶頌)』과 『다신전(茶神傳)』을 지었다.

　차의 맛을 제대로 내는 데 가장 중요한 것이 좋은 물이다. 돌에서 나는 샘물은 맑고 달다고 했다. 두릉천의 물이 좋다하니, 오늘은 그 물에다 뇌소차를 달여 한 번 시험해봐야겠다.
　푸른 하늘아래 맑은 강물이 흐르는 데 차 연기가 피어오른다. 강가의 갈매기와 짝이 되어 밝은 달 아래 누워 본다. 어찌 세속의 잡다한 소리가 들리겠는가.
　남을 미워하거나 시기하는 세속적인 마음은 본래 없거니, 그렇다고 누군가 나에게 하는 달콤한 말이나 칭찬에도 귀는 이미 멀다고 했다.

초의선사(草衣禪師)

유산의 화답을 받들다(奉和酉山)

병풍 그리기에 남의 솜씨 빌어 본뜨기를 할 필요 없고
늘어선 조화도는 겹겹이 살아있네
연이은 산은 살아있는 그림 붓으로 뽑아내었는가
두 줄기 강물은 길어다가 부엌에 사용해도 좋겠네.

구름은 깔려 바닷물이 널리 퍼져 나가는 듯
마르지 않고 축축한 안개는 아늑하고
사철 내내 넓게 펼쳐져 걷어놓을 날이 없으니
맑게 갠 봄날 차 화로를 가까이 하여 차를 달이네.

奉和酉山
畵屛不願借人模　　千疊生陳造花圖
列岳疑抽生彩筆　　雙江可挹灌香廚
雲舖似海潮方進　　烟澹如塗潤未枯
張放四時無捲日　　春晴偏近煮茶爐

[감상]

　다산 정약용에게는 두 아들이 있었다.
　유산(酉山) 정학연(丁學淵, 1783~1859)과 운포(耘逋) 정학유(丁學游, 1786~1855)다. 두 아들 모두 아버지의 뒤를 이어 시를 짓고 차를 아주 즐겼다.
　둘째아들 정학유는 『농가월령가』를 지은 인물이다. 『농가월령가』는 한 해 동안 힘써야 할 농사일과 철마다 알아두어야 할 풍속 및 예의범절 등을 운문체로 기록한 내용이다.
　『일지암시고(一枝庵詩稿)』에는 형제가 초의선사에게 보낸 시편이 여럿 나온다. 초의선사는 다산이 살아있을 때도 두 아들과 교류를 했지만, 다산이 떠난 후에도 이들과의 인연은 계속되었다.

　위 시는 양수리의 정학연을 찾아가 주고받은 시다. 이곳의 풍경을 보니 굳이 병풍 속에 등장하는 그림이 무슨 의미가 있겠는가. 조물주가 이렇게 조화로운 그림을 그려놓았는데, 굳이 화가의 붓을 빌려 병풍을 그릴 필요가 있을까? 날마다 이런 풍광을 볼 수 있으니 말이다.
　지금도 그렇지만, 그 때의 양수리 풍광도 실로 뛰어났던 모양이다. 산과 물, 구름과 안개가 어우러져 사시사철 사람들을 불러들이는 곳이기 때문이다.
　바쁜 일들이 뭐 그리 있겠는가. 따사로운 봄날, 차 화로에 다가앉아 살아있는 그림을 바라보며 즐기는 모습이다.

초의선사(草衣禪師)

봉화우석신공에게 보냄(奉和于石申公見贈)

편벽한 성품이라 맑음을 좋아하니
청산이 없었다면 어디에서 보냈을까
깨끗하고 담백한 곳에선 먼저 발길이 멈춰지고
사치하고 화려하면 돌아보기 싫어하네.

깊고 깊은 산골 물소리조차 아득한데
물 끓는 소리, 차 연기 피어오르네
모든 인연 다 끊어진 밝은 창 안은
화려한 궁전이나 누각과도 비교할 수 없네

奉和于石申公見贈
爲人性癖愛淸休　不有靑山底處遊
澹素幽閑先着脚　繁華榮慕懶回頭
澗道深深泉響遠　松風細細茗烟浮
萬緣消盡明窓內　玉殿朱樓未校尤

[감상]

우석(于石)은 신관호(申觀浩, 1810~1884)의 호다. 후에 신헌(申櫶)으로 개명했다. 조선말의 무신이자 외교관이다.

지리학에도 관심이 많아 김정호의 대동여지도 제작에 많은 도움을 주었다. 특히 예서에 뛰어났으며, 문장과 묵란에도 능했다.

우석은 추사의 제자로 초의의 탑비명(塔碑銘)을 지었다. 1849년 헌종이 위독하자 사사로이 의사를 데리고 들어가 진찰했다는 죄로 섬으로 유배되어 7년을 보냈다. 다시 무주로 옮겨 1857년 풀려났다.

이 시는 1843년 초의가 신관호의 시에 운을 붙인 것이다.

그는 무신이라 누구보다 성품이 곧고 담백하다는 걸 초의선사는 잘 안다. 그런 그가 성품과는 다르게 처해 있는 현실이 너무나 안타까웠을 것이다.

적막한 산중, 유배되어 있는 그를 생각하며 차를 끓인다. 작은 창 가득 따사로운 햇살이 흘러든다. 아무리 화려한 궁전이면 뭐하나, 소담한 지금의 이 방안과는 비교될 수 없으리.

초의선사의 탑비 명을 지은 것을 보아, 평소 두 사람과의 사이를 짐작할 수 있다.

초의선사(草衣禪師)

운길산 수종사(雲吉山 水鍾寺)

잠에서 깼는데 누가 나서 산차(山茶)를 줄까
게을리 경전 쥔 채 눈곱을 씻는다네
믿는 벗이 산 아래 살고 있어
인연을 좇아 수종사(水鍾寺)까지 왔다네.

雲吉山 水鍾寺
夢回誰進仰山茶　懶把殘經洗眼花
賴有知音山下在　隨緣往來白雲家

[감상]

　수종사(경기도 남양주)는 빼어난 풍광과 함께 물맛이 좋기로 유명한 절이다.
　초의선사는 돌 틈으로 흐르는 이곳의 석간수에 대해 '차와 함께 하는 수종사의 물은 천하일품'이라고 극찬했다.
　57세 때 강진 다산초당의 유배에서 풀려난 다산은 고향집이 있는 양수리 '여유당(與猶堂)'으로 돌아왔다. 그간 다산과 교유하던 다인들도 자연스럽게 이곳으로 모여들었다. 그들은 물맛이 좋은 수종사에 올라 차를 마시며 시회(詩會)를 자주 열었다.
　초의선사, 추사 김정희, 김명희(김정희 아우), 홍현주(정조의 사위), 정학연(다산의 아들) 등이다.

　세조가 피부병 치료차 금강산을 다녀오다가 양수리에서 하룻밤을 묵게 되었다. 한밤중, 어디선가 종소리가 울려 퍼지는 것 같은 소리가 들렸다. 다음날 살펴보니 바위 굴 안에 18나한상이 있는 것을 발견했다.
　종소리처럼 들린 것은, 물방울이 암벽에 떨어지며 울린 소리였다. 이곳에 절을 짓고 이름을 수종사라 했다 한다.

이상적(李尙迪)

중양절 이튿날 삼태산장에 들러(重陽之翌過三台山莊)

내가 오자 중양절이 막 지났는데
국화는 아직 노란 꽃을 피우지 않았네
볕든 숲에서는 홍시를 따서 거두고
나는 향그런 샘물로 녹차를 끓인다.

성시에 가까운 것이 무슨 문제랴
이곳이 바로 산가나 다를 바 없는데
조금 따룬 잔을 들고 좋은 운치 즐기며
땅거미 내리도록 앉아있네.

重陽之翌過三台山莊
我來展重九　菊未有黃華
林暎收紅柿　泉香試綠茶
何妨近城市　卽此是山家
小酌眈佳趣　留連坐暮鴉

[감상]

이상적(李尙迪, 1804~1865)의 호는 우선(藕船). 자는 혜길(惠吉) 또는 윤진(允進)이다.

이상적은 역관(譯官)으로, 그의 손자까지 9대에 걸쳐 역관의 집안이다. 역관은 외국어의 번역이나 통역을 담당한 관리다. 그의 시는 청나라에도 알려질 정도로 빼어났다.

차에 대한 안목이 뛰어난 그는 중국차, 일본차에 대한 시도 많이 남겼다. 문집으로『은송당집(恩誦堂集)』이 있다.

삼태산장에 갔더니 중양절이 지났는데도 아직 국화가 피지 않았다. 햇살 따스한 감나무 밭에서는 홍시를 따며 가을걷이를 하고 있다. 그 풍경을 보며 녹차를 끓인다. 비록 마을과 가까운 곳이기는 하지만, 산속처럼 조용한 곳이다.

차를 마시고 난 후, 잔에다 술을 조금 따루었다. 한 모금씩 마셔가며 주변 경치에 취하다 보니 어느 듯 땅거미가 밀려온다. 그대로 앉아 마냥 이 운치를 즐기고 싶다.

이상적(李尙迪)

김소당이 부사산 차와 차호를 주었는데
모두 일본 것이다(金小堂惠富士山茶及茶壺, 皆日本物也)

서시(徐市) 사당 앞엔 들꽃이 피었는데
삼산(三山) 어느 곳에 선가(仙家)가 있겠는가
가련타 진시황은 영약을 구했지만
선생의 한 잔 차와 어찌 비교하리.

달걀색 자호(瓷壺)는 천하제일인데
햇차 손수 달이니 번뇌가 씻겨지네
깊고 깊은 밤 솔바람 소리에 불 피우니
바닷가에서 해조음을 듣는 듯 하네.

金小堂惠富士山茶及茶壺, 皆日本物也
徐市祠前野草花　三山何處有仙家
可憐秦帝求靈藥　爭似先生一椀茶
卵色瓷壺天下一　手煎新茗滌煩襟
松風活火深深夜　似聽殘潮海上音

[감상]

그는 추사의 제자다. 추사가 두 번의 유배생활을 할 때 헌신적으로 돌봐 주었다. 이에 대한 고마움으로 그려준 그림이 '세한도'(1844년)다.
이상적의 시는 섬세하고 화려해 당시의 사대부들이 무척 좋아했으며, 헌종도 그의 시를 애송하였다. 그는 시뿐만 아니라 글씨, 금석에도 조예가 깊었다.

소당은 유명한 서화가인 김석준(金奭準, 1831~1915)을 말한다. 그로부터 일본 후지산에서 나는 차와 다관을 선물 받고 고마움을 전한 것이 위의 시다.
진시황은 서시(西市)로 하여금 동남동녀 수천 명을 징발하여 불로초를 구하게 했다. 그러나 세상 그 어디에도 그런 약은 없었다. 불로초를 구하던 서시도 죽어, 그의 무덤에는 이름 모를 꽃들이 피었다. 그 꽃을 보니 한갓 부질없는 인간의 헛된 욕심을 보는 것 같다.
진시황이 구하던 그 영약과 그대가 보내준 이 한 잔의 차를 어찌 비교할 수 있겠는가.
차와 함께 보내준 달걀색의 차호는 천하제일의 장인이 만든 것 같다. 이 다관에다 후지산에서 난 차를 넣고 달이니 번뇌가 말끔히 씻어지는 것 같다.
깊은 밤 찻물을 끓이니 마치 솔바람 소리를 듣는 듯, 저 멀리 바닷가의 파도소리를 듣는 것만 같다.

이상적(李尙迪)

강주를 지나며(江州途中)

밖에는 청려장에 기댄 늙은이
집에는 매여 있는 누렁 송아지
숲 사이 작은 길엔 나무꾼들 오가는데
비스듬한 언덕에는 마을이 있네.

계곡에는 사슴들이 잠을 자고
바위틈 핀 꽃들에게 꿀벌들이 드나든다
잠시 쉬려고 솔 그늘로 향하여
샘물 길어 차를 달인다.

江州途中
靑藜扶野老　黃犢守山家
樵經穿林細　村容逐岸斜
鹿眠谿畔日　蜂釀石間花
暫向松音憩　淸泉手煮茶

[감상]

  그는 중국을 열 두 번이나 다녀온 역관이다. 자주 왕래해서 그런지 중국의 명차란 명차는 다 맛보아, 차에 대한 안목이 누구보다 높았다. 또 그곳의 풍경을 묘사한 시가 여러 편 있다.
  이 시도 중국의 어느 농촌 마을을 지나면서 그 마을의 풍경을 **묘사했다.**

  비스듬한 언덕에 자리 잡은 마을, 누렁 송아지의 음매~음매~하는 소리가 들리는 듯 하다.
  청려장을 짚은 노인이 집밖에 나와 있는데, 노인이 지팡이에 의지한 것이 아니라 마치 지팡이가 노인을 부축하는 것 같다.
  숲속으로 난 작은 오솔길엔 나무꾼들 오가는 모습이 보인다. 계곡 돌 틈에 핀 꽃들 사이로 꿀벌들이 잉잉거리며 부지런히 들락거린다.
  이런 아름다운 풍경을 보니 어찌 그냥 지나칠 수가 있겠는가.
  차 한 잔으로 목을 축이며 잠시 쉬었다 가야겠다. 솔숲 그늘로 들어가 샘물을 길어 차를 달인다. 마치 한 폭의 그림 속에 앉아있는 듯한 느낌의 시다.

금원당 김씨(錦園堂金氏)

실제(失題)

조각난 하늘은 날 저문 구름가에 푸른빛을 띠고
만상은 새롭게 새해의 시작을 열려 하네
할 일 없는 여자 종 아이는 차를 달이려 하고
소나무 사이로 비친 이지러진 달빛 받으며 맑은 샘물 긷네.

片天靑綻暮雲邊　萬象新同開闢年
解事奚童將煎茗　漏松缺月汲淸泉

[감상]

 금원당 김씨(錦園堂金氏, 1817~?)는 스스로 '금원당'이라는 호를 지어 불렀다. 본래 이름이 김금원이라는 기록도 있으나 정확치는 않다. 여동생 경춘(瓊春)과 함께 기생이었는데, 둘 다 시문에 뛰어났다.
 태어날 때부터 허약해 규방 일을 배울 수 없을 정도였다. 아버지가 직접 글을 가르쳤는데, 14세에 이미 사서오경을 통달할 정도로 총명했다. 많은 책을 읽으면서, 남자로 태어나지 못한 것을 한탄했다. 어느 날부터 남장을 하고 금강산 및 관동팔경 등, 전국을 유람하면서 쓴 책이 『호동서락기(湖東西樂記)』다.
 이런 여행의 용기에 감동한 사람이 있었으니, 역사와 경전, 시문에 뛰어난 김덕희(金德熙)였다. 이후 김덕희는 금원당을 소실로 삼았다. 금원당은 김덕희의 별장 삼호정(三湖亭)에서 자주 시회(詩會)를 열었다. 몇 몇의 여류들과 시를 지으며 '삼호정시단(三湖亭詩壇)'이라는 동인활동을 했다.

 이 시는 관동팔경 유람 중 강원도 간성에 있는 '청간정(淸澗亭)'에 올라 쓴 시로 보인다.
 새해를 맞이하여 달이 뜨는 모습을 보려고 정자 위에 올랐다. 구름 사이로 언뜻언뜻 비치는 달빛을 받으며 소나무 그림자가 일렁거린다. 둥그런 달이 뜨니 눈치 빠르게도 여자 종 아이가 샘물을 길어온다. 차 끓일 준비를 하려는 것이다.
 이런 경치 좋은 곳에서 어찌 차가 빠지겠는가.

신 헌(申櫶)

초의상인에게(贈草衣上人)

초의선사가 산으로 들어가서
작은 암자에서 산다고 하네
띠집을 얽어 산 지 40년이 되었는데
그곳을 드나드는 건 맑은 바람뿐.

죽은 나무 주워다 땔감을 삼고
여린 싹을 따서 차를 만드니
봄날 그늘진 곳에서 발에 널어 말리며
차 덖는 솥의 불기운도 잘 다스렸네.

바위 틈 솟는 물을 수없이 길어
그 물로 끓인 차의 빛깔 맑고 투명하네
그대가 준 두 서너 봉의 차에 감사하노니
기이하고 빼어난 맛에 티끌세상 멀어졌네.

贈草衣上人
草衣上山去　聞居草庵中　結草四十年　往來有淸風
拾枯以爲爇　抉芽以爲茗　春陰遙曬箔　火候適炒鼎
百煎石間水　點來光澈瀅　感君兩三封　奇絶出塵逈

[감상]

신 헌(申櫶, 1810~1884)은 충북 진천 출신이다.

전형적인 무관가문에서 태어난 무신이자 외교관이다. 자는 국빈(國賓), 호는 위당(威堂)·금당(琴堂)·동양(東陽)·우석(于石). 원래 이름은 신관호(申觀浩)였으나 후에 개명했다.

원래 추사의 제자였던 신헌은 해남으로 내려오기 전부터 초의스님의 명성을 익히 알고 있었던 터라 먼저 시문을 보냈다. 이를 받아본 초의스님이 답례로 직접 법제한 차를 보냈다. 그러자 신헌은 다시 위의 시를 지어 보냈다. 전체 6수 중 3수만 옮겼다.

초의스님의 차 법제 과정을 묘사하고 있다. 차를 만들 때 가장 어려운 것이 불 조절이다. 불을 잘 다스리는데서 차의 품질과 맛이 결정되기 때문이다.

헌종이 위독할 때 사사로이 의원을 데리고 들어가 진찰했다는 죄목으로, 신헌은 전라도 녹도(鹿島)에 유배(1849년)되어 7년을 보냈다. 이때 초의스님이 두 번이나 그를 찾아가 위로하기도 했다.

신 헌(申櫶)

중유가 차를 보내준 데 감사하며(謝仲猷惠茶)

멀리서 보내온 삼베로 꿰맨 주머니
그 속에 일곱 근의 차가 들어 있네
손으로 조심스럽게 풀어보니
그 맛이 입을 즐겁게 하네.

차 맛이야 그렇다고 해도
그윽한 운치는 참으로 귀한 것
한 줌의 산초와도 비길 수 없고
그 어떤 보석으로도 미치지 못하네
어이해야 아름다운 소식 계속 이어질까
고마운 마음 거듭 거듭 일어나네.

謝仲猷惠茶
遠來一縫麻　中有七斤茶
慇勤手自坼　遂令口吻佳
茶味猶可得　其趣固難賒
握椒不足比　報瓊猶爲些
何以繼芳訊　再復興三嗟

[감상]

　신헌은 어려서부터 정약용(丁若鏞)·김정희(金正喜) 문하에서 다양한 학문을 수학했다. 추사로부터 금석학과 서예 등을 배워 예서(隸書)에 특히 뛰어났다. 지리학에도 관심이 높아 김정호의 『대동여지도』 제작에도 많은 도움을 주었다.

　시의 제목에 나오는 중유(仲猶)는 그의 친구다. 멀리 사는 그가 차 일곱 근을 보내왔는데, 그것도 삼베로 곱게 만든 주머니 속에 들어 있다. 차를 끓여 마셔보니, 맛 또한 그윽하다. 맛도 그렇지만 베주머니에 곱게 담아 보낸 그 정성에 더 감동한 마음이 담겨 있다.
　멀리서 보낸 일곱 근의 차가 산초 한 줌 보다 더 고맙고, 여느 보석보다 더 귀하다고 했다. 언제까지 이 소중한 인연이 이어질지 모르겠지만, 주어진 인연이 그저 고맙기만 하다.

신 헌(申櫶)

차를 끓이며(烹茶)

매화 보며 술 마신 뒤 작은 등불 푸른데
장막은 깊고 깊다 눈 온 정자 둘러있네
산미(山味) 한 잔을 옛 벗과 나누고는
천향(泉香) 몇 점을 동자에게 주노라.

세간의 사업이야 늘 먹는 밥이 되고
병 앓은 뒤 맑은 정신으로 경전에 주를 다네
요즘 들어 꿈속처럼 어지러움 힘들더니
찌든 내장 씻어내자 술 깬 듯이 기쁘도다.

烹茶
梅前酒後小燈靑　帷幙深深擁雪亭
山味一杯分舊雨　泉香數点付童星

世間事業成恒飯　病餘精神註逸經
近日不堪昏似夢　塵腸滌盡悅如醒

[감상]

    신헌은 초의선사보다 25살 아래다. 1843년 신헌이 전라우수사(全羅右水使)로 해남에 내려오게 되었다. 두륜사의 초의스님을 찾아가 인사를 건네면서 인연이 된 후, 평소 두 사람은 시를 지어 교류했다. 초의선사와 관련된 글을 누구보다 많이 남겼다.
    자신의 문집 『금당기주(琴堂記珠)』에는 초의 시집에 대한 발문과 초의대종사 탑비명, 초의선사화상찬 등이 실려 있다.

    작은 등불 아래서 매화꽃을 바라보며 친구와 술을 마셨다. 눈은 장막처럼 정자를 둘러싸고, 정자의 등불은 푸르기만 하다.
    술자리가 끝난 후, 차를 끓여 친구와 마신다. 그간 여러 가지 일들로 머리가 어지러웠던 모양이다. 사실 세상살이란 특별한 것이 아니라, 하루 세 끼 밥 먹듯 그저 평범한 일상일 뿐이다. 그러나 병을 앓고 나면 평범한 일상이 얼마나 소중한지를 알게 되는 것이다.
    차 한 잔으로 내장을 말끔히 씻어내고, 정신을 추슬러 모처럼 경전을 들여다본다.

신 헌(申櫶)

추려삼십수(楸廬三十首)

건주차(建州茶)와 쌍정차(雙井茶)는 『다경』에도 나오는데
이 물건 참으로 성령(性靈)을 기를 만해
차 달일 때 언제나 눈발이 날리는 듯
물 끓을 땐 다시금 솔바람 소리 들리는 듯

외진 거처 근심을 없애줄 뿐 아니라
노년에 숙취에서 깨는 데도 꼭 맞다네
어여쁘다 향그런 차 세 겹이나 포장하니
지난 해 옥하(玉河)에서 보내온 것이라네.

楸廬三十首
建州雙井著茶經　此物眞堪養性靈
雪片每當煎處見　松風更擬沸時聽
索居奚止孤愁破　暮境偏冝宿醉醒
可愛香芽三數裹　來從去歲玉河星

[감상]

　위의 시는 1838년(28세) 겨울, 가족과 함께 간 수파산(壽坡山)에서 지은 '추려삼십수(楸廬三十首)'라는 연작시 중에서 차에 관한 내용이다.
　북경을 다녀온 누군가로부터 건주와 쌍정의 이름이 들어 있는 중국차를 선물로 받았던 것 같다. 『다경』에는 건주와 쌍정지방에서 생산되는 차에 대한 글이 나온다. '설화차와 운유차는 그 향기로움을 서로 다투는데, 쌍정차와 일주차(日注茶)는 그 품질을 서로 겨루네.'라는 글을 보아 건주차와 쌍정차는 품질이 매우 뛰어난 차인 것 같다.

　겹겹이 싼, 그것도 세 겹이나 포장되어 있다는 표현을 보아 그만큼 귀한 차라는 의미다. 겹겹의 차 봉지를 풀어놓고 눈 녹인 물로 찻물을 끓이고 있다.
　물이 끓어오르니 솔바람소리가 난다고 했다. 그렇잖아도 적막한 거처인데 물 끓는 소리가 더 적막에 휩싸이게 한다. 옥하(玉河)는 북경에 있는 조선 사신들이 머물던 숙소, 옥하관(玉河館)을 말한다.

이유원(李裕元)

선물 받은 햇차를 끓여 마신 후(試新茶)

촉주 땅의 작설차는 고금에 유명한데
오취는 많지 않고 맥과차가 향기롭다
심양 길에 사 온 차는 칠패에 금박 글씨
첫잔에 소리치고 둘째 잔은 더 좋아라.

試新茶
蜀州雀舌名今古　烏嘴無多麥顆茶
漆牌金字瀋陽路　一盞聲增二盞良

[감상]

　이유원(李裕元, 1814~1888)은 조선 후기의 문신으로, 고종 때 영의정을 지냈다. 이항복의 후손이다. 자는 경춘(景春, 京春), 호는 귤산(橘山) 또는 묵농(默農)이다. 시호는 충문(忠文)이다.
　저서로『임하필기(林下筆記)』,『가오고략(嘉梧藁略)』이 있다.
　위의 두 저서에도 우리 차와 일본차, 그리고 중국차에 관한 많은 기록을 남겼다.

　오취(嗚嘴)나 맥과(麥顆)는 까마귀 부리나 보리쌀알만큼 돋은 차의 싹을 비유한 말이다. 우리가 흔히 말하는 우전차에 해당한다.
　예로부터 촉주(蜀州)에서 나는 차는 고급차로 알려져 있는데, 지금의 사천성(泗川省) 온강(溫江) 일대이다. 그런데 이 차를 심양에서 구해온 모양이다. 옻칠을 한 나무상자에 금박의 글씨까지 쓴 걸 보아 역시 고급차다.

　새로운 차맛에 대한 호기심으로 포장을 뜯을 때의 그 설렘은 말할 수 없다. 근사한(?) 포장지 속의 차답게 맛 또한 일품이다. 진정한 차의 맛은 첫 번 째 잔보다도 2~3번 째 잔에서 비로소 느낄 수 있다. 그런데 여기서는 첫 잔에서 벌써 감탄사가 절로 나왔는데, 두 번째 잔은 더 좋다고 한다.

이유원(李裕元)

한가하게 앉아(閒坐)

다구를 제외하면 아무 물건 없고
화분조차 없으니 우아한 모습 적네
덩굴 끌어당겨 담에 올려 울을 깊이 만들고
못을 파서 돌을 쌓아 물을 담았네.

한가할 때 하는 일로 이만한 것 있으랴
산 밖의 시비분별 세상 알아 무엇하리오
앉거나 눕거나 몸 편하니 마음도 느긋하여
거처에서 단정히 살며 쇄한 몸을 기르노라.

閒坐
除非茶具無他物　　不置花盆少雅容
引蔓補墻樊苞邃　　穿池疊石勻流溶
閒中事業誰過此　　山外炎涼詎識庸
坐臥便身心未挈　　居居端合養衰慵

[감상]

　이유원의 나이 46세(1859) 때, 서울살이를 정리하고 경기도 남양주시 화도읍 수동면의 가오곡(嘉梧谷)으로 들어간다. 이곳에 장서각(藏書閣)과 손수 설계한 다옥(茶屋)을 짓고, 오백간정(五百間亭)이라는 정자를 세워 은거생활을 시작했다.
　평소 자신이 차를 즐기면서 느꼈던 여러 생각들을 이곳에서 기록하고 정리한 것이 「가곡다옥기(嘉谷茶屋記)」에 소상히 나타나 있다.

　집안에는 다구 외에는 변변한 물건이 없다. 거기다 꽃나무 심어 잘 가꾸어진 화분조차 없으니, 집안 분위기는 별로 운치가 없다.
　허물어진 담장은 담쟁이덩굴을 끌어다 가리고, 연못을 파 그곳에서 길은 물로 차를 끓여 마신다. 아무런 운치가 없는 곳이지만 혼자만의 여유를 맘껏 즐기는 이곳에서의 한가로움을 어디다 비유하겠는가.
　수동계곡은 물 맑고, 지금도 풍광이 좋은 곳이다. 아무런 장식을 하지 않아도 자연그대로가 운치있는 곳이다.
　산문 밖에서 일어나는 세상살이 온갖 시시비비에는 내 알 바 아니라고 한다. 그간 지친 몸과 마음을 오직 차와 더불어 다스리겠다는 마음뿐이다.

이유원(李裕元)

정은(貞隱) 강로(姜㳣) 상공(相公)이 밀양 황차를 보내준데 감사하며(謝貞隱相公贈密陽黃茶)

창밖 그늘진 곳 대 그림자 내가 오길 기다리니
서울의 봄날 꿈이 더욱 흐릿한데
어디서 왔을까 한 잎 차의 청량한 맛
가슴을 씻어 내리며 지난 잘못 일깨워주네.

동자는 분주히 좋은 샘물 길어다
차솥과 물통을 이리저리 늘어 놓네
심양에서 사 온 차보다도 외려 이 차가 나은 듯하니
정은 상공이 장수하는 비결을 이제야 알겠구나.

謝貞隱相公贈密陽黃茶
幽竹窓陰侍我歸　洛城春夢轉依微
何來一葉淸凉味　滌了胸襟悟昨非
短童奔走汲名泉　竪罐橫鐺錯前後
審肆川箱猶退步　從知貞老以延年

[감상]

　강진 보림사 죽로차의 존재를 세상에 처음으로 알린 사람이 이유원이다. 그는 수동면에서 은거생활로 들어가기 전, 서울 집에서도 「춘풍철명지대(春風啜茗之臺)」라는 차실을 따로 만들어놓고 차를 즐겼다. 강진 보림사의 죽로차, 밀양 황차, 제주 귤화차(橘花茶), 중국의 용정차를 즐겨 마셨다고 한다.

　강로(姜𣴎, 1809~1887)라는 재상이 보내준 밀양 황차를 받고 그 고마움의 답례로 쓴 시다.
　강로의 호는 표운(豹雲) 또는 정은(貞隱)이다. 병조판서를 거쳐 좌의정을 지냈다. 1873년 대원군을 탄핵한 최익현(崔益鉉)의 처벌을 주장하였다가 고종 때 경남 함양 안의(安義)로 유배되었다. 이때 보내준 것이 밀양 황차다.
　좋은 차를 받고나니, 갑자기 다동의 발길과 손길이 분주해진다. 다구를 챙기랴, 좋은 샘물 길어오랴, 화로의 불 지피랴…, 여기저기서 물건들이 늘어나기 시작한다.
　한 잔을 마시자 마음이 환해지고 가슴의 때가 씻겨나가는 것 같다. 중국 심양에서 사 온 차보다 이 황차가 오히려 더 좋은 것 같다는 칭찬을 한다. 정은 상공이 장수하는 비결은 바로 이 차 덕분인 것 같다고 찬사를 보낸다.

범해각안(梵海覺岸) 선사

초의차(草衣茶)

곡우 절 맑은 날
채 피어나지 않은 황금색 찻잎을 따서
솥에서 세심하게 잘 덖어
어두운 곳에서 말린다.

잣나무 그릇으로 둥근 모양 차를 만들어
죽순껍질로 포장하여
바깥바람 들지 않게 간수하니
찻잔에 향기가 가득하네.

草衣茶
穀雨初晴日　　黃芽葉未開
空鐺精炒細　　密室好乾來
栢斗方圓印　　竹皮苞裏裁
嚴藏防外氣　　一椀滿香回

[감상]

 범해각안(梵海覺岸, 1820~1896)스님은 대흥사로 출가해 초의선사로부터 구족계를 받고 차를 배웠다. 초의선사도 평소 그를 각별히 여겼다.
 스님은 어느 해 여름 이질이 걸려 사경을 헤매다가 차 덕택으로 살아났다. 그로부터 차에 대한 고마움을 누구보다 절실히 느낀 사람이다. 이때의 신비한 체험을 '차약설(茶藥說)'에 다 담았다.

 이 시는 초의선사가 떠난 12년 후 쯤에 지은 시다. 평소 초의선사의 차 법제하는 모습을 가까이서 본 그다. 스승을 회고하는 시로 생각된다.
 초의선사의 차 법제 솜씨는 뛰어났다고 한다. 이를 본 김명희(金明喜)가 '차 고르기를 마치 부처님 고르듯 한다. 이 비방은 오백년 전통을 그대로 계승한 것'이라고 할 정도였다.
 범해각안스님의 차시 중에 대표적인 것이 43구절의 장시 '다가(茶歌)'다. 이 시에서는 차를 끓이는 방법부터 효능, 차를 즐기는 스님들의 이름…등을 차례대로 풀이해 놓았다.
 스님은 차를 그냥 즐기는 수준이 아니라, 해박한 지식으로 연구하고 직접 체험하면서 남긴 글들이 많다.

범해각안(梵海覺岸)선사

다구명을 새기면서(茶具銘)

내 일생 청아하고 한가하니
차 두어 말이면 족하다네
일그러진 화로 벌려놓고
문무화 지핀다네.

흙으로 빚은 다관은 오른쪽에 놓고
찻사발[다완]은 왼쪽에 있다네
오직 차 마시는 일 즐기니
무엇이 나를 유혹하리오.

茶具銘
生涯淸閑　　數斗茶芽
設苦窳爐　　載文武火
瓦罐列右　　瓷盌在左
惟茶是務　　何物誘我

[감상]

비록 한 쪽 귀가 떨어져나간 화로지만, 차를 끓이는 데는 아무런 상관이 없다. 여기서 문무화는 뭉근 불과 센불을 말한다. 찻물을 끓일 때는 불 조절을 잘 하는 것도 하나의 기술(?)이다. 갑자기 불을 세게 하거나 또는 약해도 차맛이 제대로 나지 않는다.

차를 즐기는 사람에게 차 식량이 넉넉하면 밥을 먹은 듯 배부르고 행복하다. 그런데 누가 나를 가난하다고 말하리. 내 일생이 이토록 넉넉하고 청아한데 더 무엇을 바라겠는가.
차 마시는 일 외에는 어떤 것에도 마음이 흔들리지 않는다고 했다. 차만큼 편안하고 즐거움을 주는 것이 없다는 또 다른 표현이다.

차는 마시는 사람의 숫자가 적은 것을 최고로 여긴다. 많으면 수선스럽고, 수선스러우면 아취가 없어진다고 했다.
혼자 마시는 것을 신(神)이라 하며, 두 사람이 마시는 것을 승(勝)이라 하고, 3~4명을 취(趣)라 하고, 5~6명을 범(泛), 7~8명을 시(施)라 한다. 스님도 이미 혼자서 마시는 신의 경지를 터득한 것이다.

신헌구(申獻求)

월여상인께 드림(贈月如上人)

고승의 거처라 그런지 대나무도 숲을 이루고
경전 가지런한 방에서 자니 달빛도 옷에 가득하다
깊은 산 흐르는 물소리 나를 오래 머물게 하고
엷은 구름 성근 비에 그대 함께 찾아든다.

초의의 오래된 바릿대는 전해오는 게송 같고
보련각의 찬 종소리 마음을 일깨운다
좋은 차 끓여서 주니 체증이 확 뚫린 듯
세상의 온갖 티끌 내 몸 어디에도 못 들어오게 하리.

贈月如上人
高僧居處竹爲林　夜宿經齊月滿襟
流水深山留我久　淡雲疎雨共君尋
草衣古鉢傳神偈　蓮閣寒鐘發省心
烹取茗香消碧痞　六根不敎世塵侵

[감상]

 신헌구(申獻求, 1823~1902)의 자는 계문(季文), 호는 추당(秋堂)·옥침도인(玉枕道人)·백파거사(白坡居士)다. 중추원(中樞院) 일등의관(一等議官), 궁내부(宮內府) 특진관(特進官)을 지낸 문신이다.

 1875년 대원군과의 갈등으로 유배 길에 다름 아닌 멀리 해남으로 떠나왔다. 소요원(逍遙園)을 지어 꽃과 나무를 가꾸며 이곳에서 5년간을 은거했다. 본의 아니게 떠나온 길이라 마음 둘 곳 없는 그는 대둔사 스님들과의 교유가 유일했다. 이곳에서 그는 『차설(茶說)』을 짓고 여러 편의 차시를 남겼다. 그의 『차설(茶說)』은 초의스님이 만든 차의 뛰어남에 대한 내용이다.

 그가 해남에 내려갔을 때는 초의선사가 떠난 지 십년 후였다. 그의 제자 월여(月如)스님의 부탁을 받고 초의스님의 『일지암시고』에 발문을 썼다.
 필사본 문집 『추당잡고(秋堂雜稿)』가 있다.

 무성한 대나무가 숲을 이룬, 월여스님의 거처에서 하룻밤을 묵고 그가 끓여준 차를 마셨다. 초의스님이 생전에 머물렀던 이곳에서 스님이 평소 사용하던 바릿대를 보니 마치 초의 스님의 게송 한 구절을 듣는 것 같다.
 또 그의 제자 스님이 끓여주는 차를 마시니 마치 초의 스님을 대한 듯한 감회가 밀려든다. 온갖 티끌이 다 씻겨나간 것 같아 마음이 정갈해진다.

신헌구(申獻求)

내 거처 다섯 가지 물건(山齋五物銘)
― 차 솥(茶鐺)

그 모습 살펴보면 연화(煙火) 낀 대그릇이요
그 속을 맡아보면 향기가 자욱하다
깊은 속을 두드리자 쟁그렁 소리가 나니
아 너는 백 번 단련한 검푸른 비단같이 아름답구나.

相其貌煙火籠　卓見其心芬郁
沈深敲之而鏗　縈爾百鍊之英

[감상]
 그는 평소 자신의 거처인 서재에 다구를 비치해 놓고 차를 즐겼다. 차를 마시기 위해 필요한 다섯 가지 물건 중에서도 특히, 이 시에서는 차 솥[茶鐺]에 대한 애정을 나타내고 있다.
 솥 안을 들여다보니, 찻물이 그려놓은 그림(?)이 정말 환상적이다. 마치 검푸른 비단을 펼쳐놓은 듯, 아니 꽃이 피어난 듯 아름답다. 거기다 오래 차향이 배어 금세 취할 것만 같다.

 무쇠 솥은 불길에 수없이 단련되어야만 맑은 소리를 낸다. 오래 된 솥일수록 그 울림이 맑고 깊다. 살짝만 두들겨도 '쟁그렁~' 하는 그 소리가 가슴 속 깊은 곳까지 울림을 준다.

금명보정(錦溟寶鼎) 선사

차를 달이며(煎茶)

스님네가 찾아와서 조주문(趙州門)을 두드리니
다송자(茶松子) 이름 값 하려고 후원으로 나간다
해남의 초의선사 동다송을 진작 읽고
당나라 육우의 다경(茶經)도 보았다네.

정성을 다하여 경뢰소(驚雷笑)를 우려내어
손님에게 따르면 피어나는 차의 향기
질화로의 구리병 속 솔바람 멎고 나면
한 잔의 작설차는 제호보다 신령하다네.

煎茶
有僧來叩趙州扃　自愧茶名就後庭
曾觀海外草翁頌　更考唐中陸子經
養精宜點驚雷笑　待客須傾紫茸馨
土竈銅瓶松雨寂　一鍾禽舌勝醍靈

[감상]

　금명보정(錦溟寶鼎, 1861~1930) 스님은 전남 곡성 출신이다. 법명은 보정(寶鼎), 호는 금명(錦溟), 자는 다송(茶松)이다. 경전을 두루 섭렵한 대강백이었다.
　그간 스님에 대해서 잘 알려지지 않았으나, 어느 날 많은 차시가 발견되면서 주목을 받게 되었다. 90여 수의 차시를 남겼다.

　우리나라 차의 역사를 말할 때 대흥사와 송광사를 빼 놓을 수 없다. 스님은 그곳에서 초의와 범해각안스님의 다맥을 이었다.
　스님은 차를 직접 재배했을 뿐만 아니라, 초의 선사의 『동다송』을 필사했을 정도로 차에 대한 애정이 깊었다.
　저서로는 차에 대한 글 『다송시고(茶松詩稿)』가 있다.

한용운(韓龍雲)

증상사(增上寺)

청아한 경쇠소리에 비로소 단에서 내려와
다시 햇차 한 잔을 들고 난간에 기대니
오래 내리던 비는 이제 개고 서늘한 바람 일어
성긴 발에 스미는 기운 수정처럼 차갑구나.

增上寺
淸磬一聲初下壇　更添新茗依欄干
舊雨纔晴輕涼動　空簾晝氣水晶寒

[감상]

  만해 한용운(1879~1944)은 충남 홍성군 출신이다. 법호는 만해(萬海). 스님이며 시인, 독립운동가이다.
  1926년 발표한 「님의 침묵」과 『조선불교유신론』 등이 있다.

  증상사는 일본 동경에 있는 절이다. 우리나라 고려대장경이 이 절에 있다고 한다. 유교를 숭상하고 불교를 천시하던 조선시대(성종 때)에 '이단(異端)의 책'이라는 이유로 건너간 것이라 한다. 만해 스님이 그곳에 들렀다가 이 시를 지었다.
  출가인으로써는 목숨과 같은 대장경을 남의 나라에서 보관하고 있었으니, 그 비통한 심정을 조금이나마 짐작해본다.

  새벽 예불을 올리고 차 한 잔을 들고 난간에 기대서니 온갖 감회가 밀려왔을 것이다. 오래 내리던 비가 그치고 나니 날도 한결 서늘해졌다. 성긴 발[簾] 속으로 들어오는 기운이 이제는 수정처럼 차갑게 느껴진다. 그간 계절이 성큼 깊었나보다.

이광수(李光洙)

산중일기(山中日記)

화로에 불붙이고 차 그릇도 닦았으라
바위샘 길어다가 차 달일 물 끓일 때다
산중에 외로이 있으니 이것이 차맛인가 하노라.

화로에 물을 끓여 미지근히 식힌 뒤에
한 줌 차를 넣어 김 안 나게 봉해 놓고
가만히 마음모아 이 삼 분 지나 찻종에 따라내니

호박이 엉킨 듯한
한 방울을 입에 물고 혀 위에 굴려보니
달고 향기로움 있는 듯도 없는 듯도

두 입 세 입 넘길수록 마음은 더욱 맑아
미미한 맑은 기운 삼계에 두루 차니
삼계화택 번뇌를 한 동안은 떠나려나.

[감상]

　이광수(李光洙, 1892~1950)는 평북 정주 출신으로, 호는 춘원(春園). 언론인·문학가·계몽운동가 … 등으로 활동했다.
　그는 한 때 광릉 봉선사에 머문 적이 있었다. 그때 이 연작의 차시를 썼다. 1946년 9월 어느 잡지에 발표된 것으로 보아 납북되기 4년 전쯤으로 추정된다. 그가 거처하던 방의 이름은 다경향실(茶經香室)이었다. 지금도 봉선사에 그대로 남아있다.
　당시 봉선사의 주지 운허(耘虛)스님과는 사촌지간이었다.

　이 시를 살펴보면 차를 끓여서 마시기까지의 과정을 하나하나 잘 묘사하고 있다. 찻그릇을 준비하고, 불을 피우고, 샘물을 길어 오고…, 한 두 방울을 입안에 굴려가며 가만히 맛을 음미해 본다.
　차 한 잔의 평온함이 산중의 외로움과 삼계화택의 번뇌를 다 잊는 듯 하다고 한다.

茶詩 감상
— 향기 듣는 가을

지은이 / 金映希
펴낸이 / 金映希
펴낸곳 / 도서출판 土房
2022년 10월 25일 초판 1쇄 발행
등록 1991. 2. 20. 제6-514호
서울특별시 성북구 북악산로 746. 101-1303
전화 766-2500, 팩시밀리 747-9600
e-mail / tobang2003@daum.net
ⓒ 김영희, 2022

ISBN 979-11-86857-19-9 03810

* 이 책에 대한 모든 권한은 저자에게 있습니다. 저작권법에 의하여 무단전재와 복제를 금합니다.